Excel을 활용한
통계학

Excel을 활용한
통계학

김영호 | 김재현 | 한태동 지음

MEDIA JIPHIL
(주)지필미디어

Excel을 활용한 통계학

저 자 김영호, 김재현, 한태동
발 행 처 (주)지필미디어
주 소 경기도 파주시 문발로 115 세종벤처타운 404호
전 화 (031) 957-4504
팩 스 (031) 957-4503
이 메 일 jiphil@hanmail.net
홈페이지 www.jiphil.co.kr

발 행 인 김성남
발 행 일 2020년 8월 31일
등록번호 제 312-1997-000043호 (1997년 07월 16일)
I S B N 979-11-86674-72-7 / 93320
가 격 22,000원

머리말
PREFACE

현대의 지식 정보화사회에서 우리는 매일 다양한 매체를 통해 경제 · 사회 현상 등에 관한 많은 통계를 접하면서 살고 있다. 통계는 의사결정의 기준이 되는 여러 정보를 내포하고 있으므로, 우리는 이러한 통계 속에서 유익한 정보를 많이 획득할 수 있다. 예를 들면 통계청에서 실시하는 인구주택총조사를 통해 우리나라 국민의 주거여건이 지난 5년 전에 비해 어떻게 변화되었는지를 파악할 수 있다. 또한 한국거래소에 상장된 주식들의 내년도 종합주가지수를 예측할 수 있으며, 공장에서 생산되는 자동차의 평균 주행거리 등을 추측할 수 있다.

통계학이란 어떤 결론이 얻어질 수 있는 자료에 근거하여 사회과학 및 자연과학분야의 제 현상을 과학적으로 분석하고 예측하는 학문이다. 즉 통계학이란 불확실한 상황에서 과학적이고 합리적인 의사결정을 내리기 위한 이론과 방법론의 체계이며 자료의 수집, 분류, 분석과 해석의 체계를 갖고 있다. 통계적 자료를 수집 · 정리 · 요약해서 관심의 대상이 되는 집단의 특성을 파악하는 통계적 방법을 기술통계라 하며, 표본으로부터 얻은 통계량을 토대로 모집단의 특성을 규명하는 통계적 방법을 추론통계라 한다.

일반적으로 통계학의 주요 개념이 전문용어나 수학적인 공식 등으로 이루어져 있어 일반인들이 이해하기에는 어려운 점이 많은 것이 사실이다. 그래서 이러한 과제를 해결하기 위해 통계적인 개념이나 공식은 가급적 쉽게 서술하였으며 다양한 예제와 Excel을 통해 통계적인 방법론을 응용하고 적용할 수 있는 기회를 제공하려고 노력했다. 이 책이 통계학을 처음 접하는 학생들에게는 통계이론에 대한 이해와 응용능력을 배양할 수 있는 교재로, 현장 실무자들에게는 통계문제를 분석하고 해결하는 역량을 제공할 수 있는 도구로 역할을 수행하기를 기대해 본다.

이 책이 출판되기에는 많은 사람들의 도움이 있었다. 특히 오랜 기간 동안 원고정리와 Excel Sheet를 작성한 최경운군에게 고마움을 표한다. 또한 짧은 시간 내 책이 출판될 수 있도록 정성을 기울여주신 (주)지필미디어의 편집부와 김성남 대표에게 감사드린다.

2020년 8월

저자

목 차
CONTENTS

CHAPTER 03 자료의 정리 · 18

CHAPTER 04 자료의 요약 · 36

CHAPTER 05 확률이론 · 56

CHAPTER 06 확률변수와 확률분포 · 68

Chapter 01

통계학의 기본개념

1 통계학의 정의

통계학

통계학이란 어떤 결론이 얻어질 수 있는 자료에 근거하여 사회과학 및 자연과학분야의 제 현상을 과학적으로 분석하고 예측하는 학문이다. 즉 통계학이란 불확실한 상황에서 과학적이고 합리적인 의사결정을 내리기 위한 이론과 방법론의 체계이며 자료의 수집, 분류, 분석과 해석의 체계를 갖고 있다.

통계학은 많은 영역에 응용되고 있다. 예를 들면 우리나라 국민의 평균수명이 지난 10년 전에 비해 얼마나 증가했는지 파악할 수 있다. 또한 한국거래소에 상장된 주식들의 내년도 종합주가지수를 예측할 수 있으며, 공장에서 생산되는 형광등의 평균 수명시간을 추측할 수 있다. 이와 같이 통계학은 관찰 대상에 대한 자료를 수집하고 정리 · 요약분석하여 어떤 결론을 도출하고, 주어진 자료를 토대로 불확실한 상황에 대하여 합리적인 판단을 내릴 수 있도록 그 방법을 제시하여 주는 학문이다.

2 모집단과 표본

모집단

어떤 기업에서 신제품을 개발할 때 그 제품에 대한 고객의 선호도를 조사할 필요가 있을 것이다. 이 때 그 제품을 사용하는 모든 고객을 대상으로 선호도를 조사한다는 것은 시간적, 경제적으로 거의 불가능하다. 따라서, 전체 고객 중 일부를 선별하여 조사분석을 통해 신제품에 대한 전체 고객의 선호도를 파악하는 것이 효율적이다. 그러나 관심의 대상이 되는 조사 집단의 규모가 작을 때에는 모든 개체를 조사·분석하여 집단의 성격을 파악하여야 한다. 이 때 관심의 대상이 되는 모든 개체의 집합을 모집단 (population)이라 하며, 모집단에서 조사대상으로 실제로 추출한 일부를 표본(sample)이라 한다.

표본

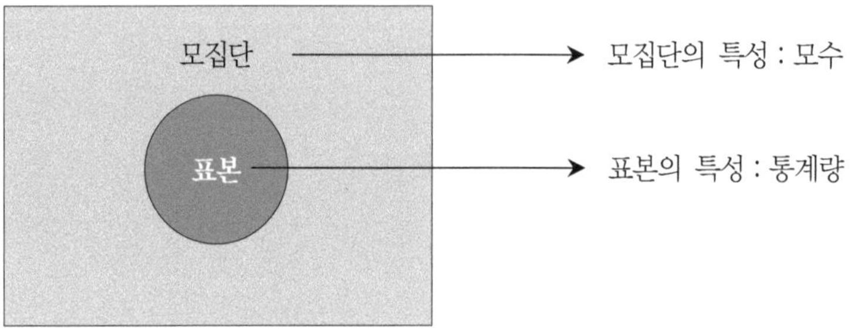

[그림 1-1] 모집단과 표본의 관계

3 모수와 통계량

모수

통계학에서 자주 사용되는 용어로 모수(parameter)와 통계량(statistic)이 있다. 모수와 통계량은 관심의 대상이 되는 집단의 특성을 수치로 나타낸 것으로 평균, 분산, 표준편차 등이 있다. 모수는 모집단의 특성을 수치로 나타낸 것이며, 통계량은 표본의 특성을 수치로 나타낸 것이다.

통계량

4 기술통계와 추론통계

통계적 자료를 수집·정리·요약해서 관심의 대상이 되는 집단의 특성을 파악하는 통계적 방법을 기술통계(descriptive statistics)라 하며, 표본으로부터 얻은 통계량을 토대로 모집단의 특성을 규명하는 통계적 방법을 추론통계(inferential statistics)라 한다. 추론통계는 통계학의 핵심으로서 다음과 같은 이점을 제공한다. 모집단의 규모가 상대적으로 클 경우 모집단 전체를 조사하는 전수조사는 시간적, 경제적으로 많은 비용을 지불하여야 한다. 또한 모집단의 일부를 조사하는 표본조사는 조사의 대상 규모가 작기 때문에 자료의 정확도를 높일 수 있으므로 전수조사에 비해 보다 정확한 정보를 얻을 수 있는 장점이 있다.

기술통계

추론통계

Chapter 01

연습문제

01 170cm라고 알려진 서울시내 고등학교 3학년 학생들의 평균 신장을 조사하기 위해 100명을 임의로 추출하여 조사하였더니 평균이 172cm가 되었다. 이 때 모집단, 모수, 표본, 통계량은 무엇인가?

연습문제 해답

01

모집단 : 서울시내 소재 고등학교 3학년 학생들 모두

모수 : 모평균 ($\mu = 170$cm)

표본 : 서울시내 고등학교 3학년 학생들 중에서 임의로 추출한 100명

통계량 : 표본평균 ($\overline{X} = 172$cm)

Chapter 02

자료의 수집

1 자료의 종류

어떤 결론이 도출될 수 있는 사실이나 숫자로 정의되는 자료는 질적 자료(qualitative data)와 양적 자료(quantitative data)로 구분된다.

질적 자료

질적 자료는 일반적으로 숫자가 아닌 사실로 표시되는 자료로써, 예를 들면 성별(남, 여), 혈액형(A, B, AB, O), 직업(회사원, 공무원, 전문직, 학생 등) 등 특정 범주에 속하는 형태를 나타내기 때문에 범주형 자료(categorical data)라고도 한다. 질적 자료는 통계적 처리의 필요성에 따라 수치화 될 수 있다. 예를 들어 성별을 구분할 때 남자는 1, 여자는 2와 같이 수치화 될 수 있다.

양적 자료

양적 자료는 숫자로 표현되는 자료로써, 예를 들면 주가지수, 수출액, 판매량, 타이어 불량 개수 등이며, 이 때 숫자는 자료의 속성을 반영한다. 양적 자료는 통계적 처리의 목적에 따라 집단화될 수 있다. 예를 들면 국세청에서 소득세율을 결정하기 위해 작년도 자영업자의 연평균 소득이 2,000만 원 이하인 사람을 대상으로 집단화하는 경우, 이렇게 변환된 자료를 집단화된 자료(grouped data)라고 부른다.

이와 같이 자료를 여러 기준에 따라 구분하지만 질적 자료를 다시 명목자료(nominal

data)와 순위자료(ordinal data)로, 양적 자료를 구간자료(interval data)와 비율자료(ratio data)로 구분하는 것이 일반적이다.

1.1 명목자료

명목자료

어떤 집단이 갖고 있는 속성에 대하여 숫자로 대응시킨 자료를 명목자료(nominal data)라 한다. 예를 들면 성별, 종교, 인종 등은 그 속성이 몇 개의 분류 범위 내에 있게 된다. 성별에 있어서 여성을 '0'으로 남성을 '1'로 표현했다면, '0'이란 숫자는 단지 여성이라는 집단의 속성을 나타낸 숫자이다. 마찬가지로 종교에 관하여 조사된 자료에서 불교를 '1'로, 기독교를 '2'로, 천주교를 '3'으로 표현했다면 1, 2, 3과 같은 숫자는 종교의 속성을 나타낸 수치이다. 이러한 명목자료는 숫자 자체가 어떤 속성을 나타낸 것에 불과하므로 더하거나 곱하는 계산은 아무런 의미가 없다. 따라서, 주민등록번호, 학번, 주소에 나타난 번지수 등은 모두 명목자료라 할 수 있다. 이러한 명목자료에서 나타나는 숫자는 모든 속성에 표시되어야 하며 또한 상호 배타적이다.

1.2 순위자료

순위자료

순서를 나타내는 자료가 순위자료(ordinal data)이다. 순위자료에서는 숫자가 모두 서열을 나타내기 때문에 순위자료를 서열자료라고도 부른다. 마라톤 경주에서 골인 지점에 도착하는 순서에 따라 1위 2위 3위 등으로 순위를 매긴다. 그 때에 1, 2, 3, … 숫자는 도착 순서를 나타내는 순위자료이다. 승용차의 연료 효율성을 표시하는 연비는 1등급에서 5등급으로 구분하는 데, 등급을 표시하는 숫자도 순위자료이다. 이러한 순위자료에서 숫자는 단지 순서만 나타낼 뿐 숫자로서의 본래 뜻은 없다. 마라톤에서 1위는 2위보다 먼저 도착했다는 순서 의미만 있을 뿐이지, '2'의 숫자는 '1'의 숫자에 두 배의 크기이므로 2위가 1위보다 두 배 늦게 도착했다는 뜻이 아니다. 연비가 4등급인 승용차와 2등급인 승용차가 있다고 하자. 그렇다면 4등급 승용차는 2등급 승용차보다 연료가 두 배 소모된다는 뜻이 아니다. 단지 연료 효율성에서 순서만 나타낼 뿐이다. 그러므로, 순위자료로 나타난 숫자를 더하거나 곱하여 어떤 값을 계산하는 것은 하등에 의미가 없다.

1.3 구간자료

구간자료

구간자료(interval data)란 측정된 자료가 구간 의미를 지니는 자료이다. 예를 들어 봄철 어떤 날 기온이 최저 섭씨 15도이고 최고기온은 섭씨 30도라 하자. 그러면 그 날의 기온은 15도에서 30도 구간 사이에 변화함을 알 수 있다. 그러나 최고기온이 최저기온보다 두 배라고 해서 한 낮이 새벽녘보다 두 배나 덥다는 의미는 아니다. 구간자료에 나타난 숫자는 더하거나 뺄셈의 뜻은 있지만 곱셈이나 나눗셈으로 계산된 결과는 전혀 의미가 없다. 또한 여론 조사에 많이 사용하는 형태, 즉 -2 = "매우 싫어한다", -1 = "약간 싫어한다", 0 = "보통이다", 1 = "약간 좋아한다", 2 = "매우 좋아한다"와 같은 것도 구간 자료이다.

1.4 비율자료

비율자료

비율 형태로 계산되어 그 결과가 뜻을 갖는 자료를 비율자료(ratio data)라 한다. 그러므로, 0은 숫자로서 본래의 의미를 갖는다. 무게, 신장, 소득, 가격, 실업률 등으로 표현되는 자료는 비율자료이다. 예를 들어 한라급 씨름선수 A는 무게가 90kg이고 백두급 씨름선수 B는 180kg이라 하자. 그러면 B선수가 A선수보다 두 배 비율로 무겁다고 표현할 수 있다. 또한 무게가 전혀 없을 때 저울은 '0'눈금에 위치한다. '0'은 무게가 없다는 숫자로서 의미를 가진다. 이러한 비율자료는 언제나 가감승제(+, -, ×, ÷)로 계산이 가능하고 계산된 결과도 의미를 갖는다.

실험이나 관찰을 통해서 얻은 자료의 종류는 명확히 구분되어야 한다. 왜냐하면 자료의 성격에 따라 다르게 처리·분석되어야 하기 때문이다. 자료의 종류에 따라 어떠한 특성이 있는 지를 요약하면 〈표 2-1〉과 같다.

〈표 2-1〉 자료 종류의 특성과 구분

특성 / 구분	상호배타성	순서비교 가능성	표준측정 단위 존재	'0'으로서 의미 존재
명목자료	○	×	×	×
순위자료	○	○	×	×
구간자료	○	○	○	×
비율자료	○	○	○	○

2 자료의 수집방법

자료는 출처에 따라 1차적 자료(primary data)와 2차적 자료(secondary data)로 구분된다. 일차적 자료는 출처로부터 직접 획득된 자료이며, 이차적 자료는 다른 사람에 의해 이미 만들어진 자료이다. 일차적 자료는 사용자가 원하는 자료를 직접 설계하여 수집할 수 있는 장점이 있는 반면에 많은 비용과 시간이 필요하다. 이차적 자료는 저렴한 비용으로 수집이 가능하나 자료의 정확성과 통계분석의 적합성에 문제가 발생할 수 있다.

관찰법

자료를 수집하는 방식은 관찰법과 질문법으로 구분된다. 관찰법이란 조사대상에 대한 관찰을 통해 자료를 수집하는 방식이다. 예를 들면 백화점 고객이 구매하는 과정을 CCTV에 의해서 관찰하는 경우나 진통제가 통증 완화를 위해 지속하는 시간의 관찰 등이다. 질문법에 의할 때에는 응답자가 정보를 여과하여 응답할 가능성을 배제하지 못하는 반면에 관찰법은 조사대상에 대한 질문을 필요로 하지 않으며 자료를 그대로 획득할 수 있다. 그러나 관찰법은 자료 수집을 위해서는 사건이 발생하는 장소에 있어야 하며 수집된 자료는 표면적으로 나타난 현상이나 행위에 관한 것들이기 때문에 동기의 파악 등 심층분석에는 불충분한 경우가 있다. 질문법은 미리 준비된 설문서를 통하여 자료를 수집하는 방식으로 관찰법에 비해 비용이 적게 들고 더 효율적인 경우가 많다. 질문법의 가장 큰 문제점은 획득된 자료가 질의 응답자의 협조 여부에 좌우된다는 점이다. 또한 응답자가 자발적으로 협조를 한다 하더라도 질문자의 의도와는 다르게 질문을 이해하고 잘못된 정보를 주는 경우이다. 질문법은 질문의 전달방법에 따라 개인면접법과 통신수단을 활용하는 우편, 전화, 이메일 및 웹 조사법이 있다.

질문법

3 설문지

설문지는 자료수집의 중요한 수단 중의 하나이다. 설문지에 질문내용을 논리적으로 일관성이 있게끔 계층화하여 응답자가 질문의 순서에 유의하여 응답하기 쉽게 구성한다. 설문 초안이 작성되면 본 조사에 들어가기에 앞서 예비 테스트를 해보는 것이 바람직하다. 사전 조사결과를 토대로 하여 문항들을 수정 및 보완한다.

설문지

설문지는 크게 3가지 부류의 내용으로 구성된다. 첫 번째는 응답자의 나이, 직업 등과 같은 분류목적을 위한 응답자의 특성이고, 두 번째는 사실, 선호도, 성향 등과 같은 조사목적을 위한 정보이고, 세 번째로는 일시, 장소 등 관리목적을 위한 정보이다. 질문의 유형은 선다형(multiple-choice)과 개방형(open-end)으로 구분되는데 선다형에서는 응답자로 하여금 두 개 이상의 응답항목 중에서 선택하도록 하며, 개방형에서는 응답자가 물음에 자유롭게 기재하도록 한다.

4 EXCEL 활용

분석의 대상이 되는 다양한 외부자료들을 분석에 용이하도록 엑셀자료로 변환하는데 사용되는 엑셀 2019의 몇 가지 유용한 기능에 대하여 알아보도록 하자.

4.1 텍스트 파일의 엑셀 통합 문서화

일반적으로 분석하고자 하는 자료가 모두 엑셀로 작성된 것은 아니다. 이런 경우 엑셀에서 사용할 수 있도록 자료를 변환하여야 한다. 엑셀에서는 텍스트 파일(text file) 및 기타 다른 종류의 스프레드시트(spread sheet)프로그램의 파일, 데이터베이스파일 등 다양한 형식의 외부자료를 엑셀의 통합 문서로 변환하여 분석할 수 있다. 엑셀의 **[열기]** 대화상자에서 **[파일형식]**을 선택하면 변환 가능한 파일의 형식이 나타난다. 여기에서는 먼저 텍스트 파일을 엑셀 통합문서로 변환하는 방법을 알아본다.

기계명	가동시간	생산량	사용년수	고장횟수
A기계	15	7000	3	10
B기계	10	4500	4	13
C기계	13	5000	3	16
D기계	12	3500	7	12
E기계	15	6000	4	10
F기계	15	6300	4	10
G기계	10	5000	6	19
H기계	11	3200	5	23

위와 같은 내용이 저장되어 있는 텍스트 파일은 다음과 같은 절차를 거쳐 엑셀의 통합문서로 변환할 수 있다.

① **[파일]**메뉴를 선택한다. 또는 Ctrl + O 키를 누르면 다음 화면이 나온다.

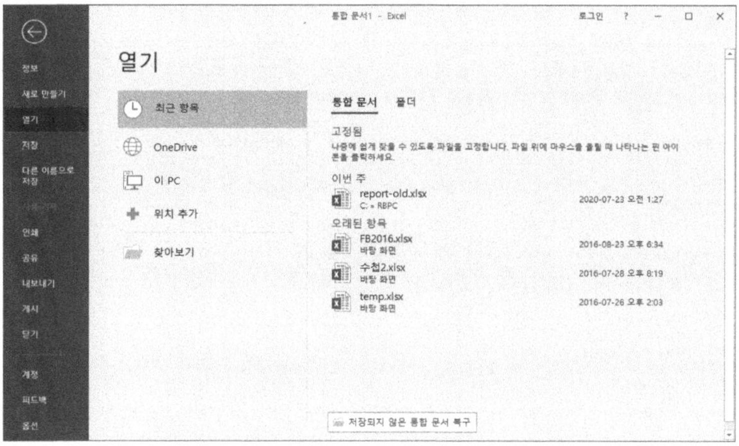

② **[찾아보기]를 선택하고, [열기]**대화상자의 **[파일 형식]**에서 **[텍스트 파일]**을 선택한다.

[열기]대화상자의 **[목록 상자]**에서 **[기계가동시간.txt]**를 선택하고 **[열기]**단추를 누른다.

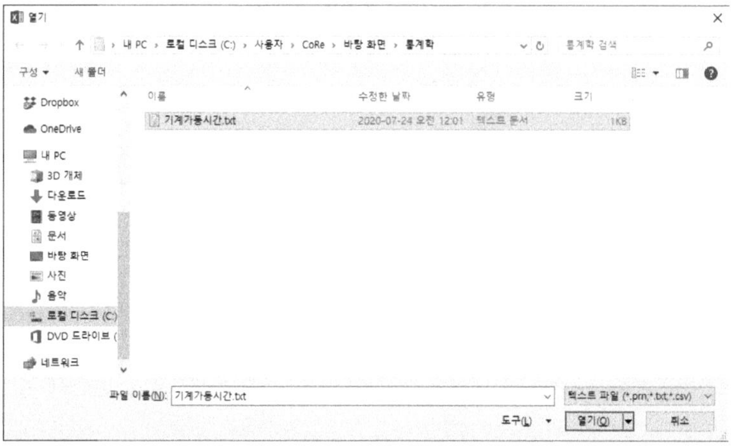

③ 텍스트 마법사 3단계 중 1단계에서는 변환 하고자 하는 데이터의 유형을 판단하여 **[원본 데이터 형식]**을 구분한다.

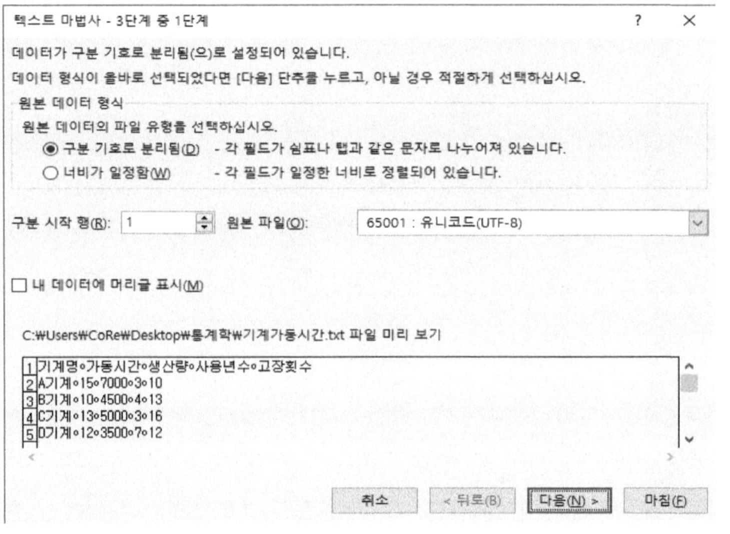

④ 텍스트 마법사 3단계 중 2단계에서는 자료내의 항목간의 분리문자를 **[구분기호]** 목록에서 선택한다. 필요하다면 **[연속된 구분 기호를 하나로 처리]**를 체크한다.

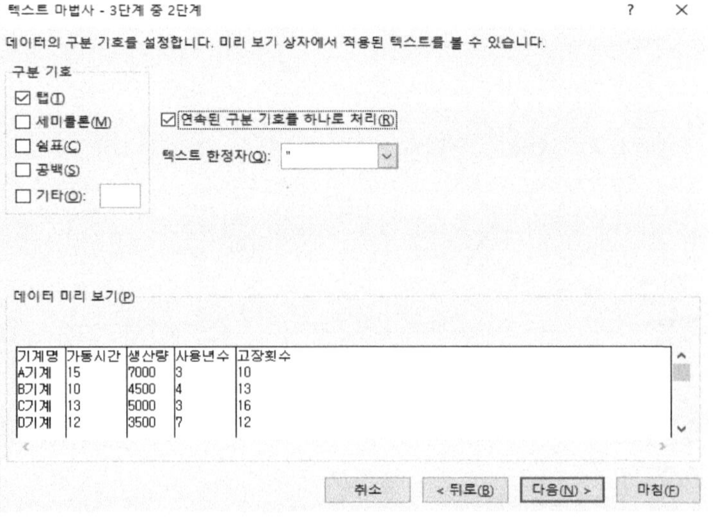

⑤ 텍스트 마법사 3단계 중 3단계에서는 데이터의 항목별 서식을 **[열 데이터 서식]**에서 선택한다.

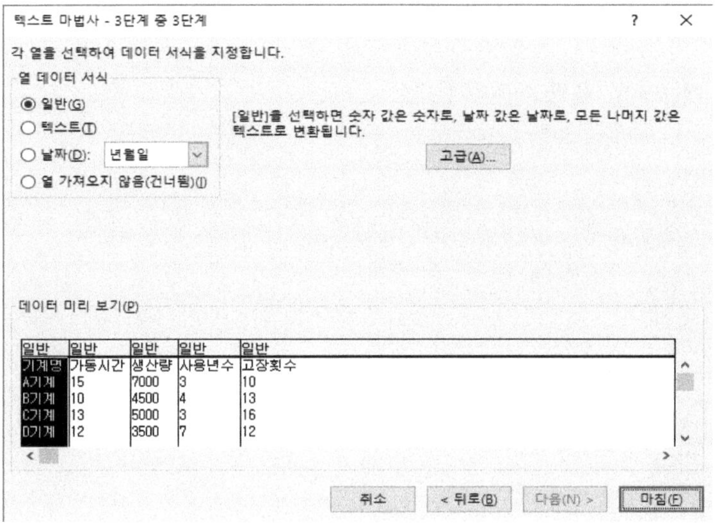

⑥ 다음은 텍스트 마법사를 이용하여 **[기계가동시간.txt]**를 엑셀 워크시트로 변환한 결과이다.

A1 기계명

	A	B	C	D	E	F	G
1	기계명	가동시간	생산량	사용년수	고장횟수		
2	A기계	15	7000	3	10		
3	B기계	10	4500	4	13		
4	C기계	13	5000	3	16		
5	D기계	12	3500	7	12		
6	E기계	15	6000	4	10		
7	F기계	15	6300	4	10		
8	G기계	10	5000	6	19		
9	H기계	11	3200	5	23		
10							
11							

4.2 분석 도구의 설치

엑셀에서는 **[분석 도구]**가 있어 자료 분석을 쉽게 할 수 있다. 하지만 기본 설치 시에 함께 설치가 되지 않으므로 다음과 같은 과정을 통해 설치한다.

① **[File]메뉴에서 [옵션]**을 선택한다.

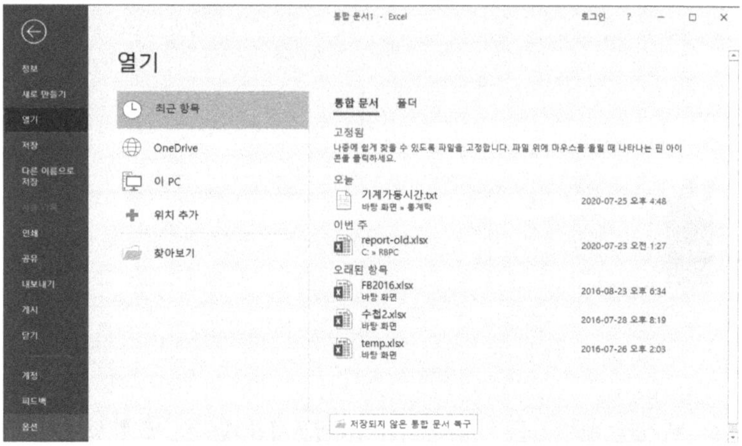

② [Excel **옵션]**창에서 **[추가 기능]**을 선택한 후, **[분석도구]**를 선택한 후 **[이동]**을 누른다.

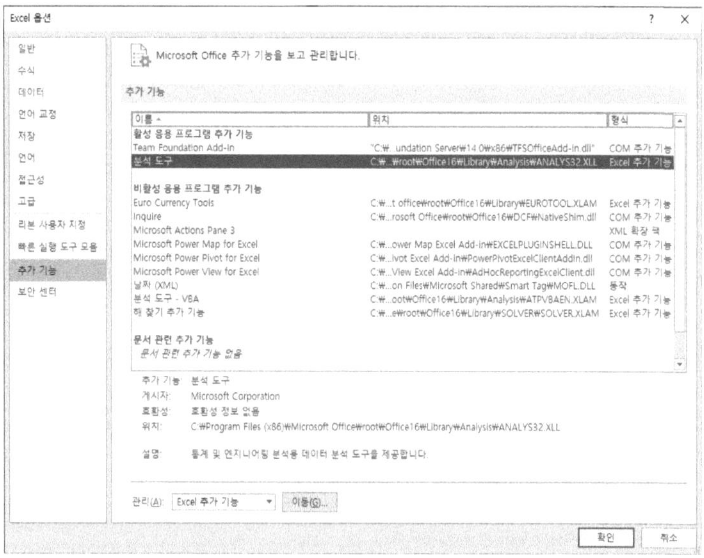

③ **[추가 기능]**에서 필요한 옵션을 선택한다. 여기서 우리에게 필요한 것은 **[분석 도구]**이다.

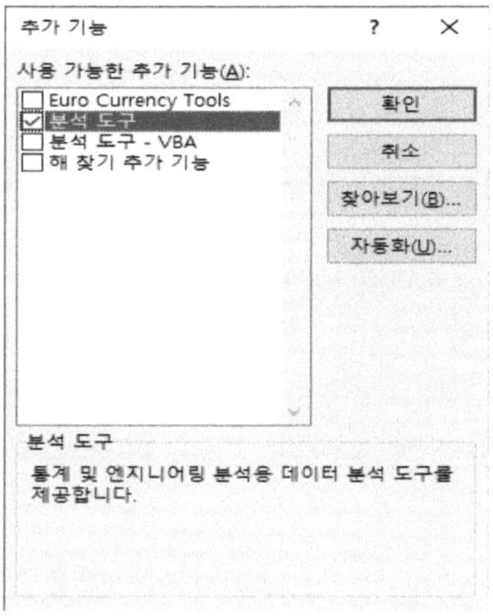

④ 정상적으로 설치를 마치면 **[데이터]**탭의 가장 아래 우측에 **[데이터 분석]**이 추가되어 있다.

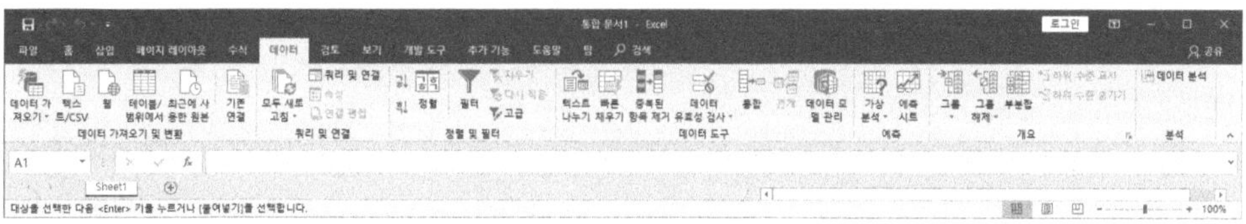

Chapter 02

연습문제

01 설문지 작성단계에 대해서 단계별로 설명하시오.

02 다음 설문지 문항에 대해서 차이점을 설명하시오.

가. 당신이 즐겨 찾는 청량음료의 상표는 무엇입니까?

나. 당신이 특별히 즐겨 찾는 청량음료가 있습니까?

① 예

② 아니오

나-1. 만약 당신이 즐겨 찾는 청량음료가 있다면 상표는 무엇입니까?

연습문제 해답

01

설문지 작성단계는 일반적으로 4단계로 구분할 수 있다.

1. 필요한 정보의 결정단계

   조사하고자 하는 주제에 대한 기본문제를 정의한 다음 점차 세부문제로 발전시켜 질문을 계층화 한다.

2. 자료수집절차의 결정

   자료를 수집하는 방법을 결정한다. 즉, 개인면접법을 할 것인지, 이메일을 이용할 것인지 등 수집하는 방법에 따라 질문의 구조와 응답의 구조가 차이가 있다.

3. 설문지의 설계

   질문의 내용과 문장에 유의하여 논리적으로 일관성이 있게끔 문항을 작성한다. 질문의 순서에도 유의하여 응답하기 쉽게 느낄 수 있는 문항을 설문지의 앞쪽에 두는 것이 참여율을 높이는데 도움이 된다. 문항은 직접적으로 묻는 것이 좋지만 응답자에게 민감한 질문에 대해서는 간접적으로 묻는 것도 필요하다.

4. 예비적인 테스트

   설문초안이 작성되면 본 조사에 들어가기 전에 테스트를 해보는 것이 좋다. 먼저 주변 동료들을 통해 검토한 다음 대상 응답자 중 일부를 선택하여 현장조사를 실시해 보는 것이 좋다. 사전 조사결과를 토대로 문항을 조정 및 수정한다.

02

"가. 당신이 즐겨 찾는 청량음료의 상표는 무엇입니까?"는 모든 사람이 특별히 좋아하는 청량음료가 있다는 가정 하에 묻는 질문이다. 즉, 설문지 문항의 구성에 있어 편의(bias)가 발생한 경우로 응답을 유도하고 있다.

Chapter 03

자료의 정리

1 질적자료의 정리

통계적 분석의 목적을 위해 수집된 질적자료를 그래프나 도표를 통하여 정리·요약하면, 자료에 내포된 정보를 보다 쉽고 빠르게 전달할 수 있다.

예제 3-1

프로야구선수 중 21명을 뽑아서 포지션을 조사한 결과는 〈표 3-1〉과 같다.
선수의 포지션별 분포를 분포를 막대그래프와 원형그래프로 나타내시오.

질적 분포

〈표 3-1〉의 선수 포지션을 4개의 범주로 분류하여 첫째 열에 표시하고 각 범주에 속하는 선수의 수를 세어 둘째 열에 표시하고, 셋째 열은 각 범주의 선수의 수를 전체 선수의 수인 21로 나누어 백분율로 나타내면 다음 〈표 3-2〉와 같다. 이와 같이 자료를 단순화하기 위해서 사용되는 통계적 방법을 자료의 분류라 하며, 자료를 비수치적 특성에 의해서 분류하여 정리한 표를 질적 분포(qualitative distribution)라 한다.

〈표 3-1〉 선수 포지션

선 수	포지션	선 수	포지션	선 수	포지션
정성훈	내야수	조인성	포수	오승환	투수
김현수	외야수	박병호	내야수	봉중근	투수
이대형	외야수	박찬호	투수	이병규	외야수
나지환	내야수	심수창	투수	박진만	내야수
박용택	외야수	진갑용	포수	정근우	내야수
이대호	내야수	류현진	투수	이승엽	내야수
김태균	내야수	이승호	투수	김광삼	투수

〈표 3-2〉 선수의 포지션별 분포

포지션	선수 수	비율
투수	7	0.333
포수	2	0.095
내야수	8	0.381
외야수	4	0.191
합 계	21	1.000

막대그래프

질적 분포를 그림으로 표시하면 자료의 분포를 한눈에 파악할 수 있으며 유용한 경우가 많다. 그림은 막대그래프(bar chart) 또는 원형그래프(pie chart)로 나타내는데 〈표 3-2〉를 그림으로 나타내면 [그림 3-1], [그림 3-2]와 같다.

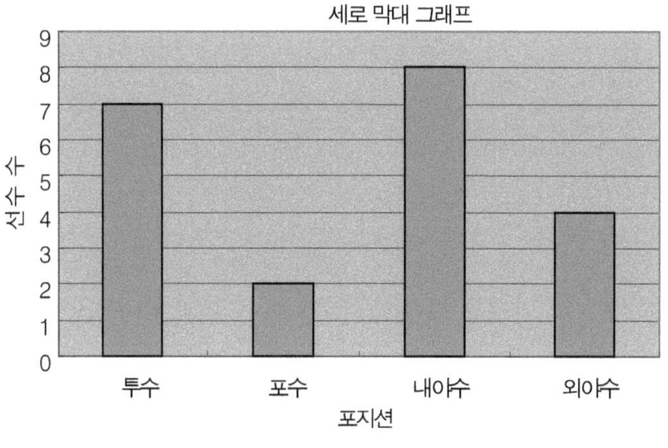

[그림 3-1] 선수의 포지션별 막대그래프

원형그래프

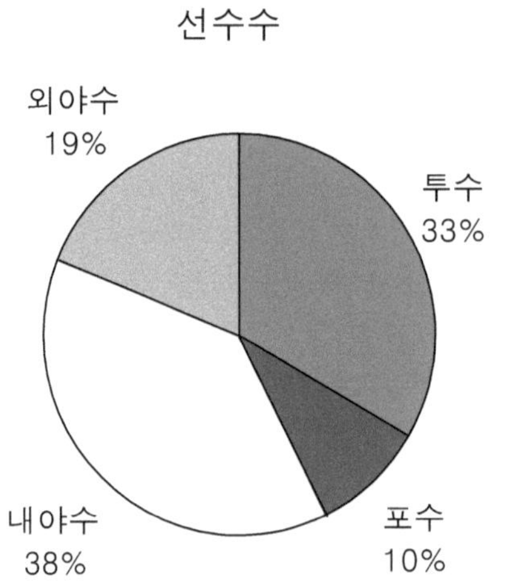

[그림 3-2] 선수의 포지션별 원형그래프

● 엑셀 연습 ··· [세로 막대 그래프]

Step 1 자료 입력

	A	B
1	포지션	선수수
2	투수	7
3	포수	2
4	내야수	8
5	외야수	4
6		

Step 2 자료의 입력범위 지정

A1 : B5를 드래그하여 지정한다.

	A	B
1	포지션	선수수
2	투수	7
3	포수	2
4	내야수	8
5	외야수	4
6		

Step 3 그래프 종류의 선택

[삽입] ⇨ **[세로 또는 가로 막대형 차트 삽입]** ⇨ **[2차원 세로 막대형]에서 [묶은 세로 막대형]**을 선택한다.

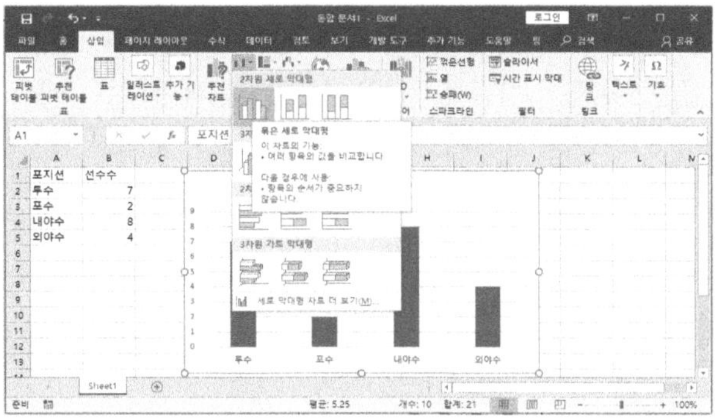

다음과 같이 세로 막대 그래프가 나타난다.

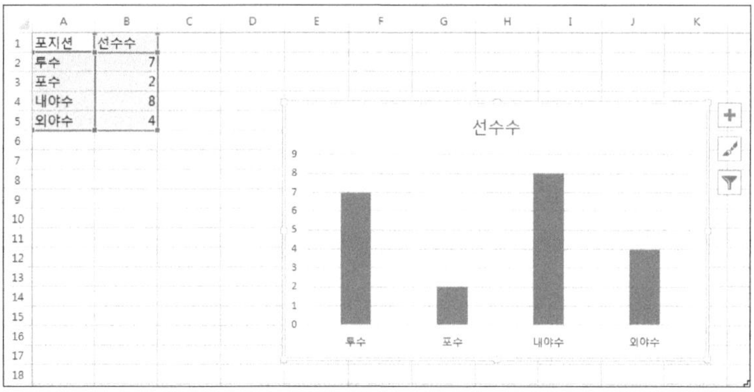

(Step 3)에서 원형 그래프를 선택하면 다음과 같은 원형 그래프의 출력이 화면에 나타난다.

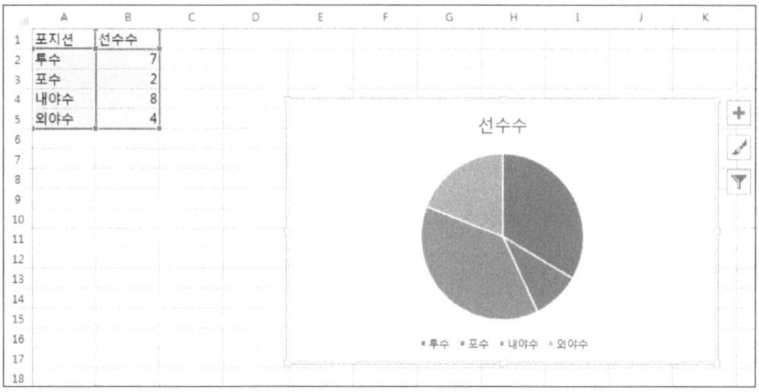

2 도수분포

도수분포표

통계적 관심의 대상이 수치적 특성에 의해서 분류되어 정리된 표를 도수분포표(frequency table)라 한다. <표 3-3>은 통계학을 수강한 학생들의 성적에 대한 도수분포표를 나타내고 있다. 통계학 성적에 관한 도수분포표에 의하면 계급은 성적에 의해 정의되고, 각 계급은 구간으로 표시되고 있다. 가장 많은 수강생들이 75~79점 사이에 분포되어 있으며 80점 이상의 점수를 얻은 학생수가 74점 이하의 점수를 획득한 학생 수 보다 많음을 알 수 있다. 도수분포표에서 각 계급에 해당하는 관측치의 수를 도수(frequency 또는 빈도)라 하며, 전체 도수 중 각 계급이 차지하는 비율을 상대도수라 한다.

<표 3-3> 통계학 성적에 관한 도수분포표

성적구간	도수	상대도수
60~64	2	0.03
65~69	5	0.08
70~74	12	0.20
75~79	14	0.23
80~84	10	0.17
85~89	8	0.13
90~94	6	0.10
95~100	3	0.05
합계	60	1.00

2.1 도수분포표의 작성

도수분포표를 작성하기 위해서는 우선 서로 인접한 관찰 값들을 집단화하여 몇 개의 그룹(계급)으로 구분한다. 도수분포에서 계급의 수가 많을 경우에는 통계적 자료를 보다 더 상세하게 나타낼 수 있지만, 통계 처리의 기본 목적인 자료 요약의 효율성을 상실하게 된다. 계급의 구간은 계급의 수와 밀접한 관련성을 갖고 있다. 즉, 계급의 수가 상대적으로 많으면 구간이 좁아질 것이고, 반대로 계급의 수가 상대적으로 적으면 계급의 구간이 넓어진다. 그러나 모든 계급의 구간의 폭은 같아야 한다.

▸ **도수분포표의 작성순서**

1. 자료의 최대값과 최소값을 찾는다.
2. 자료의 크기에 따라 5개 내지 20개 정도의 적절한 계급의 수를 정한다.
3. 동일한 간격의 계급구간을 정한다.
4. 각 계급에 속하는 관측치의 수를 세어 계급의 도수를 구한다.
5. 각 계급의 도수를 총 도수로 나누어 계급의 상대도수를 구한다.

예제 3-2

백화점의 우수 고객 90명에 대한 2/4 분기 상품 구입 실적을 조사한 자료는 다음과 같다. 도수분포표를 작성하시오(단위 : 만 원)

131	106	116	84	118	93	65	113	140
119	129	75	105	123	64	80	124	110
86	112	96	110	135	134	146	144	113
128	142	106	98	148	106	122	70	73
78	103	112	126	119	62	116	84	101
68	95	119	122	127	109	95	103	92
103	90	136	109	99	76	93	81	100
114	125	121	137	107	69	79	111	98
124	84	108	128	87	102	103	131	139
108	109	97	112	75	143	72	120	95

위의 자료에서 최대값은 148이고 최소값은 62이다. 자료의 수가 90개이기 때문에 계급의 수는 7~10개 정도가 적당하며, 만약 계급의 수를 9로 한다면 계급구간의 넓이 계산은 다음과 같다.

$$\text{계급구간의 넓이} = \frac{\text{최대값} - \text{최소값}}{\text{계급의 수}}$$

$$= \frac{148 - 62}{9} = 9.5 \approx 10$$

계급구간의 넓이가 9.5로 계산되었으나 10으로 정하는 것이 바람직하다. 각 계급의 두 한계치(경계값)인 상한과 하한은 모든 자료가 단 하나의 계급에만 속할 수 있도록 정해져야 한다. 각 계급에 속하는 관찰 값의 수를 구해 도수를 정하고, 전체 도수 중 각 계급의 도수가 차지하는 상대도수를 정하여 도수분포표를 만들면 〈표 3-4〉와 같다.

〈표 3-4〉 고객의 상품 구매액에 관한 도수분포표

계급구간(금액)	도수	상대도수
60 이상~ 70 미만	5	0.055
70~80	8	0.089
80~90	7	0.078
90~100	12	0.133
100~110	17	0.189
110~120	15	0.167
120~130	13	0.144
130~140	7	0.078
140~150	6	0.067
합 계	90	1.000

2.2 도수분포의 그림

상대도수 히스토그램

상대도수 다각형

도수분포를 그림으로 표현하는 방법으로는 상대도수 히스토그램(relative frequency histogram)과 상대도수 다각형(relative frequency polygon)이 있다. 상대도수 히스토그램은 일반적으로 줄여서 히스토그램이라 하며, 각 계급의 상대도수를 그 크기에 따라 막대그림표로 표현한 것이다. 상대도수 다각형은 상대도수 히스토그램의 각 중간점을 선으로 이어서 그린 것이다. 〈표 3-4〉의 도수분포를 상대도수 히스토그램과 상대도수 다각형으로 나타낸 것이 [그림 3-4]와 [그림 3-5]이다.

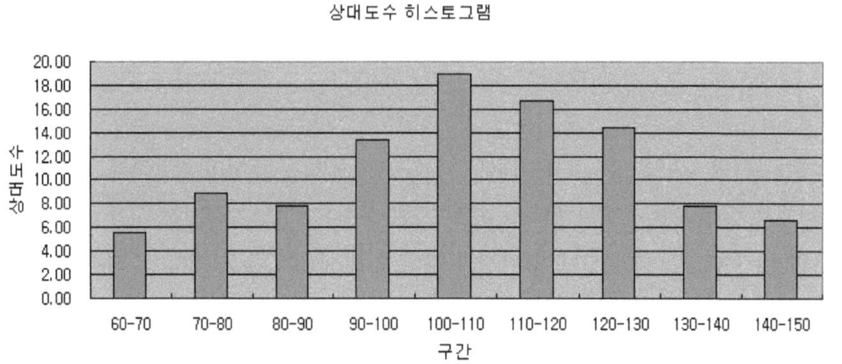

[그림 3-4] 고객의 상품 구매액에 관한 상대도수 히스토그램

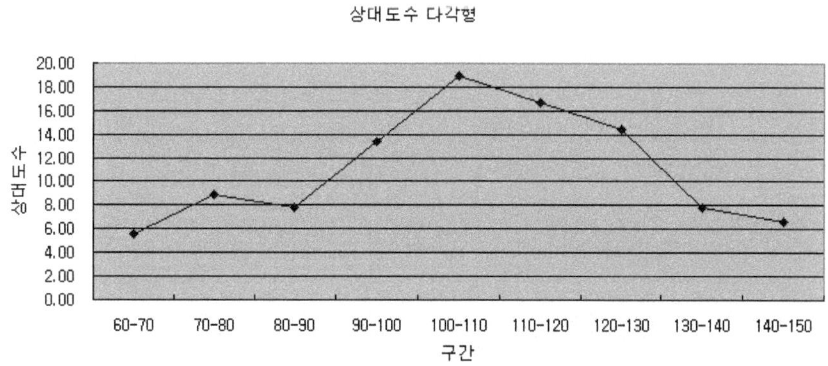

[그림 3-5] 고객의 상품 구매액에 관한 상대도수 다각형

● 엑셀 연습 ··· [상대도수 히스토그램]

Step 1 자료의 입력

	A	B	C	D
1	구간	도수		
2	60-70	5		
3	70-80	8		
4	80-90	7		
5	90-100	12		
6	100-110	17		
7	110-120	15		
8	120-130	13		
9	130-140	7		
10	140-150	6		
11				
12				

Step 2 자료의 변환

B11 셀에 "=SUM(B2:B10)"를 입력하여 총 도수를 구하고 C2 셀에 "=B2/$B$11 * 100"을 입력하여 상대도수를 구한다. C3부터 C10까지는 C2 셀을 드래그하여 복사한다.

C2 =B2/$B$11*100

	A	B	C	D	E
1	구간	도수	상대도수		
2	60-70	5	5.56		
3	70-80	8	8.89		
4	80-90	7	7.78		
5	90-100	12	13.33		
6	100-110	17	18.89		
7	110-120	15	16.67		
8	120-130	13	14.44		
9	130-140	7	7.78		
10	140-150	6	6.67		
11		90			
12					
13					

다음과 같이 상대도수 히스토그램이 나타난다.

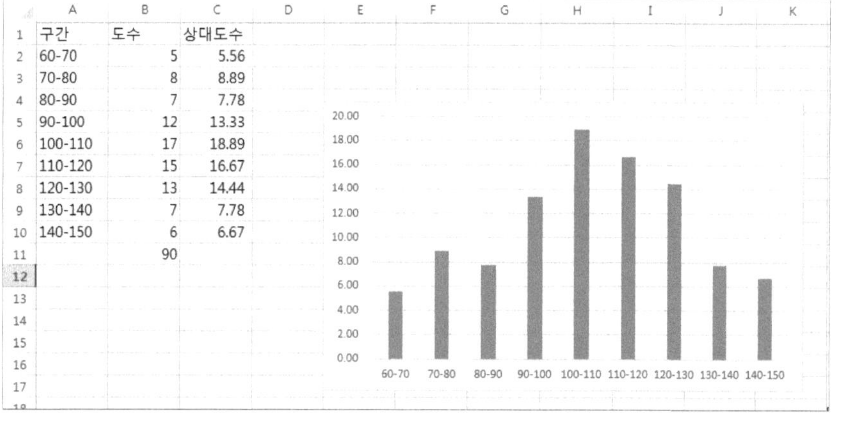

또한 상대도수 다각형은 (Step 1), (Step 2)까지의 과정은 동일하고 (Step 3)까지의 과정만이 다르다.

Step 3 그래프 종류의 선택

[**2차원 꺾은선형**]을 선택한다.

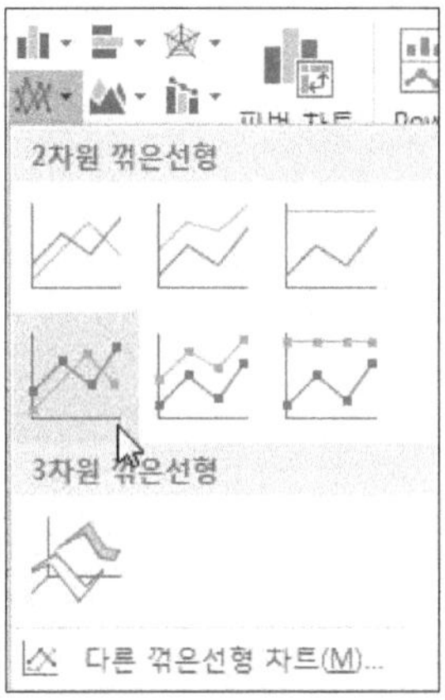

그 이후의 과정은 앞의 상대도수 히스토그램과 동일하다.

최종적인 화면은 다음과 같이 나타난다.

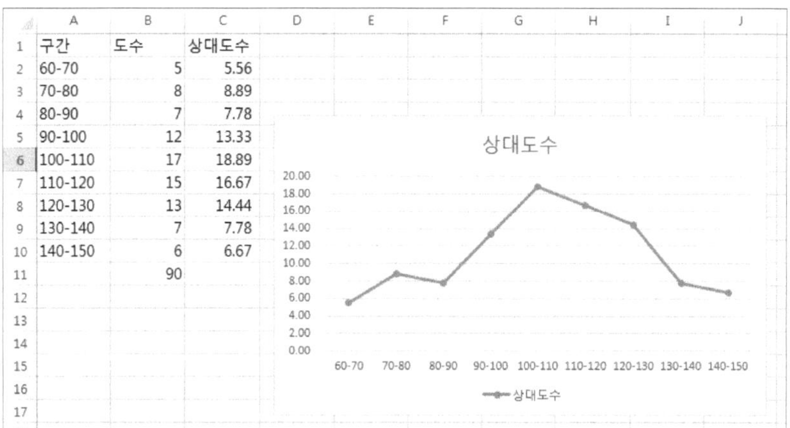

3 줄기와 잎 그림

자료를 정리하여 도수분포표를 만들면 자료 전체의 분포 상태는 알 수 있으나 각 계급에 속하는 자료의 값은 잃게 되는 단점이 있다. 자료의 값을 잃지 않으면서 전체의

줄기와 잎그림

분포상태를 알 수 있는 것이 줄기와 잎 그림(Stem-and-Leaf Display)이다. 즉, 양적 자료를 정리하는 방법으로서 도수분포표의 히스토그램을 하나로 통합하는 자료정리 방법이 줄기와 잎 그림이다.

예제 3-3

A 포털사이트에 가입된 30명 회원들의 1주일 동안 이메일 사용횟수는 다음과 같다.

4	36	9	46	12	36	14	32	15	26
43	19	25	48	27	17	55	28	34	38
39	45	38	6	53	46	25	23	21	48

A 포털사이트에 가입된 30명 회원들의 1주일 동안 이메일 사용횟수를 줄기와 잎 그림으로 나타내면 다음과 같다.

1. 십의 자리의 수를 줄기로 하여 크기가 작은 순서대로 세로로 나열한다.
2. 줄기의 오른쪽에 세로줄을 긋는다.
3. 각 십의 자리의 수에 해당하는 일의 자리의 수를 잎으로 하여 세로줄의 오른쪽에 크기가 작은 순서대로 가로로 나열한다. 중복된 자료의 값은 중복된 횟수만큼 나열한다.

줄기	잎
0	4 6 9
1	2 4 5 7 9
2	1 3 5 5 6 7 8
3	2 4 6 6 8 8 9
4	3 5 6 6 8 8
5	3 5

● 엑셀 연습 ··· [도수분포표 및 히스토그램]

만일 여러 분이 가지고 있는 자료가 〈표 3-3〉처럼 구간별로 정리된 자료가 아니라면 어떻게 도수분포표를 작성하고 이를 이용해 히스토그램으로 나타낼 것인가? 다음의 자료는 어느 지역에서 1개월간 전력사용량을 52가구에 대해 조사한 자료이다.

300	300	466	459	423	477	635	566	514	932	761	543
653	424	408	350	210	246	306	447	505	401	481	664
540	434	557	480	622	538	502	493	427	364	307	306
307	312	312	489	499	252	148	149	134	457	152	182
166	166	170	534								

위의 자료를 이용해 구간의 수가 5인 도수분포표와 히스토그램을 만들어 보도록 한다.

먼저 도수분포표를 작성한 후 히스토그램을 작성하자.

Step 1 자료의 입력

	A	B
1	전력사용량	
2	300	
3	300	
4	466	
5	459	
6	423	
7	477	
8	635	
9	566	
10	514	
11	932	
12	761	
13	543	
14	653	
15	424	
16	408	
17	350	
18	210	
19	246	
20	306	
21	447	

Step 2 필요한 정보 입력

	A	B	C	D	E
1	전력사용량				
2	300		최소값	134	
3	300		최대값	932	
4	466		구간의 수	5	
5	459		구간의 폭	159.6	
6	423			200	
7	477				
8	635				

각 셀에 입력되는 내용은 다음과 같다.

D2 = MIN(A2:A53)

D3 = MAX(A2:A53)

D5 = (D3-D2)/D4

Step 3 구간 설정

	A	B	C	D	E	F	G
1	전력사용량					구간	
2	300		최소값	134		300	
3	300		최대값	932		500	
4	466		구간의 수	5		700	
5	459		구간의 폭	159.6		900	
6	423			200		1100	
7	477						

F2에서 F6까지 각 구간의 상한값을 입력한다. 입력하는 방법은 F2에 최초 구간의 상한값인 300을 입력하고 구간의 간격인 200씩을 증가시켜가며 최대값을 넘는 값이 나타나면 중단한다.

Step 4 도수분포표 작성

G2 =FREQUENCY(A2:A53,F2:F6)

	A	B	C	D	E	F	G	H
1	전력사용량					구간		
2	300		최소값	134		300	13	
3	300		최대값	932		500		
4	466		구간의 수	5		700		
5	459		구간의 폭	159.6		900		
6	423			200		1100		
7	477							

G2에 빈도를 계산하는 함수 FREQUENCY를 이용해 최초구간의 빈도를 계산한다. G2 셀에 입력되는 내용은 다음과 같다.

G2 = FREQUENCY(A2:A53, F2:F6)

Step 5 배열 복사

G2에서 G6 범위를 지정하고 마우스 포인터를 수식 입력줄로 이동한다.

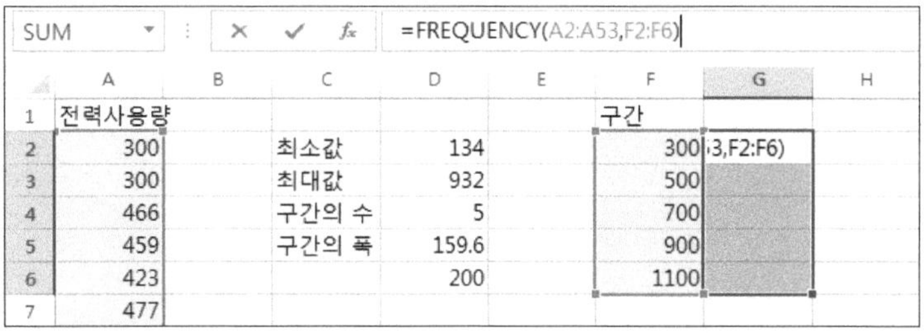

SUM | =FREQUENCY(A2:A53,F2:F6)

	A	B	C	D	E	F	G	H
1	전력사용량					구간		
2	300		최소값	134		300	3,F2:F6)	
3	300		최대값	932		500		
4	466		구간의 수	5		700		
5	459		구간의 폭	159.6		900		
6	423			200		1100		
7	477							

Step 6 도수분포표 완료

마우스에서 손을 떼고, Ctrl + Shift + Enter 키를 동시에 누른다.

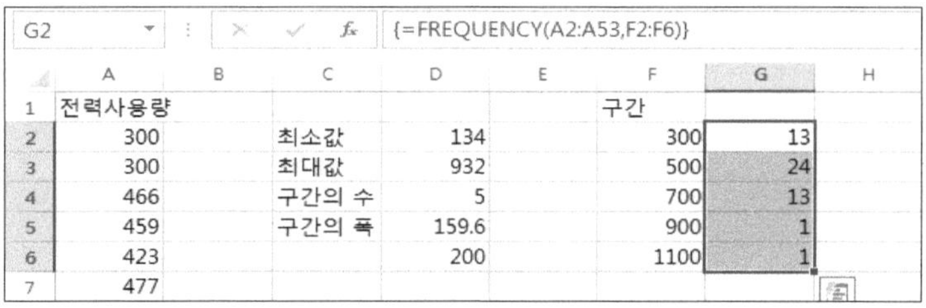

G2 | {=FREQUENCY(A2:A53,F2:F6)}

	A	B	C	D	E	F	G	H
1	전력사용량					구간		
2	300		최소값	134		300	13	
3	300		최대값	932		500	24	
4	466		구간의 수	5		700	13	
5	459		구간의 폭	159.6		900	1	
6	423			200		1100	1	
7	477							

선택한 영역에 셀의 내용이 배열 복사되어 각 구간별로 빈도가 계산된다. 각 셀의 내용은 모두가 아래와 같이 동일하다.

G2~G6 = { FREQUENCY(A2:A53, F2:F6) }

이제 히스토그램을 작성하자.

Step 7 자료 범위의 지정

도수가 들어있는 셀 G1:G6를 범위로 지정한다.

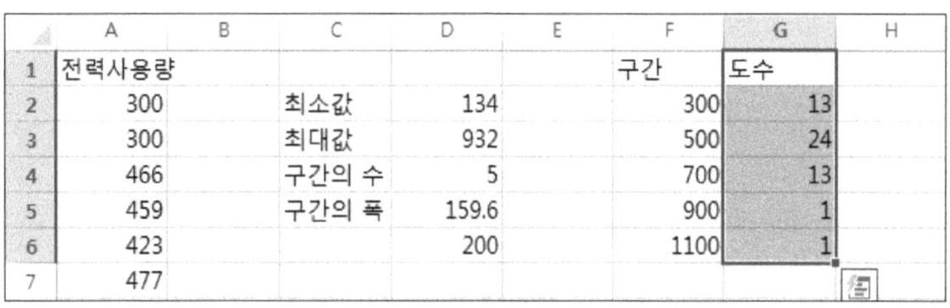

	A	B	C	D	E	F	G	H
1	전력사용량					구간	도수	
2	300		최소값	134		300	13	
3	300		최대값	932		500	24	
4	466		구간의 수	5		700	13	
5	459		구간의 폭	159.6		900	1	
6	423			200		1100	1	
7	477							

최종 출력이 다음과 같이 워크시트에 나타난다.

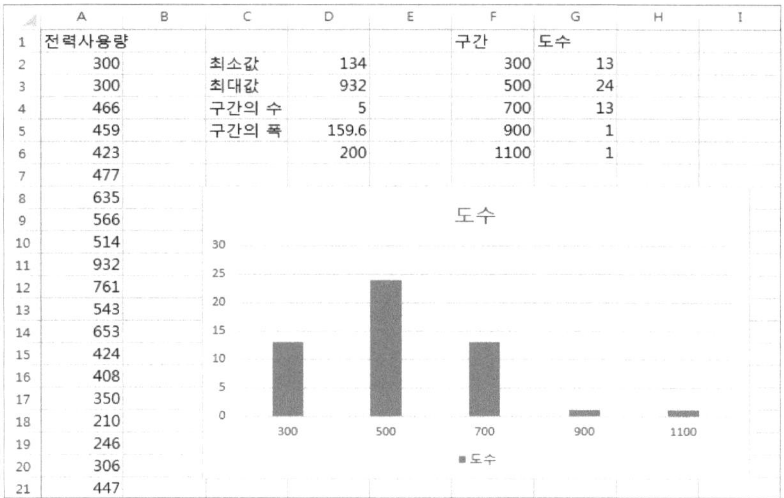

	A	B	C	D	E	F	G	H	I
1	전력사용량					구간	도수		
2	300		최소값	134		300	13		
3	300		최대값	932		500	24		
4	466		구간의 수	5		700	13		
5	459		구간의 폭	159.6		900	1		
6	423			200		1100	1		
7	477								
8	635								
9	566								
10	514								
11	932								
12	761								
13	543								
14	653								
15	424								
16	408								
17	350								
18	210								
19	246								
20	306								
21	447								

Chapter 03

연습문제

01

50명의 신장(단위 : cm)을 측정한 결과가 다음과 같을 때, 6개의 계급으로 구분하여 도수분포표를 작성하라.

136	172	154	160	145	127	150	146	149	155
162	144	167	146	160	154	155	138	127	161
169	170	130	161	153	149	120	136	147	151
163	122	129	138	145	141	154	148	159	164
157	163	169	165	159	160	161	157	141	149

02

어느 대학교의 경영학부 1학년 40명의 키를 측정한 결과가 다음 표와 같다고 한다. 이 자료를 이용하여 도수분포표를 작성하라.

164	170	178	168	149	183	169	171	165	179
192	167	160	163	179	162	147	160	170	166
181	166	169	176	163	182	166	178	167	159
186	168	166	171	182	172	154	173	170	171

연습문제 해답

01

계급	120~130	130~140	140~150	150~160	160~170	170~180	합계
도수	5	5	12	12	14	2	50

02

[도수분포표]

계급	계급구간	도수	상대도수
1	140이상-150미만	2	0.050
2	150-160	2	0.050
3	160-170	17	0.425
4	170-180	13	0.325
5	180-190	5	0.125
6	190-200	1	0.025
합계		40	1.000

Chapter 03

심화문제

01

다음 표는 경영학부 1학년 학생 100명의 영어회화성적이다. 도수분포표를 작성하라(계급 수 7개).

76	66	74	76	68	82	57	75	35	34
65	63	85	87	79	77	76	74	76	78
75	60	96	74	73	87	52	98	88	64
76	69	60	74	72	76	57	64	67	58
72	80	72	56	73	82	78	45	75	56
75	86	66	86	50	78	66	79	68	60
80	83	87	78	80	77	81	92	57	52
58	82	73	95	66	60	84	80	79	63
80	88	58	84	96	87	72	65	79	80
86	68	76	41	80	40	63	90	83	94

Chapter 04

자료의 요약

수치적 자료의 분포 특성을 나타내는 대표적인 측도(measure)로서 집중화 경향(central tendency), 산포도(dispersion), 상대적 위치(relative standing), 비대칭도를 생각할 수 있다. 집중화 경향은 관찰된 자료가 어느 위치에 집중되었는지, 즉 분포의 대표 값을 나타내는 척도이다. 산포도는 자료가 흩어져 있는 정도를 나타내는 척도이다. 상대적 위치는 특정한 관측치가 주어진 자료의 어느 위치에 놓여 있는지를 알 수 있다. 비대칭도는 자료의 분포가 대칭에서 벗어난 정도, 즉 대칭에서 왼쪽이나 오른쪽으로 치우쳐 있는 정도를 나타내는 척도이다.

1 집중화 경향

집중화 경향

집중화 경향은 자료 분포의 중심이 어디에 있는지를 나타내는 측도로서 평균(mean), 중앙값(median), 최빈값(mode) 등이 있다. 이 중 평균과 중앙값이 가장 많이 이용되고 있는 대표값이다.

1.1 평균

일반적으로 평균이라 하면 산술평균(arithmetic mean)을 의미하며 집중화 경향의 측도로서 가장 많이 사용되고 있으며 수치적 자료에만 사용된다. 우리가 관찰한 자료의 값들을 x_1, …, x_n 이라 표기하고, 모집단과 표본의 구별을 위해서 모집단의 자료 수를 N, 표본의 자료 수를 n 이라 하면, 모평균 μ('뮤'로 읽음)와 표본평균 $\overline{X}$('엑스바'로 읽음)는 다음과 같이 정의된다. **산술평균**

▸ **모평균과 표본평균**

$$\mu = \frac{1}{N}(x_1 + x_2 + ... + x_N) = \frac{1}{N}\sum_{i=1}^{N} x_i$$

$$\overline{X} = \frac{1}{n}(x_1 + x_2 + ... + x_n) = \frac{1}{n}\sum_{i=1}^{n} x_i$$

예제 4-1

어느 벤처회사의 전체 직원이 5명이며, 그들의 월급여가 아래와 같을 때, 직원의 월평균 급여 수준은 얼마인가? (단위 : 만 원)

120, 135, 250, 110, 310

해설 $\mu = \frac{120+135+250+110+310}{5} = 185$ 만 원

위의 예제는 주어진 자료가 모집단이기 때문에 평균이 μ로 표시되었다. 그러나 표본일 때는 $\overline{X}$로 표시된다. 모집단의 평균을 모평균(population mean), 표본의 평균을 표본평균(sample mean)이라 부른다. 이러한 평균의 가장 큰 단점은 다른 대부분의 관측치 보다 아주 크거나 작은 이상치(outlier)가 있을 때, 평균은 이상치의 영향을 받는다. 다음의 예를 살펴보자. **모평균**

예제 4-2

컴퓨터학과 졸업생들 중에서 10명을 대상으로 연봉을 조사한 결과 다음과 같았다. (단위 : 만 원)

1300, 1350, 1450, 1550, 1600, 1350, 1650, 1800, 1700, 3000

위의 자료를 이용해 평균을 구하시오.

해설 위의 자료는 전체 모집단에 대한 자료가 아니고 졸업생 중에서 10명만을 이용해 얻은 자료이므로 모평균이 될 수 없고, 표본평균이 된다.

$$\overline{X} = \frac{1300+1350+1450+1550+1600+1350+1650+1800+1700+3000}{10}$$

$$= 1675$$

컴퓨터학과 금년 졸업생의 표본으로 계산된 평균 연봉은 1,675만 원이다. 그러나 10명중 7명이 이 평균값보다 적은 연봉을 받고 있어 이 평균은 집중화 경향의 적절한 측도가 되기 어렵다. 예제 4-2의 자료에서 3,000을 제외하고 평균을 구해 보면 $\overline{X} = 1{,}539$ 만 원으로 앞서 계산된 1,675만 원보다는 훨씬 더 좋은 집중화 경향의 측도임을 알 수 있다. 이와 같이 자료에 이상치가 있을 때에는 이상치를 제외한 나머지 자료로부터 구한 평균이 더 큰 의미를 가진다. 그러므로, 평균은 자료의 분포가 비대칭일 경우에는 자료의 집중화 경향의 측도로서는 적합하지 않다. 이와 같이 자료의 분포가 비대칭일 때 분포의 중심을 측정하는 데에는 중앙값이 평균보다 더 유용하게 사용된다.

1.2 중앙값

중앙값

중앙값(mediam)은 자료의 크기를 순서대로 나열하였을 때 가장 중앙에 놓이는 값이다. 자료의 수가 n 인 경우, n 이 홀수이면 $(n+1)/2$ 번째 관측치가 중앙값이 된다. 또한 n 이 짝수일 때는 가운데 위치하는 관측치는 없으므로 $n/2$ 번째와 $(n/2)+1$ 번째 관측치의 평균이 중앙값이다. 예를 들어 관측치가 5, 10, 8, 13, 30일 때, 먼저 자료의 크기를 순서대로 나열하면

5 8 10 13 30

이 되며, 자료의 수는 홀수($n=5$)이므로 중앙값은 (5+1)/2=3번째 관측치인 10이 된다. 위의 자료에 12라는 관측치를 추가하면

5	8	10	12	13	48

이 되고, 자료의 수가 짝수($n=6$)이므로 6 / 2 = 3번째 관측치와 6 / 2 + 1 = 4번째 관측치의 산술평균인 (10 + 12) / 2 = 11이 중앙값이 된다. 이 자료에서 평균을 구하면 18이다. 중앙값은 극단적인 관측치의 영향을 받지 않으므로 비대칭분포에서는 평균보다 더 유용한 대표값으로 사용될 수 있다.

1.3 최빈값

최빈값

최빈값(mode)은 수치적 자료나 비수치적 자료 모두에서 사용된다. 최빈값은 자료 중에서 가장 자주 나오는 관측치 즉, 빈도가 가장 높은 관측치를 의미한다. 최빈값은 한 집단의 대표값을 간편하고, 빠르게 찾아낼 수 있지만, 자료의 분포가 대칭에 가깝지 않을 때에는 신뢰할 만한 대표값이 되지 못한다. 예를 들어 예제 4-2의 졸업생들의 연봉에 관한 자료에서는 1,350만 원이 최빈값이 된다.

2 산포도

산포도

분포의 특성을 파악할 때 집중화 경향의 측도만으로는 자료의 흩어져 있는 형태에 대한 충분한 정보를 얻을 수 없다. 통계적 분석에는 관측치들이 흩어져 있는 정도를 살펴보는 것도 중요하다. 관측치들이 평균과 같은 대표값에서 흩어져 있는 정도를 산포도라고 한다.

2.1 분산과 표준편차

분산(variance)과 표준편차(standard deviation)는 분포의 산포도를 나타내는 대표적인 개념이다. 분산과 표준편차를 정의하기 전에 다음의 자료를 살펴보자. 이 자료는 네티즌 중에서 7명을 뽑아 주당 인터넷 사용시간을 관찰한 값이다. (단위 : 시간)

9 7 6 6 3 9 2

위의 자료에서 평균 인터넷 사용시간은 $\overline{X} = 6$ (시간)이고, 각 관측치와 평균과의 차이인 편차는 $x_i - \overline{X}\,(i = 1, 2, \cdots, n)$로 정의되며 그 결과 값은 다음과 같다.

3 1 0 0 -3 3 -4

편차들을 하나의 수치로 나타내는 방법 가운데 편차들을 모두 합하는 방법을 생각할 수 있겠으나 위의 자료와 같은 경우에 합이 0이 되어 사용할 수 없다. 그 이유는 관측치들을 x_1, …, x_n이라 두었을 때,

$$\begin{aligned}\sum_{i=1}^{n}(x_i - \overline{X}) &= \sum_{i=1}^{n} x_i - n\overline{X} \\ &= \sum_{i=1}^{n} x_i - n \cdot \frac{1}{n}\sum_{i=1}^{n} x_i \\ &= 0\end{aligned}$$

이기 때문이다. 그러므로, 단순히 관측치와 평균과의 차이인 편차를 합한 것만으로는 산포도의 측도로써 아무런 의미를 갖지 못한다.

분산

분산과 표준편차는 편차의 합 대신에 편차의 제곱의 합을 사용한다. 편차의 제곱 합을 자료의 수로 나눈 것을 분산이라 한다. 모집단의 분산을 모분산(population variance)이라고 하고 기호로는 σ^2로 표시하며, 표본의 분산을 표본분산(sample variance)이라 하고 s^2으로 표시한다. 표본분산을 계산할 때는 편차의 제곱합을 표본의 크기 n 대신에 $n-1$로 나누는데, 그 이유는 표본오차를 줄이기 위해서이다.

▸ 모분산과 표본분산

$$\sigma^2 = \frac{1}{N}\sum_{i=1}^{N}(x_i - \mu)^2$$

$$s^2 = \frac{1}{n-1}\sum_{i=1}^{n}(x_i - \overline{X})^2$$

표준편차는 분산의 제곱근으로 다음과 같이 정의된다. **표준편차**

▸ **모표준편차와 표본표준편차**

$$\sigma = \sqrt{\frac{1}{N}\sum_{i=1}^{N}(x_i-\mu)^2}$$

$$s = \sqrt{\frac{1}{n-1}\sum_{i=1}^{n}(x_i-\overline{X})^2}$$

모집단의 표준편차는 모표준편차, 표본의 표준편차는 표본표준편차라 하며 기호로는 σ, s로 각각 표기된다. 표준편차는 자료의 관측치 및 평균과 똑같은 단위로 되어 있기 때문에 산포도 측도로써 많이 사용된다.

예제 4-3

네티즌의 자료를 이용해 주당 인터넷 사용시간에 관한 분산과 표준편차를 구해보자.

해설 먼저 다음과 같이 편차와 편차의 제곱을 구하도록 하자

관측치(x_i)	편차($x_i-\overline{X}$)	편차의 제곱($x_i-\overline{X})^2$
9	9-6=3	$3^2=9$
7	7-6=1	$1^2=1$
6	6-6=0	$0^2=0$
6	6-6=0	$0^2=0$
3	3-6=-3	$(-3)^2=9$
9	9-6=3	$3^2=9$
2	2-6=-4	$(-4)^2=16$
	합 = 0	합 = 44

편차의 제곱합 $\sum_{i=1}^{7}(x_i-\overline{X})^2 = 44$ 이고 표본의 수 $n=7$ 이므로 표본 분산 $s^2 = \frac{44}{7-1} ≒ 7.33$이 되며 표준편차는 $\sqrt{7.33} ≒ 2.71$ 이다. 분산이나 표준편차를 계산할 때 다음의 간편식을 사용하면 편리하다.

▸ **분산과 표준편차의 간편식**

$$s^2 = \frac{1}{n-1}\left\{\sum_{i=1}^{n}x_i^2 - n(\overline{X})^2\right\}$$

$$s = \sqrt{s^2}$$

간편식을 이용하여 예제 4-3의 분산과 표준편차를 구하면

$$\sum_{i=1}^{n} x_i^2 = 9^2 + 7^2 + 6^2 + \ldots + 2^2$$

$$= 81 + 49 + 36 + \ldots + 4 = 296$$

$$s^2 = \frac{1}{n-1}\left\{\sum_{i=1}^{n} x_i^2 - n(\overline{X})^2\right\}$$

$$= \frac{1}{7-1}(296 - 7 \times 6^2)$$

$$= \frac{44}{6}$$

$$\fallingdotseq 7.33$$

$s = \sqrt{7.33} = 2.71$. 이다.

2.2 범위

구간자료

범위(range)는 산포도를 측정하는 단순한 측도로서, 자료를 크기 순서로 배열하였을 때 가장 큰 값과 가장 작은 값의 차이를 말한다.

▸**범 위**

범위 = 자료의 최대값 - 자료의 최소값

예제 4-4

10개의 표본으로부터 형광등 수명을 관찰하여 다음과 같은 수명 시간 자료를 만들었다. 이 자료를 이용해 범위를 구하시오. (단위 : 시간)

1210, 1500, 1420, 1310, 1200, 1570, 1480, 1490, 1410, 1600

해설 위의 자료에서 최대값은 1600, 최소값은 1200이므로 범위를 구하면
범위 = 1600 - 1200 = 400 이다.

범위는 쉽게 계산할 수 있다는 장점이 있으나, 자료의 두 극단적인 값의 차이만을 나타내기 때문에 두 이상치 이외의 자료들에 대한 산포는 측정할 수 없는 단점을 가지고 있다.

범위의 이러한 단점을 일부 보완한 것이 사분위범위(interquartile range)이다. 사분위범위는 제1사분위수와 제3사분위수의 차이로 정의된다. 사분위수는 크기 순서에 따라 배열한 자료를 4등분한 수이며, 그 중 첫 번째 값 즉 하위 25%가 되는 값을 제1사분위수(first quartile), 세 번째 값 즉 상위 25%가 되는 값을 제3사분위수(third quartile)라 하며, 제1사분위수를 Q_1, 제3사분위수를 Q_3로 표기한다. 당연히 중앙값은 제2사분위수 Q_2이다. **사분위범위**

▸ **사분위범위**

사분위범위 = 제3사분위수 - 제1사분위수

$= Q_3 - Q_1$

예제 4-5

예제 4-4에서 사분위범위를 구하시오.

해설 먼저 관측값들을 크기 순으로 정렬하면 다음과 같다.

1200, 1210, 1310, 1410, 1420, 1480, 1490, 1500, 1570, 1600

이 자료들을 5개 씩 나누어 묶으면 다음과 같이 된다.

(1200, 1210, 1310, 1410, 1420) (1480, 1490, 1500, 1570, 1600)

각 집단에서 중앙값을 구하면 이 값이 제1사분위수와 제3사분위수가 된다. 따라서, 제1사분위수 $Q_1 = 1310$ 이고, 제3사분위수 $Q_3 = 1500$ 이 된다.

사분위범위는 $Q_3 - Q_1$ = 1500 - 1310 = 190

만약 사분위범위를 구할 때 자료의 수가 홀수일 때에는 양쪽에 모두 중앙값을 포함시킨다.

2.3 변동계수

변동계수(coefficient of variation)는 자료의 상대적 변이성을 측정하기 위한 수단으로 사용되는 개념으로 v로 표시하고 다음과 같이 정의된다. **변동계수**

▸ **변동계수**

$$v = \frac{s}{\overline{X}}$$

예제 4-6

어느 쇼핑몰 업체의 마케팅팀장은 매출액의 변동 상황을 주간단위와 월간단위로 구분하여 분석하고 있다. 그 동안의 매출액 자료를 분석한 결과 주간 매출액의 평균은 10억원, 표준편차는 2억원이었고, 월간 매출액 평균은 45억원, 표준편차는 5억원이었다. 주간과 월간 매출액 중에서 어느 매출액의 변동이 큰가?

해설 주간매출액의 변동계수 : $\frac{2}{10} = 0.2$

월간매출액의 변동계수 : $\frac{5}{45} \fallingdotseq 0.11$

변동계수를 비교한 결과 주간매출액의 변동이 월간매출액 보다 상대적으로 크다.

3 상대적 위치의 측도

어떤 특정한 관측치가 주어진 자료의 어느 위치에 있는지를 알 수 있게 하는 것이 상대적 위치의 측도이다. 상대적 위치의 측도로는 사분위수, 백분위수(percentiles) 그리고 z 점수(z-score) 등이 있다. 사분위수는 앞 절을 참고하기 바란다.

3.1 백분위수

백분위수

자료를 크기순으로 배열하여 자료를 100 등분하는 수의 값을 백분위수라 한다.

▸ **백분위수**

제p백분위수는 관측치 중 p%가 그 값보다 작거나 같고 $(100-p)$%가 그 값보다 크거나 같게 되는 값이다.

예제 4-7

TOEIC시험 결과가 다음과 같이 통지되었다. 이 통지서의 의미를 해석하시오.

점 수	백분위수
932	97

해설 932점이 제97백분위수라 함은 전체 TOEIC 응시자 중 97%가 932점 보다 작거나 같고 3%가 932점 보다 높거나 같음을 의미한다.

3.2 z 점수

z 점수는 어떤 특정 관측치가 평균으로부터 표준편차의 몇 배만큼 떨어져 있는가를 알려주며 이 값을 이용해 중심으로부터 떨어진 정도를 알 수 있고, 다음과 같이 정의된다. **z 점수**

▸ z **점수**

모집단 : $z = \dfrac{x-\mu}{\sigma}$

표 본 : $z = \dfrac{x-\overline{X}}{s}$

예제 4-8

어느 벤처기업의 평균연봉은 3,500만 원이고 표준편차가 800만 원이라 한다. 연봉 4,700만 원의 z 점수는 얼마인가?

해설 $z = \dfrac{4700-3500}{800} = 1.5$

z = 1.5의 의미는 이 벤처기업의 평균연봉으로부터 표준편차의 1.5배정도 상위로 떨어져 있음을 나타내 주고 있다.

4 왜도

왜도

왜도(skewness)란 자료의 분포 형태가 대칭적인 형태에서 어느 정도 벗어났는가를 측정하는 것으로 분포의 기울어진 정도를 나타낸다. 왜도는 다음의 공식에 의해 구해진다.

▸ 왜도

$$a_3 = \frac{\frac{1}{n-1}\sum_{i=1}^{n}(x_i - \overline{X})^3}{s^3}$$

완전한 좌우대칭 분포인 정규분포의 왜도는 0이다. 왜도에 따른 분포의 형태는 다음과 같다.

- 왜도 = 0 : 좌우 대칭인 분포
- 왜도 〉 0 : 관측치가 왼쪽으로 치우친 분포
- 왜도 〈 0 : 관측치가 오른쪽으로 치우친 분포

비대칭분포에서 평균은 꼬리가 있는 쪽에 위치하며, 중앙값은 평균과 최빈값 사이에 위치하는 것을 알 수 있다.

5 첨도

첨도

첨도(kurtosis)는 분포의 평평한 정도 또는 뾰족한 정도를 나타내는 측도로서 관측치들이 중앙에 모여 있는 지를 알아볼 수 있는 측도이다. 정규분포의 첨도 값은 0이다. 첨도는 다음의 공식을 이용해 계산한다.

▸**첨 도**

$$a_4 = \frac{\frac{1}{n-1}\sum_{i=1}^{n}(x_i - \overline{X})^4}{s^4} - 3$$

첨도에 따른 분포의 형태는 다음과 같다.

- **첨도** = 0 : 정규 분포
- **첨도** 〉 0 : 중앙이 정규분포보다 뾰족하다(관측치들이 중앙에 모여 있다).
- **첨도** 〈 0 : 중앙이 정규분포보다 낮다(관측치들이 중앙에 모여 있는 정도가 낮다).

● 엑셀 연습 ⋯ [기술 통계량]

다음은 어떤 플라스틱 제조공장의 생산품들에서 20개의 표본을 추출해 얻은 불투명도(opacity) 자료이다. 이 자료들에 대해 통계함수를 이용해 기술통계량을 계산하는 연습을 해보자.

4.4	6.4	3.0	4.1	0.8	5.7	2.0	3.9	1.9	5.7
2.8	4.1	3.8	1.6	3.4	8.4	5.2	6.9	2.7	1.9

Step 1 자료 입력

	A	B
1	불투명도	
2	4.4	
3	6.4	
4	3	
5	4.1	
6	0.8	
7	5.7	
8	2	
9	3.9	
10	1.9	
11	5.7	
12	2.8	
13	4.1	
14	3.8	
15	1.6	
16	3.4	
17	8.4	
18	5.2	
19	6.9	
20	2.7	
21	1.9	

Step 2 엑셀 통계 함수의 입력

	A	B	C	D	E
1	불투명도				
2	4.4		자료의 요약		
3	6.4				
4	3		평균	3.935	
5	4.1		분산	3.905553	
6	0.8		표준편차	1.976247	
7	5.7		중앙값	3.85	
8	2		최소값	0.8	
9	3.9		최대값	8.4	
10	1.9		범위	7.6	
11	5.7		첨도	-0.16176	
12	2.8		왜도	0.539678	
13	4.1		제1사분위	2.525	
14	3.8		제3사분위	5.325	
15	1.6		사분위범우	2.8	
16	3.4				
17	8.4				

D4에서 D15까지 엑셀 통계함수를 입력해 통계량을 구한다.

각 셀에 입력되는 내용은 다음과 같다.

평 균 : D4 = AVERAGE(A2:A21)
분 산 : D5 = VAR(A2:A21)
표준 편차 : D6 = STDEV(A2:A21)
중 앙 값 : D7 = MEDIAN(A2:A21)
최 소 값 : D8 = MIN(A2:A21)
최 대 값 : D9 = MAX(A2:A21)
범 위 : D10 = D9-D8
첨 도 : D11 = KURT(A2:A21)
왜 도 : D12 = SKEW(A2:A21)
제 1사분위수 : D13 = QUARTILE(A2:A21, 1)
제 3사분위수 : D14 = QUARTILE(A2:A21, 3)
사 분위 범위 : D15 = D14-D13

● 엑셀 연습 ··· [기술 통계량]

다음으로 엑셀의 데이터 분석 도구를 이용해 기술 통계량을 구하여 보자.

Step 1 [데이터] ⇨ [데이터 분석]을 선택

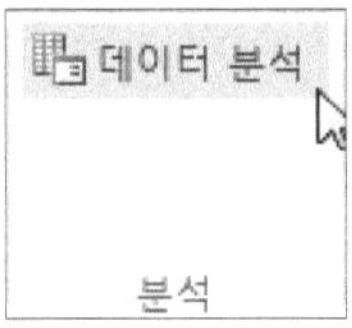

Step 2 [통계 데이터 분석] 대화상자에서 [기술 통계법]을 선택

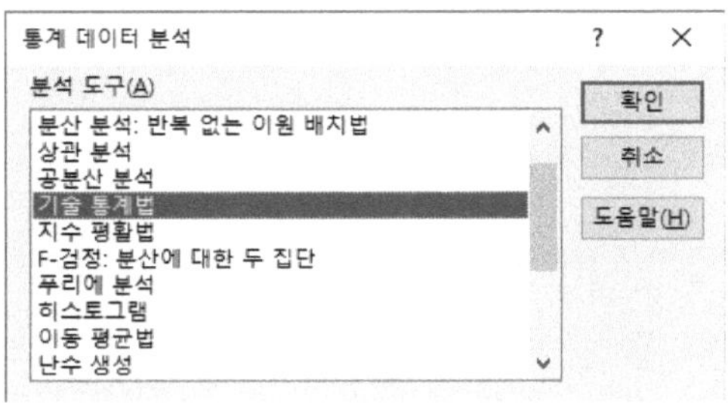

Step 3 [기술 통계법] 대화상자에서 [입력]과 [출력 옵션]을 입력

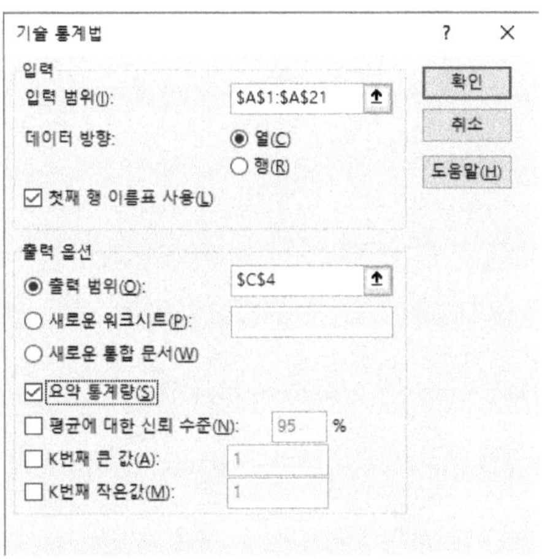

[입력]

입력범위 : $A$1:$A$21

데이터 방향 : 열 선택

첫째 행 이름표 사용 : 선택

[출력 옵션]

출력 범위 : C4

요약 통계량 : 선택

입력이 끝났으면 확인 단추를 누름

다음과 같은 출력이 워크시트에 나타난다.

	A	B	C	D	E
1	불투명도				
2	4.4				
3	6.4				
4	3		불투명도		
5	4.1				
6	0.8		평균	3.935	
7	5.7		표준 오차	0.441902	
8	2		중앙값	3.85	
9	3.9		최빈값	4.1	
10	1.9		표준 편차	1.976247	
11	5.7		분산	3.905553	
12	2.8		첨도	-0.16176	
13	4.1		왜도	0.539678	
14	3.8		범위	7.6	
15	1.6		최소값	0.8	
16	3.4		최대값	8.4	
17	8.4		합	78.7	
18	5.2		관측수	20	
19	6.9				
20	2.7				
21	1.9				
22					

6 집단화된 자료

주어진 자료의 형태가 각각의 관측치가 아니고 집단화된 경우에는 각 계급의 계급값을 이용하여 평균, 분산 및 표준편차를 구한다.

▸ 집단화된 자료의 평균, 분산, 표준편차

표 본 : $\overline{X} = \dfrac{\sum_{i=1}^{k} x_i f_i}{n}$

$$s^2 = \frac{\sum_{i=1}^{k}(x_i - \overline{X})^2 f_i}{n-1}, \quad s = \sqrt{s^2}$$

모집단 : $\mu = \frac{\sum_{i=1}^{k} x_i f_i}{N}$

$$\sigma^2 = \frac{\sum_{i=1}^{k}(x_i - \mu)^2 f_i}{N}, \quad \sigma = \sqrt{\sigma^2}$$

여기서 k는 계급의 수, x_i, $\cdots$, x_k는 각 계급의 계급값, f_i는 i 번째 계급의 도수이며, n은 표본의 수로 $n = \sum_{i=1}^{k} f_i$이고, N은 모집단의 수로 $N = \sum_{i=1}^{k} f_i$이다.

예제 4-9

다음은 어느 모집단에서 얻어진 계급 구간과 그 구간에 속한 자료의 도수 자료이다. 이 자료를 이용해 모집단의 평균, 분산, 표준편차를 구하시오.

계 급	도수(f_i)
50이상~60미만	9
60~70	18
70~80	20
80~90	13
90~100	5
합 계	65

해설 각 계급의 계급값은

$$x_i = \frac{\text{계급의 하한값} + \text{계급의 상한값}}{2}$$ 이므로

$$x_1 = \frac{50+60}{2} = 55$$

$\vdots$

$\vdots$

$$x_5 = \frac{90+100}{2} = 95$$ 이다.

다음 표를 이용하여 평균, 분산을 구하면

계급	x_i	f_i	$x_i f_i$	$(x_i - \mu)$	$(x_i - \mu)^2$	$(x_i - \mu)^2 f_i$
50~60	55	9	495	-18	324	2916
60~70	65	18	1170	-8	64	1152
70~80	75	20	1500	2	4	80
80~90	85	13	1105	12	144	1872
90~100	95	5	475	22	484	2420
합계		65	4745			8440

$$\mu = \frac{\sum_{i=1}^{k} x_i f_i}{N} = \frac{4745}{65} = 73$$

$$\sigma^2 = \frac{\sum_{i=1}^{k} (x_i - \mu)^2 f_i}{N} = \frac{8440}{65} \fallingdotseq 129.85$$

$$\sigma = \sqrt{\sigma^2} = \sqrt{129.85} \fallingdotseq 11.40$$

Chapter 04

연습문제

01

참치 통조림의 불순물 함유량을 조사하기 위하여 참치 통조림 회사 제품 중 7개를 임의로 추출하여 조사한 자료는 다음과 같다. 표본평균을 계산하라.

1.8	2.1	1.7	1.6	0.9	2.7	1.8

02

동일 제품에서 6개를 임의로 추출하여 활성 비타민의 함유량을 조사한 결과 2.3, 2.7, 2.5, 2.9, 1.9, 3.1 이었다. 중앙값을 구하라.

03

아래 자료는 6명의 심판이 국제 경기에서 한 체조 선수에 대한 평균대 종목 점수이다.

7,	5,	9,	7,	8,	6

이 모집단의 표준편차를 구하라.

04

40대 여자의 체중과 10대 여자의 체중비교가 아래와 같다. 변동계수를 구하여 비교하여라.

여자	평균	표준편차
40대	51	5
10대	26.5	3.7

연습문제 해답

01

$$\overline{X} = \frac{1.8+2.1+1.7+1.6+0.9+2.7+1.8}{7} = 1.8$$

02

활성 비타민의 함유량을 크기순으로 나열하면

1.9　2.3　2.5　2.7　2.9　3.1 이다.

따라서, 중앙값은 2.5와 2.7의 평균이다. 그러므로,

$\frac{2.5+2.7}{2} = 2.6$ 이다.

03

먼저 평균과 분산을 계산하면

$$\mu = \frac{7+5+9+7+8+6}{6} = 7$$

$$\sigma^2 = \frac{\sum_{i=1}^{6}(x_i-7)^2}{6} = \frac{0^2+(-2)^2+2^2+0^2+1^2+(-1)^2}{6} = \frac{5}{3}$$ 이다.

따라서, 표준편차 $\sigma = \sqrt{5/3} = 1.29$이다.

04

40대 : $v = \frac{5}{51} \times 100 = 9.08(\%)$

10대 : $= \frac{3.7}{26.5} \times 100 = 14.0(\%)$

상대적으로 보면 10대쪽의 산포도가 크다.

Chapter 04

심화문제

01

서울지역에서 무작위로 추출된 편의점 4곳에서 500ml 짜리 음료수 값의 오른 가격을 조사한 결과 12, 15, 17, 20원이었다. 이 표본의 분산을 구하라.

02

다음의 표(모집단)에서 분산과 표준편차를 구하라.

계급구간	계급값	도수
14.5 ~ 19.5 미만	17	18
19.5 ~ 24.5 미만	22	74
24.5 ~ 29.5 미만	27	62
29.5 ~ 34.5 미만	32	26
34.5 ~ 39.5 미만	37	20
총 계		200

Chapter 05

확률이론

1 표본공간과 사상

우리는 확률이라는 용어를 많이 사용하고 있다. 복권에 당첨될 확률, 게임에서 우승할 확률, 비가 올 확률 등 불확실한 상황에 대해서 일반적으로 확률 개념을 응용하고 있다. 이러한 불확실한 상황은 무작위실험(random trial)과 깊은 관련성을 갖고 있다.

무작위실험은 동일한 조건하에서 실험을 무수히 반복했을 때 두 가지 이상의 실험 결과를 가지며, 실험을 하기 전에는 어떤 결과가 나올 것인지를 사전에 알 수 없는 불확실한 실험이다.

표본공간 표본공간(sample space)은 무작위실험에 의해서 나타날 수 있는 실험 결과(outcome)인 원소(element)의 집합이며 S로 표기한다.

사상 사상(event)은 표본공간의 부분집합으로 E로 표기한다.

예제 5-1

주사위를 던지는 실험에서 표본공간 S와 3 이상의 숫자가 나오는 사상 E는?

해설 $S = \{1, 2, 3, 4, 5, 6\}$, $E = \{3, 4, 5, 6\}$

2 확률의 정의

주사위를 200번 던지는 무작위실험에서 6이 나온 결과는 다음과 같다.

던진 횟수	20	60	100	140	180	200
6이 나온 횟수	2	11	18	23	30	33
6이 나온 비율	0.100	0.183	0.180	0.164	0.167	0.165

위의 실험 결과에서 6이 나오는 비율은 주사위를 던지는 횟수가 증가함에 따라 점점 $0.165 \approx \frac{1}{6}$에 접근함을 알 수 있다. 따라서, 이 실험에서 6이 나올 가능성은 6번 중 1번 꼴이며, 이 때 $\frac{1}{6}$을 6이 나올 확률이라 한다.

이와 같이 확률(probability)은 똑같은 실험을 무수히 많이 반복할 때 어떤 결과가 일어나는 비율, 즉 상대도수의 개념으로 정의되며 P로 표기한다. **확률**

▸ **확률의 정의**

표본공간의 모든 원소가 나타날 가능성이 같은 경우에 사상 E의 확률은

$$\frac{\text{사상 } E\text{에 속하는 원소의 개수}}{\text{표본공간의 원소의 개수}}$$

로 정의된다. 사상 E가 나타날 확률은 $P(E)$라고 표기한다.

예제 5-2

두 개의 동전을 동시에 던지는 실험에서, 한 개의 동전만이 앞면일 확률과 적어도 한 개의 동전이 앞면일 확률은?

(해설) 두 개의 동전을 동시에 던지는 실험의 표본공간은

S = {(앞면, 앞면) (앞면, 뒷면) (뒷면, 앞면) (뒷면, 뒷면)}

과 같다. 한 개의 동전만이 앞면일 사상을 E_1, 적어도 한 개의 동전이 앞면일 사상을 E_2라 하면

E_1 = {(앞면, 뒷면), (뒷면, 앞면)}

E_2 = {(앞면, 앞면), (앞면, 뒷면), (뒷면, 앞면)}이다.

따라서,

$$P(E_1) = \frac{2}{4} = \frac{1}{2}$$

$$P(E_2) = \frac{3}{4}$$

어떤 사상(위의 경우, 동전의 앞면 또는 뒷면)이 반드시 일어난다고 하면 그 사상의 확률은 $P(E) = 1$ 이며, 어떤 사상이 결코 일어날 수 없는 경우 그 사상의 확률은 $P(E) = 0$ 이다. 따라서, 모든 사상의 확률은 $0 \leq P(E) \leq 1$ 사이의 값을 취한다.

3 확률의 법칙

확률의 기본 개념으로부터 다음과 같은 확률법칙이 성립된다.

3.1 덧셈법칙

덧셈법칙

사상 $E_1 \cup E_2$ 는 사상 E_1, E_2가 동시에 일어나거나 또는 둘 중에 적어도 하나의 사상이 발생할 사상으로, [그림 5-1]의 벤다이어그램(Venn diagram)의 빗금친 부분에 해당한다. 또한 사상 $E_1 \cap E_2$ 는 사상 E_1, E_2가 동시에 일어났을 때 발생할 사상으로 [그림 5-2]의 빗금친 부분에 해당한다. 따라서, $E_1 \cup E_2$의 확률은 사상 E_1의 확률과 사상 E_2의 확률을 더한 다음 사상 $E_1 \cap E_2$ 의 확률을 뺀 것과 같다.

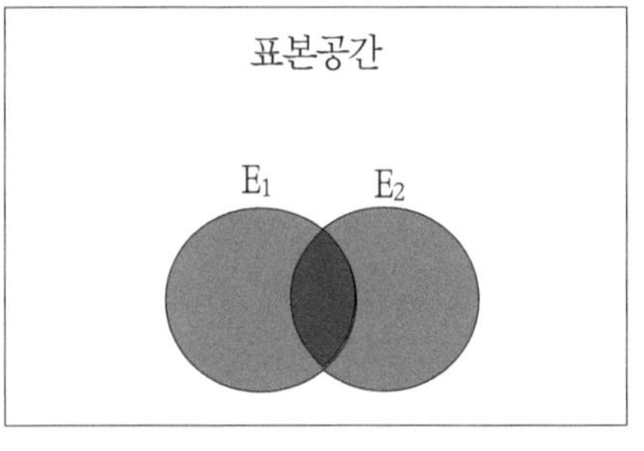

[그림 5-1] $E_1 \cup E_2$의 벤다이어그램

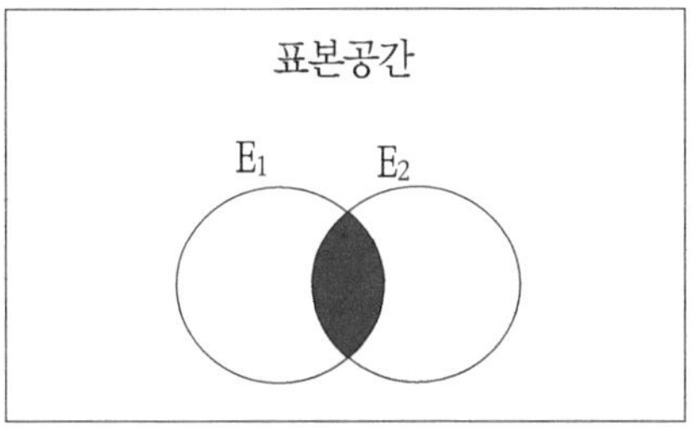

[그림 5-2] $E_1 \cap E_2$의 벤다이어그램

두 사상이 동시에 발생하거나 또는 둘 중 적어도 하나의 사상이 발생할 확률을 계산할 때 적용되는 덧셈법칙은 다음과 같다.

▸ **덧셈법칙**

$$P(E_1 \cup E_2) = P(E_1) + P(E_2) - P(E_1 \cap E_2)$$

예제 5-3

52장의 트럼프 카드에서 임의로 한 장을 뽑을 때 퀸이나 하트 카드가 나올 확률은 얼마인가?

해설 퀸이 나올 사상을 E_1, 하트 카드가 나올 사상을 E_2라 하면 구하는 확률은 다음과 같다.

$$P(E_1 \cup E_2) = P(E_1) + P(E_2) - P(E_1 \cap E_2)$$

$$= \frac{4}{52} + \frac{13}{52} - \frac{1}{52} = \frac{16}{52}$$

두 사상 E_1, E_2가 동시에 일어날 수 없을 때, 이 두 사상을 상호 배반사상(mutually exclusive event)이라 하며 벤다이어그램으로 나타내면 [그림 5-3]과 같다. **배반사상**

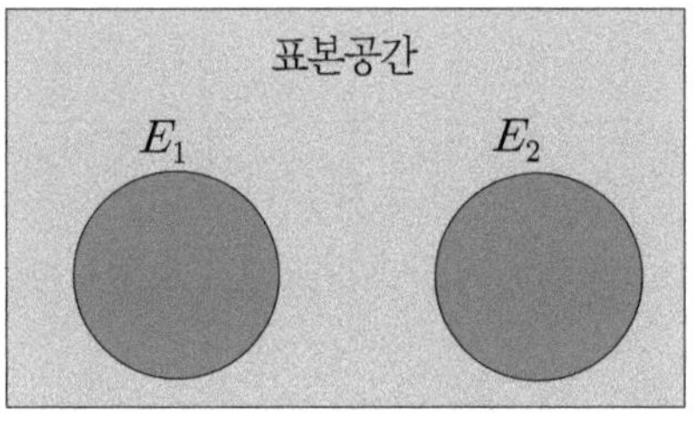

[그림 5-3] 배반사상의 벤다이어그램

상호 배타적 사상 E_1, E_2에 대해서는 $P(E_1 \cap E_2)$ = 0이므로 다음과 같은 관계가 성립한다.

▸ 배반사상 E_1, E_2의 덧셈 법칙

$$P(E_1 \cup E_2) = P(E_1) + P(E_2)$$

예제 5-4

52장의 트럼프 카드에서 임의로 한 장을 뽑을 때 하트나 다이아몬드 카드가 나올 확률은 얼마인가?

해설 뽑힌 한 장의 카드가 동시에 하트나 다이아몬드가 될 수 없으므로 하트가 나오는 사상과 다이아몬드가 나오는 사상은 상호 배타적이다. 하트 카드가 나올 사상을 E_1, 다이아몬드 카드가 나올 사상을 E_2라 하면,

$$P(E_1 \cup E_2) = P(E_1) + P(E_2) = \frac{13}{52} + \frac{13}{52} = \frac{1}{2}$$

3.2 조건부확률

어떤 사상이 발생한 후에 어떤 다른 사상이 발생할 확률을 알고 싶은 경우가 있다. 예를 들면 서경자동차는 타이어 제조업체로부터 타이어를 납품 받아 품질검사를 통해 사용하고 있다. 입고된 타이어가 불량(E_2)인 데에도 불구하고 품질검사에서 합격(E_1)될 확률은 얼마일까? 이러한 상황은 조건부확률(conditional probability)에 의해서 계산되어 지며, $P(E_1 \mid E_2)$로 표기된다. 조건부확률 $P(E_1 \mid E_2)$은 결합확률 $P(E_1 \cap E_2)$을 주변확률 $P(E_2)$로 나눈 것이다.

조건부확률

▸ 조건부확률의 계산

$$P(E_1 \mid E_2) = \frac{P(E_1 \cap E_2)}{P(E_2)} \qquad (\text{단, } P(E_2) > 0)$$

예제 5-5

경영통계를 수강하는 학생 중에서 30%가 A학점을 받았으며, 2학년 중에서 A학점을 받은 학생은 전체 수강학생의 10%라고 한다. 수강생 중 임의로 선택한 학생이 A학점을 받았을 때 그 학생이 2학년일 확률은 얼마인가?

해설 선택된 학생이 A학점을 받은 학생일 사상을 E_1, 2학년 학생일 사상을 E_2라 하면, 조건부확률의 계산법칙을 이용하여

$$P(E_1) = 0.3\ ,\ P(E_1 \cap E_2) = 0.1$$

$$P(E_2 \mid E_1) = \frac{P(E_1 \cap E_2)}{P(E_1)} = \frac{0.1}{0.3} = \frac{1}{3}$$

3.3 곱셈법칙

조건부확률의 계산법칙으로부터 확률의 곱셈법칙을 다음과 같이 유도할 수 있다.

▸곱셈법칙

$$P(E_1 \cap E_2) = P(E_1 \mid E_2)P(E_2) = P(E_2 \mid E_1)P(E_1)$$

위 곱셈법칙의 의미는 다음과 같다. 사상 E_1과 E_2가 동시에 일어날 확률 $P(E_1 \cap E_2)$은 사상 E_2가 먼저 일어나고 그 조건하에서 사상 E_1이 일어나는 것과 같으므로 사상 E_2의 확률과 E_2의 조건하에서 E_1이 일어날 확률을 곱한 것과 같다. 사상 E_1이 일어난 후에 사상 E_2가 일어날 확률을 구하는 경우도 마찬가지로 생각할 수 있다. **곱셈법칙**

예제 5-6

환경 단체의 회원 60%가 여성이고 그 중 30%가 직업을 가지고 있다. 이 단체에서 임의로 한 사람을 뽑았을 때 직업을 가진 여성일 확률은 얼마인가?

해설 선택된 사람이 여성일 사상을 E_1, 직업을 가졌을 사상을 E_2라 하면 $P(E_1) = 0.6$, 여성 중 30%가 직업을 갖고 있으므로 $P(E_2 \mid E_1) = 0.3$이다.

따라서, 임의의 한 사람이 직업을 가진 여성일 확률은

$$P(E_1 \cap E_2) = P(E_2 \mid E_1)P(E_1) = 0.3 \times 0.6 = 0.18$$

3.4 통계적 독립성

통계적 독립

어느 사상이 발생하는 확률이 다른 사상의 발생과 아무런 관련이 없을 때 두 사상은 서로 관련이 없으며 이를 통계적 독립(statistically independent)이라 한다. 만일 통계적으로 독립이 아닐 경우에 종속이라 한다. 두 사상 E_1, E_2가 통계적 독립일 때 조건부 확률 $P(E_2 \mid E_1) = P(E_2)$, $P(E_1 \mid E_2) = P(E_1)$ 이 되며 확률의 곱셈법칙은 다음과 같이 된다.

> **▸ 독립사상의 곱셈법칙**
>
> $$P(E_1 \cap E_2) = P(E_1)P(E_2)$$

예제 5-7

동전을 두 번 던졌을 때 두 번 모두 동전의 앞면이 나올 확률은?

(해설) 동전을 첫 번째 던졌을 때 앞면이 나오는 사상을 E_1, 동전을 두 번째 던졌을 때 앞면이 나오는 사상을 E_2라 할 때, 첫 번째 시행은 두 번째 시행에 영향을 주지 않으므로 이 실험은 독립적이다. 따라서,

$$P(E_1 \cap E_2) = P(E_1)P(E_2) = 0.5 \times 0.5 = 0.25$$

4 베이즈 정리

베이즈 정리

베이즈 정리(Bayes theorem)는 주어진 사전확률(prior probability)을 이용하여 개선된 사후확률(posterior probability)을 구하는데 이용된다.

예제 5-8

어느 회사에서 네트워크 관련 신규사업의 성공을 위해 외부 전문가 3명의 사장 K, P, L씨를 추천 받았다. K씨가 사장으로 임명될 확률은 0.3, P씨는 0.4, L씨는 0.3이다. K씨가 사장으로 임명되면 신규사업의 성공 확률은 0.5, P씨는 0.4, L씨는 0.7이다. 이 회사의 신규사업이 성공할 확률은?

해설 사상들을 정리하면

A_1 : K씨가 사장으로 임명될 사상, $P(A_1) = 0.3$

A_2 : P씨가 사장으로 임명될 사상, $P(A_2) = 0.4$

A_3 : L씨가 사장으로 임명될 사상, $P(A_3) = 0.3$

B : 신규사업이 성공할 사상 $P(B) = ?$

$$P(B) = P(B \mid A_1)P(A_1) + P(B \mid A_2)P(A_2) + P(B \mid A_3)P(A_3)$$
$$= 0.5 \cdot 0.3 + 0.4 \cdot 0.4 + 0.7 \cdot 0.3 = 0.52$$

예제 5-8을 이용하여 사후확률 $P(A_2 \mid B)$를 구하는 문제를 생각해 보자. 이 조건부 확률은 신규사업이 성공했을 때 P씨가 사장에 임명되었을 확률을 구하는 문제로 베이즈 정리를 이용해서 답을 구할 수 있다.

$$P(A_2 \mid B) = \frac{P(B \mid A_2)P(A_2)}{P(B \mid A_1)P(A_1) + P(B \mid A_2)P(A_2) + P(B \mid A_3)P(A_3)}$$
$$= \frac{0.4 \cdot 0.4}{0.5 \cdot 0.3 + 0.4 \cdot 0.4 + 0.7 \cdot 0.3} = \frac{0.16}{0.52} = 0.3077$$

▸ 베이즈 정리

$$P(A_k \mid B) = \frac{P(B \mid A_k)P(A_k)}{P(B \mid A_1)P(A_1) + P(B \mid A_2)P(A_2) + \ldots + P(B \mid A_n)P(A_n)}$$

Chapter 05

연습문제

01

52장짜리 카드 묶음에서 임의로 4장의 카드를 뽑는데 한 장씩 뽑으며 뽑힌 카드는 복원시키지 않는다. 4장의 카드를 뽑을 때 그 순서가 스페이드(S), 다이아몬드(D), 하트(H), 클로버(C)일 확률은 얼마인가?

02

항아리에 1, 2, 3, 4의 번호가 부여된 4개의 공이 들어있는데 그 항아리에서 한 개의 공을 임의로 선택한다고 한다. 이 때 사상 A, B, C를

A={1, 2}, B={1, 3}, C={1, 4}

라고 할 때 사상 A, B, C는 독립사상인가?

03

비행기가 정시에 이륙할 확률은 $P(A) = 0.83$ 이고, 정시에 착륙할 확률은 $P(B) = 0.92$ 이며, 정시에 이륙과 착륙을 할 확률은 $P(A \cap B) = 0.78$ 이다. 다음의 확률을 구하라.

(1) 비행기가 정시에 이륙했다는 가정 아래서 정시에 착륙할 확률은 얼마인가?

(2) 정시에 착륙했다는 가정 아래서 정시에 이륙하였을 확률은 얼마인가?

04

시민단체에서 3명의 회원이 회장 후보자로 추천되었다. K씨가 선출될 확률은 0.3, P씨가 선출될 확률은 0.5이고 L씨가 선출될 확률은 0.2이다. K씨가 임명되면 회원의 회비를 인상할 확률은 0.8, P씨 또는 L씨가 임명되면 회비를 인상할 확률은 각각 0.1과 0.4이다. 회장 선출 후 회원의 회비가 인상되었다. L씨가 시민단체의 회장에 임명되었을 확률은 얼마인가?

연습문제 해답

01

$$P(S\cap D\cap H\cap C)=P(S)P(D\mid S)P(H\mid S\cap D)P(C\mid S\cap D\cap H)$$
$$=\frac{13}{52}\frac{13}{51}\frac{13}{50}\frac{13}{49}=0.004$$

02

$$P(A)=P(B)=P(C)=\frac{1}{2},\qquad P(A\cap B)=\frac{1}{4}=P(A)P(B)$$
$$P(A\cap C)=\frac{1}{4}=P(A)P(C),\qquad P(B\cap C)=\frac{1}{4}=P(B)P(C)$$
$$P(A\cap B\cap C)=\frac{1}{4}\neq P(A)P(B)P(C)=\frac{1}{8}$$

그러므로, 세 사상은 독립이 아니고 종속이다.

03

(1) $P(B\mid A)=\dfrac{P(A\cap B)}{P(A)}=\dfrac{0.78}{0.83}=0.94$

(2) $P(A\mid B)=\dfrac{P(A\cap B)}{P(B)}=\dfrac{0.78}{0.92}=0.85$

04

A : 회원의 회비가 인상될 사상,
B_1 : K씨가 회장에 임명될 사상,
B_2 : P씨가 회장에 임명될 사상,
B_3 : L씨가 회장에 임명될 사상

$P(B_1)(A\mid B_1)=(0.3)(0.8)=0.24,$
$P(B_2)(A\mid B_2)=(0.5)(0.1)=0.05,$
$P(B_3)(A\mid B_3)=(0.2)(0.4)=0.08$

베이즈 정리를 이용하여,

$$P(B_3\mid A)=\frac{P(B_3)(A\mid B_3)}{P(B_1)(A\mid B_1)+P(B_2)(A\mid B_2)+P(B_3)(A\mid B_3)}$$
$$P(B_3\mid A)=\frac{0.08}{0.24+0.05+0.08}=\frac{8}{37}$$

Chapter 05

심화문제

01 어떤 공장에서 기계 $M_1,$ $M_2,$ M_3는 모두 같은 스프링을 만드는 기계인데 각 기계가 만드는 스프링의 불량률이 각각 2%, 1%, 3%이다. 그리고 이 공장의 총 스프링의 생산량 중에서 기계 M_1이 35%를, 기계 M_2가 25%를 그리고 기계 M_3가 40%를 생산한다. 어느 날 생산된 스프링 중에서 임의로 스프링을 하나 선택했을 때 그것이 불량품일 확률과 선택된 스프링이 기계 M_3에 의하여 생산된 것일 확률을 구하여라.

Chapter 06

확률변수와 확률분포

1 확률변수와 확률분포

확률변수

동전을 두 번 던질 때 앞면이 나오는 횟수는 0, 1, 2이다. 이때 앞면이 나오는 횟수를 확률변수(random variable)라 한다. 확률변수는 무작위 실험결과에 의해서 결정된 값을 갖는 함수를 의미한다. 확률변수는 이산확률변수(discrete random variable)와 연속확률변수(continuous random variable)로 구분된다. 프로야구선수의 시즌 최대 안타 수, 자동차의 일일 생산량, 52장 카드로부터 4장을 뽑을 때 킹 카드의 수 등 확률변수가 취할 수 있는 값의 범위가 정수인 경우 이산확률변수라 한다. 신입생의 키 또는 몸무게, 타이어 수명 등과 같이 확률변수가 수없이 많은 실수값의 범위를 갖는 경우 연속확률변수라 한다.

확률변수는 알파벳 대문자 X, Y 등으로 표시되며, 확률변수가 취하는 값은 소문자 x, y 등으로 표시된다. 따라서, 이산확률변수 X가 어떤 특정한 값 x를 취하는 사상은 $(X=x)$로 표현된다. 이산확률변수 X가 어떤 특정한 값 x를 취할 확률은 $P(X=x)$로 표기된다.

1.1 확률분포

확률분포(probability distribution)란 어떤 확률변수가 취할 수 있는 모든 값들이 나타날 확률을 나타낸 것이다. **확률분포**

예제 6-1

동전을 2번 던져서 앞면이 나오는 횟수를 X라 할 때, 확률변수 X의 확률분포는?

해설 확률변수 X가 가질 수 있는 값을 알아보면

표본공간	(뒷면, 뒷면)	(앞면, 뒷면)	(뒷면, 앞면)	(앞면, 앞면)
X의 값(=x)	0	1	1	2

따라서,

$$P(X=0)=P((\text{뒷면, 뒷면}))=\frac{1}{4}$$

$$\begin{aligned}P(X=1)&=P((\text{앞면, 뒷면})\cup(\text{뒷면, 앞면}))\\&=P((\text{앞면, 뒷면}))+P((\text{뒷면, 앞면}))\\&=\frac{1}{4}+\frac{1}{4}=\frac{1}{2}\end{aligned}$$

$$P(X=2)=P((\text{앞면,앞면}))=\frac{1}{4}$$

정리하면 다음과 같은 확률변수 X의 확률분포를 얻는다.

〈표 6-1〉 동전 앞면 수의 확률분포

x	0	1	2
$P(X=x)$	$\frac{1}{4}$	$\frac{1}{2}$	$\frac{1}{4}$

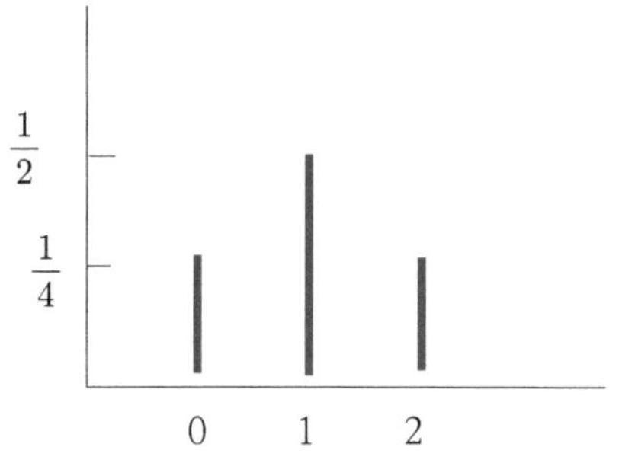

[그림 6-1] 동전 앞면 수의 확률분포

1.2 확률변수의 평균

어느 편의점의 하루 매출액을 확률변수 X 라 하자. 하루 매출액이 80만 원일 확률은 30%, 100만 원일 확률은 40%, 120만 원일 확률은 30%라 할 때 예상되는 하루 평균 매출액은

$$\mu = 80 \cdot 0.3 + 100 \cdot 0.4 + 120 \cdot 0.3 = 100 \quad (\text{만 원})$$

이 된다. 여기서 평균 매출액 100만 원은 편의점을 열었을 때 하루동안에 기대되는 매출액을 의미한다. 이와 같은 의미에서 확률변수 X의 평균을 기대값(expected value)이라고도 하며 $E(X)$로 표시된다.

▸ 확률변수의 평균(기대값)

$$\mu = E(X) = \sum_i x_i P(x_i)$$

$P(x_i)$는 $P(X = x_i)$

예제 6-2

2,000원에 구입한 행운 복권의 상금의 종류는 10만 원, 5만 원, 1만 원이며 각 상금에 대한 확률은 다음과 같다. 행운 복권에 대한 상금을 확률변수 X라 할 때 확률변수 X의 평균(기대값)을 구하라.

x	100,000	50,000	10,000	0
$P(X = x_i)$	$\frac{1}{400}$	$\frac{4}{400}$	$\frac{40}{400}$	$\frac{355}{400}$

해설 $\mu = E(X) = 100{,}000 \times \frac{1}{400} + 50{,}000 \times \frac{4}{400} + 10{,}000 \times \frac{40}{400} + 0 \times \frac{355}{400}$

$= 1{,}750$원

1.3 확률변수의 분산과 표준편차

확률분포가 어떻게 퍼져 있는가를 측정하기 위해서 확률변수의 분산이 이용된다. 확률

변수의 분산은 X와 μ의 차이의 제곱, 즉 $(X-\mu)^2$의 평균으로 정의된다. 확률변수의 분산은 $\sigma^2(X)$ 또는 $Var(X)$로 표시된다.

확률변수 X의 표준편차는 분산의 제곱근이며 $\sigma(X)$ 또는 $SD(X)$로 표시된다.

▸ 확률변수의 분산과 표준편차

$$\sigma^2(X) = Var(X) = E[(X-\mu)^2] = \sum_{i=1}^{n}(x_i-\mu)^2 P(X=x_i)$$

$$\sigma(X) = SD(X) = \sqrt{\sigma^2(X)}$$

예제 6-3

피자하우스의 하루 피자 주문량 X의 확률분포가 다음과 같을 때, 확률변수 X의 분산과 표준편차를 구하라.

x_i	150	180	200	210	220
$P(X=x_i)$	0.1	0.3	0.4	0.1	0.1

해설 분산을 구하기 위해서 먼저 확률변수 X의 평균을 구하면

$$\mu = E(X) = \sum_{i=1}^{5} x_i P(x_i)$$

$$= 150 \cdot 0.1 + 180 \cdot 0.3 + 200 \cdot 0.4 + 210 \cdot 0.1 + 220 \cdot 0.1$$

$$= 192$$

분산의 계산을 용이하게 하기 위하여 다음과 같은 표를 만들면

x_i	$P(X=x_i)$	$x_i-\mu$	$(x_i-\mu)^2$	$(x_i-\mu)^2 P(X=x_i)$
150	0.1	-42	1764	176.4
180	0.3	-12	144	43.2
200	0.4	8	64	25.6
210	0.1	18	324	32.4
220	0.1	28	784	78.4

따라서,

$$\sigma^2(X) = Var(X) = \sum_{i=1}^{5}(x_i-\mu)^2 P(X=x_i)$$

$$= 176.4 + 43.2 + 25.6 + 32.4 + 78.4 = 356$$

이고, $\sigma(X)$는 18.87개이다.

분산을 계산할 때 각 확률변수의 값에 대한 편차의 제곱을 구하는 방식 대신에 다음의 간편식을 이용할 수 있다.

▸ 확률변수 분산의 간편식

$$\sigma^2(X) = \sum_{i=1}^{n} x_i^{\,2} P(X = x_i) - \mu^2$$

예제 6-4

예제 6-3에서 확률변수 X의 분산을 간편식을 이용하여 구하시오.

해설 분산의 간편식을 이용하면

x_i	$x_i^{\,2}$	$P(X=x_i)$	$x_i^2 P(X=x_i)$
150	22500	0.1	2250
180	32400	0.3	9720
200	40000	0.4	16000
210	44100	0.1	4410
220	48400	0.1	4840

따라서,

$$\begin{aligned}\sigma^2(X) &= \sum_{i=1}^{n} x_i^{\,2} P(X = x_i) - \mu^2 \\ &= 2250 + 9720 + 16000 + 4410 + 4840 - 192^2 \\ &= 37220 - 36864 = 356\end{aligned}$$

예제 6-3의 결과와 같다.

2 두 확률변수의 공분산과 상관계수

2.1 결합확률분포

이제까지는 확률변수가 하나인 경우를 다루었으나, 그러나 경우에 따라서는 두 개 이상의 확률변수가 상호작용을 하여 확률적 관계를 갖게된다. 두 개 이상의 확률변수가 관련된 확률분포를 결합확률분포(joint probability distribution)라 한다. **결합확률분포**

예제 6-5

서울 강북 지역의 가정을 대상으로 조사한 결과 자동차 보유 대수 X와 에어컨 설치 대수 Y는 다음과 같은 확률적 관계를 가지고 있다고 한다. 확률변수 X와 Y의 결합확률분포와 기대값을 구하시오

〈표 6-2〉 자동차와 에어컨 간의 결합확률분포

에어컨 대수(Y) / 자동차 대수(X)	0	1	2
0	0.30	0.10	0.00
1	0.10	0.20	0.05
2	0.00	0.10	0.15

〈표 6-2〉에서 자동차 1대와 2대의 에어컨이 설치된 가구가 관측될 확률은 0.05이다. 자동차대수의 확률변수를 X, 에어컨 대수의 확률변수를 Y라 하고 각각의 확률분포를 구하면

〈표 6-3〉 자동차 대수의 주변확률분포

x_i	0	1	2
$P(X=x_i)$	0.40	0.35	0.25

〈표 6-4〉 에어컨 대수의 주변확률분포

y_j	0	1	2
$P(Y=y_j)$	0.40	0.40	0.20

두 확률변수의 결합분포로부터 얻어진 확률변수 X 또는 Y의 하나만의 확률분포를 주변확률분포(marginal probability distribution)라고 한다. 주변확률분포는 확률변수 X와 Y의 평균(기대값)을 구하는데 이용된다. **주변확률분포**

$$E(X) = \sum_{i=1}^{3} x_i P(x_i) = 0 \cdot 0.4 + 1 \cdot 0.35 + 2 \cdot 0.25 = 0.85$$

$$E(Y) = \sum_{j=1}^{3} y_j P(y_j) = 0 \cdot 0.4 + 1 \cdot 0.4 + 2 \cdot 0.2 = 0.8$$

2.2 공분산과 상관계수

결합확률분포와 밀접한 관련을 갖고 있는 통계적 개념으로 공분산(covariance)과 상관계수(coefficient of correlation)가 있다.

공분산과 상관계수는 두 확률변수가 어떻게 결합되어 있는가를 측정하기 위한 것이다. 예를 들면 인터넷 사용인구와 컴퓨터 보급대수, 주가지수와 이자율, 지능지수와 성적간에는 어떤 관계가 있는가를 규명할 때 공분산과 상관계수가 이용된다.

공분산

공분산은 두 확률변수 X와 Y가 동시에 변하는 정도의 측도로서 $\sigma(X, Y)$ 또는 $Cov(X, Y)$로 표시한다.

▸ 두 확률변수의 공분산

$$\sigma(X, Y) = Cov(X, Y) = E[(X - \mu_X)(Y - \mu_Y)]$$
$$= \sum_i \sum_j (x_i - \mu_X)(y_j - \mu_Y) P(X = x_i, Y = y_j)$$

단, $P(X = x_i, Y = y_j)$ 는 X와 Y의 결합확률분포에서 $X = x_i$ 그리고 $Y = y_j$인 확률을 나타낸다.

위의 공분산을 간편식으로 나타내면 다음과 같다.

▸ 공분산의 간편식

$$\sigma(X, Y) = Cov(X, Y) = E(XY) - \mu_X \mu_Y$$
$$= \sum_i \sum_j x_i y_j P(X = x_i, Y = y_j) - \mu_X \mu_Y$$

예제 6-6

예제 6-5에서 두 확률변수 X와 Y의 공분산을 구하시오.

(해설) 확률변수 X의 평균은 $\mu_X = 0.85$ 이고 Y의 평균은 $\mu_Y = 0.8$ 이므로

$$\begin{aligned}\sigma(X, Y) &= 0 \cdot 0 \cdot 0.30 + 0 \cdot 1 \cdot 0.10 + 0 \cdot 2 \cdot 0.00 + 1 \cdot 0 \cdot 0.10 \\ &+ 1 \cdot 1 \cdot 0.20 + 1 \cdot 2 \cdot 0.05 + 2 \cdot 0 \cdot 0.00 + 2 \cdot 1 \cdot 0.10 \\ &+ 2 \cdot 2 \cdot 0.15 - 0.85 \cdot 0.8 \\ &= 0.2 + 0.1 + 0.2 + 0.6 - 0.68 = 0.42\end{aligned}$$

공분산 0.42는 두 확률변수가 서로 같은 방향으로 증감하는 경향이 있음을 알려 준다. 즉, 자동차의 대수가 증가하면 에어컨의 대수도 증가한다. 공분산이 0의 값을 가지면 두 확률변수는 서로 관계가 없음을 나타내며, 공분산의 값이 음(-)인 경우는 두 확률변수가 서로 반대 방향으로 움직인다. 즉, 확률변수 X가 커지면 확률변수 Y는 작아지고, X가 작아지면 Y는 커지는 경향이 있다.

공분산의 크기는 각 확률변수가 취하는 값의 단위에 따라 달라진다는 단점이 있다. 단위와 관계없이 두 확률변수간의 관계를 수치로 나타낸 것이 상관계수이다.

두 확률변수 X와 Y의 상관계수는 ρ(로, rho) 또는 $Corr(X, Y)$로 표시한다. **상관계수**

▸ 두 확률변수의 상관계수

$$\rho = Corr(X, Y) = \frac{\sigma(X, Y)}{\sigma(X)\sigma(Y)} \quad , -1 \leqq \rho \leqq 1$$

예제 6-7

예제 6-5에서 두 확률변수 X와 Y의 상관계수를 구하시오.

(해설) 확률변수 X와 Y의 분산은 각각

$$\sigma^2(X) = 0^2 \cdot 0.40 + 1^2 \cdot 0.35 + 2^2 \cdot 0.25 - (0.85)^2 = 0.6275$$

$$\sigma^2(Y) = 0^2 \cdot 0.40 + 1^2 \cdot 0.40 + 2^2 \cdot 0.2 - 0.8^2 = 0.56$$

따라서, X와 Y의 상관계수는

$$\rho = \frac{\sigma(X, Y)}{\sigma(X)\sigma(Y)} = \frac{0.42}{\sqrt{0.6275}\sqrt{0.56}} \fallingdotseq 0.71$$

상관계수는 두 확률변수의 직선적인 관계를 나타내 주는 측도로서 +1부터 -1의 범위를 갖는다. 상관계수가 +1일 때에는 두 확률변수가 완전히 정비례 관계에 있음을 의미하며, 상관계수가 -1일 때에는 두 확률변수가 완전히 반비례 관계를 의미하며, 상관계수가 0에 근접할수록 두 확률변수 간에 서로 관련이 없음을 의미한다.

Chapter 06

연습문제

01

서로 다른 동전 A, B, C를 동시에 던지는 실험에서 확률변수 X, Y, Z를 다음과 같이 정의할 때

$$X = \begin{cases} 1 : \text{동전 } A\text{가 표면일 때} \\ 0 : \text{그렇지 않을 때} \end{cases}$$

$$Y = \begin{cases} 1 : \text{동전 } A, B\text{가 표면일 때} \\ 0 : \text{그렇지 않을 때} \end{cases}$$

$$Z = \begin{cases} 1 : \text{동전 } B, C\text{가 모두 표면일 때} \\ 0 : \text{그렇지 않을 때} \end{cases}$$

X와 Y, X와 Z의 결합확률분포를 구하라.

02

확률변수 X와 Y의 결합확률분포가 다음과 같을 때, X와 Y의 공분산과 상관계수를 구하라.

X \ Y	0	1	2	3	행의 합
0	0.05	0.05	0.10	0	0.20
1	0.05	0.10	0.25	0.10	0.50
2	0	0.15	0.10	0.05	0.30
열의 합	0.10	0.30	0.45	0.15	1

연습문제 해답

01 이 실험에서의 표본공간과 그 원소에 대응하는 확률변수 X, Y, Z의 값들은 다음과 같다.

[표본공간과 확률변수 X, Y, Z]

표본공간	HHH	HHT	HTH	HTT	THH	THT	TTH	TTT
X	1	1	1	1	0	0	0	0
Y	1	1	0	0	0	0	0	0
Z	1	0	0	0	1	0	0	0

y \ x	0	1	행의 합
0	$\frac{1}{2}$	$\frac{1}{4}$	$\frac{3}{4}$
1	0	$\frac{1}{4}$	$\frac{1}{4}$
열의 합	$\frac{1}{2}$	$\frac{1}{2}$	1

(a) X와 Y

z \ x	0	1	행의 합
0	$\frac{3}{8}$	$\frac{3}{8}$	$\frac{3}{4}$
1	$\frac{1}{8}$	$\frac{1}{8}$	$\frac{1}{4}$
열의 합	$\frac{1}{2}$	$\frac{1}{2}$	1

(b) X와 Z

02 확률변수 X와 Y의 기대값과 분산을 구하면 다음과 같다.

[기대값, 분산, 표준편차의 계산]

x	0	1	2	합계
$P(x_i)$	0.2	0.5	0.3	1.0
$xP(x)$	0	0.5	0.6	1.1
$x^2P(x)$	0	0.5	1.2	1.7

$\mu_1 = 1.1$
$\sigma_1^2 = 1.7 - (1.1)^2 = 0.49$
$\sigma_1 = 0.70$

y	0	1	2	3	합계
$P(y_j)$	0.10	0.30	0.45	0.15	1.00
$yP(y)$	0	0.30	0.90	0.45	1.65
$y^2P(y)$	0	0.30	1.80	1.35	3.45

$\mu_2 = 1.65$
$\sigma_2^2 = 3.45 - (1.65)^2 = 0.7275$
$\sigma_1 = 0.85$

$E(X,\ Y)$를 구하면, 공분산과 상관계수는 공식에 의해 쉽게 구할 수 있다.

[$E(XY)$의 계산]

x \ y	0	1	2	3	
0	0.05 (0)	0.05 (0)	0.10 (0)	0 (0)	0.10×1 = 0.10 0.25×2 = 0.50
1	0.05 (0)	0.10 (1)	0.25 (2)	0.10 (3)	0.10×3 = 0.30 0.15×2 = 0.30 0.10×4 = 0.40
2	0 (0)	0.15 (2)	0.10 (4)	0.05 (6)	0.05×6 = 0.30 $E(X,\ Y)$ = 1.90

$$Cov(X, Y) = 1.90 - 1.65 \times 1.1 = 0.085$$

$$Corr(X, Y) = \frac{Cov(X, Y)}{\sigma_1 \sigma_2} = \frac{0.085}{0.70 \times 0.85} = 0.14$$

Chapter 06

심화문제

01

매주 토요일 오후 3시에서 4시 사이에 세차를 하는 자동차의 수 X가 다음의 확률분포를 갖는다고 가정하자.

x	4	5	6	7	8	9
$P(X=x)$	$\frac{1}{12}$	$\frac{1}{12}$	$\frac{1}{4}$	$\frac{1}{4}$	$\frac{1}{6}$	$\frac{1}{6}$

$g(X)=2X-1$은 종업원에게 지불된 금액을 나타낸다면, 이 특별한 시간 동안 종업원이 벌어들인 수입의 기대값을 구하라.

02

X가 다음에 주어진 확률분포를 갖는 확률변수라 하자. X는 3개의 신제품이 개발되었을 때 대량생산이 가능한 신제품 수를 나타낸다고 할 때 σ^2을 계산하라.

x	0	1	2	3
$P(X=x)$	0.51	0.38	0.10	0.01

03

한 대기업체에서 임원이상의 사람들을 그들의 몸무게와 혈압에 따라 분류한 후 각 경우의 비율을 계산하여 정리한 표는 다음과 같다.

	비만	정상	정상이하	합계
고 혈 압	0.10	0.08	0.02	0.20
정상혈압	0.15	0.45	0.20	0.80
합 계	0.25	0.53	0.22	1.00

(1) 한 명의 임원을 임의 추출하였을 때 그가 고혈압의 증세를 갖고 있을 확률은 얼마인가?

(2) 임의로 추출된 한 명의 임원이 비만이라고 할 때 그가 고혈압의 증세를 갖고 있을 확률은 얼마인가?

Chapter 07

이산확률분포

확률분포의 종류는 매우 다양하다. 이 장에서는 대표적인 이산확률분포인 이항분포와 포아송분포를 다룬다.

1 이항분포

1.1 베르누이 시행

특정 실험을 반복 시행하는데 실험의 결과가 두 가지로만 나오는 경우가 있다. 예를 들어, 품질검사에서 합격 또는 불합격 판정, 동전을 던졌을 때 앞면 또는 뒷면 등이 이와 같은 경우이다. 이와 같이 어떤 실험의 결과가 오직 두 가지 중의 하나로 나타날 때, 이 실험을 베르누이 시행(Bernoulli trial)이라 한다. 베르누이 시행에서는 둘 중의 하나의 결과를 "성공(success)"으로, 그리고 다른 하나의 결과를 "실패(failure)"라 한다. 품질검사에서 합격을 성공, 불합격인 경우를 실패로 나타낼 수 있다. 베르누이 시행은 다음 조건을 만족시키는 시행이다.

베르누이 시행

첫째, 각각의 시행은 통계적으로 독립적이다. 즉, 한 시행의 결과는 다른 시행에 영향을 끼치지 않는다.

둘째, 각 시행에서 성공의 결과가 나타날 확률은 p, 실패가 나타날 확률은 $1-p=q$로 표시하며 모든 시행에 있어서 동일하다.

이항분포

이와 같이 동일한 성공의 확률을 가진 베르누이 시행을 반복할 때 성공의 횟수를 이항확률변수(binomial random variable)라 하며, 성공의 횟수의 분포를 이항분포(binomial distribution)라 한다.

1.2 이항확률변수와 이항분포

반복되는 n번의 베르누이 시행에서 성공 횟수 X를 이항확률변수라 하고, 확률변수 X가 갖는 값 x에 대한 확률 $P(X=x)$ 를 구하는 방법을 동전던지기 실험을 통해 살펴보자.

예제 7-1

동전던지기를 3번 반복해서 시행할 때, 앞면이 나타나는 횟수를 이항확률변수로 해서, 각각의 확률변수에 대응되는 확률을 계산하시오.

해설 먼저 3번의 반복 시행을 통해 나타날 수 있는 가능한 결과를 앞면을 H로 뒷면을 T로 표시하여 정리하면 다음과 같다. 이 시행의 가능한 결과는 8가지(2^3)이며 각각의 결과는 다음과 같다.

〈표 7-1〉 동전을 3번 반복해서 던질 때 결과

시행 결과	앞면의 수
HHH	3
HHT	2
HTH	2
HTT	1
THH	2
THT	1
TTH	1
TTT	0

〈표 7-2〉 동전을 3번 반복하는 시행의 이항분포

앞면이 나올 횟수 x	$P(X=x)$
0	1/8
1	3/8
2	3/8
3	1/8

이항분포의 확률계산은 시행횟수 n이 커지면 복잡해진다. 그러나 이항확률함수 또는 이항확률표를 이용하면 가능한 모든 결과를 조사하지 않고 시행횟수 n과 성공확률 p 값만 알고 있으면 쉽게 확률을 구할 수 있다.

▸ 이항확률함수

$$P(X=x) = \binom{n}{x} p^x (1-p)^{n-x},\ x=0,1,\ldots,n$$

예제 7-2

이항확률함수의 공식을 이용하여 예제 7-1의 확률분포를 구하시오.

해설 $n=3,\ p=\frac{1}{2}$ 이므로

$$P(X=x) = \binom{3}{x}\left(\frac{1}{2}\right)^x\left(\frac{1}{2}\right)^{3-x}$$

$$P(X=3) = \binom{3}{3}\left(\frac{1}{2}\right)^3\left(\frac{1}{2}\right)^{3-3} = \frac{1}{8}$$

$$P(X=2) = \binom{3}{2}\left(\frac{1}{2}\right)^2\left(\frac{1}{2}\right)^{3-2} = \frac{3}{8}$$

$$P(X=1) = \binom{3}{1}\left(\frac{1}{2}\right)^1\left(\frac{1}{2}\right)^{3-1} = \frac{3}{8}$$

$$P(X=0) = \binom{3}{0}\left(\frac{1}{2}\right)^0\left(\frac{1}{2}\right)^{3-0} = \frac{1}{8}$$

과 같이 간단하게 계산할 수 있으며, 〈표 7-2〉와 동일한 결과가 나온다.

예제 7-3

불량률이 0.1인 생산 공정에서 5개의 제품을 추출하였을 때 불량품이 두 개 이상일 확률을 구하시오.

해설 $n = 5,\ p = 0.1$ 일 때 $P(X \geq 2)$ 인 확률은 이항확률변수가 정수값의 범위를 갖기 때문에 다음 식으로 대체될 수 있다.

$$P(X \geq 2) = 1 - P(X \leq 1) = 1 - P(X = 0) - P(X = 1)$$

이므로, 먼저 $P(X = 1)$ 과 $P(X = 0)$ 의 확률을 구하면

$$P(X = 1) = \binom{5}{1}(0.1)^1(0.9)^{5-1} = 0.3281$$

$$P(X = 0) = \binom{5}{0}(0.1)^0(0.9)^{5-0} = 0.5905 \quad \text{가 된다.}$$

이 값을 1에서 빼주면

$$P(X \geqq 2) = 1 - 0.5905 - 0.3280 = 0.0815 \quad \text{가 된다.}$$

이항확률변수에 관한 여러 가지 확률을 계산할 때 부록에 있는 이항분포표를 사용하면 편리하다.

1.3 이항분포의 평균과 분산 및 표준편차

이항분포의 평균, 분산 및 표준편차는 다음 공식을 이용하여 구할 수 있다.

▸ 이항분포의 평균, 분산, 표준편차

- 평균 : $E(X) = np$
- 분산 : $\sigma^2(X) = np(1-p) = npq$
- 표준편차 : $\sigma(X) = \sqrt{np(1-p)} = \sqrt{npq}$

예제 7-4

예제 7-3에서 평균, 분산 및 표준편차를 구하시오.

해설 $n = 5,\ p = 0.1$

$$E(X) = np = 5 \cdot 0.1 = 0.5$$

$$\sigma^2(X) = np(1-p) = 5 \cdot 0.1 \cdot 0.9 = 0.45$$

$$\sigma(X) = \sqrt{0.45} = 0.67$$

평균이 0.5란 5개의 제품에서 불량품의 수가 평균적으로 0.5개 검출된다는 의미이다.

2 포아송분포

포아송분포

포아송분포(Poisson distribution)는 일정한 시간이나 단위공간에서 임의로 발생하는 사건의 발생횟수에 관련되는 분포이다. 예를 들면 특정 시간대에 서버에 접속하는 클라이언트의 수, 포털 사이트에 접속한 회원의 수, 은행 창구에 도착한 고객의 수 등에 관련된 확률을 조사하고자 할 때 이용될 수 있다. 포아송분포를 적용하기 위해서는 다음과 같은 조건을 충족 시켜야 한다.

첫째, 일정한 단위시간(또는 공간)내에 발생하는 사건은 서로 통계적 독립성을 갖는다.
둘째, 일정한 단위시간내의 사건의 발생확률은 동일하다.
셋째, 아주 작은 단위시간 내에서 두 개 이상의 사건이 일어날 가능성은 희박하다.
넷째, 단위시간당 사건의 발생확률은 단위시간의 길이에 비례한다.

이러한 조건이 충족되면 사건이 x번 발생할 확률은 평균발생횟수 λ(람다, lambda)에 따라 결정된다.

▸ **포아송분포의 확률함수**

$$P(X=x) = \frac{\lambda^x e^{-\lambda}}{x!}, \quad x = 0, 1, 2, \ldots, \infty$$

λ : 평균 사건 발생횟수

x : 사건 발생횟수

$e = 2.71828 \cdot \cdot \cdot$

예제 7-5

오전 9시부터 10시까지 종합서비스센터를 방문하는 학생 수는 $\lambda = 5$ 인 포아송 확률변수라고 할 때, 이 시간에 방문하는 학생이 2명일 경우의 확률은?

해설 $P(X=2) = \dfrac{5^2 \cdot e^{-5}}{2!} = 0.0842$

예제 7-6

어느 컴퓨터 대리점의 하루 노트북 판매대수는 $\lambda = 2$ 인 포아송분포를 따른다고 할 때, 하루 동안에 노트북이 1대 이하 판매될 확률은?

해설 포아송확률 변수는 정수값을 갖기 때문에

$$P(X \leq 1) = P(X=0) + P(X=1)$$

$$P(X=0) + P(X=1) = \frac{2^0 \cdot e^{-2}}{0!} + \frac{2^1 \cdot e^{-2}}{1!}$$

$$= 0.1353 + 0.2707 = 0.4060$$

포아송확률함수에 의한 확률계산은 λ 값이 커지면 복잡해진다. 이 때 부록에 있는 포아송 확률표를 이용하면 손쉽게 구할 수 있다.

포아송분포의 평균, 분산 및 표준편차는 다음과 같다.

▸ 포아송분포의 평균, 분산, 표준편차

- 평균 : $E(X) = \lambda$
- 분산 : $\sigma^2(X) = \lambda$
- 표준편차 : $\sigma(X) = \sqrt{\lambda}$

예제 7-7

예제 7-6에서 평균, 분산 및 표준편차를 구하시오.

해설 $E(X) = \lambda = 2$

$\sigma^2(X) = \lambda = 2$

$\sigma(X) = \sqrt{\lambda} = \sqrt{2} = 1.414$

Chapter 07

연습문제

01

어느 생산공정에서 반도체 칩을 만드는데 이 칩은 10% 불량품을 포함하고 있다고 한다. 그 중에서 3개의 칩을 임의 추출했을 때 나타나는 불량품의 개수를 X라 하자. 다음 물음에 답하라.

(1) X의 확률밀도함수를 구하라.

(2) X의 평균과 분산을 구하라.

02

어떤 지역에서 일어난 범죄 중 75%는 절도사건이라 한다. 이 지역에서 보고된 4건의 범죄 중 절도사건이 꼭 2건일 확률은 얼마인가?

03

어느 농촌에서 겨울에 눈 때문에 학교가 평균적으로 휴교한 날은 4일이다. 이 농촌에서 겨울동안 휴교한 날짜가 6일이 될 확률은 얼마인가?

연습문제 해답

01

불량품의 개수 X는 이항분포 $b(n=3,\ p=0.1)$를 따르므로

(1) $P(X=x)=\binom{n}{x}p^x(1-p)^{n-x}=\binom{3}{x}(0.1)^x(0.9)^{3-x},\ x=0,1,2,3$

(2) $E(X)=np=(3)(0.1)=0.3,\ \sigma^2(X)=npq=3(0.1)(0.9)=0.27$

02

절도사건은 서로 독립이고, 4건의 절도사건 각각에 대하여 $p=3/4$이면,

$$P(X=2)=\binom{4}{2}\left(\frac{3}{4}\right)^2\left(\frac{1}{4}\right)^2=\frac{4!}{2!2!}\cdot\frac{3^2}{4^4}=0.211$$

03

포아송분포를 이용하면 $x=6$이고 $\lambda=4$이므로 부록의 포아송분포표를 이용하여

$$P(X=6)=\frac{e^{-4}4^6}{6!}=P(X\leqq 6)-P(X\leqq 5)$$

$$=0.8893-0.7851=0.1042$$

Chapter 07

심화문제

01

어떤 장소의 공중전화는 하루에 평균 5회 사용된다. 사용회수 X가 포아송분포를 따른다고 할 때, 다음 물음에 답하라.

(1) X의 확률밀도함수를 구하라.

(2) X의 평균, 분산을 구하라.

02

희귀한 질병을 앓고 있는 환자가 회복될 확률은 0.4이다. 만일 환자 15명이 이 질병에 걸린 것을 알고 있다면 다음 경우의 확률은 얼마인가?

(1) 최소한 10명이 회복

(2) 3명부터 8명까지 회복

(3) 5명이 회복

03

어느 사람이 하루 평균 5회의 전화를 받는다고 하자. 그러면 어느 특정한 날에 그 사람이

(1) 5회 이상의 전화를 받을 확률은 얼마인가?

(2) 꼭 5회의 전화를 받을 확률은 얼마인가?

Chapter 08

연속확률분포

1. 정규분포
2. t 분포
3. χ^2 분포
4. F 분포

1 정규분포

연속확률변수의 대표적인 확률분포인 정규분포는 앞으로 다룰 t분포, χ^2분포, F분포의 기초가 되는 중요한 연속확률분포이다.

1.1 확률밀도함수

실험의 관측대상이 속도, 길이, 무게, 부피의 단위를 나타내는 계량적인 경우에, 관측값은 연속적으로 변화한다. 예를 들면 신입생 신체검사에서 키 또는 몸무게, 자동차의 주행 속도 등은 연속적인 값들을 취하므로 특정 범위내의 하나의 점(값)에 대한 확률은 의미가 없다. 그 대신 특정 구간에 대한 확률이 중요한 의미를 갖는다.

연속확률변수X가 어떤 값 x를 주위로 $x-a$와 $x+a$ 사이의 값을 취할 확률, 즉 $P(x-a \leq X \leq x+a)$ 는 [그림 8-1]에서 빗금친 부분의 넓이와 같다. 이와 같이 연속확률분포의 형태를 나타내는 곡선을 함수로 표현한 것을 확률밀도함수(probability

확률밀도함수

density function)라 하며 $f(x)$로 표시한다. 연속확률변수의 확률은 함수식을 나타내는 곡선 아래의 면적에 의하여 계산되며 전체 면적은 1이다.

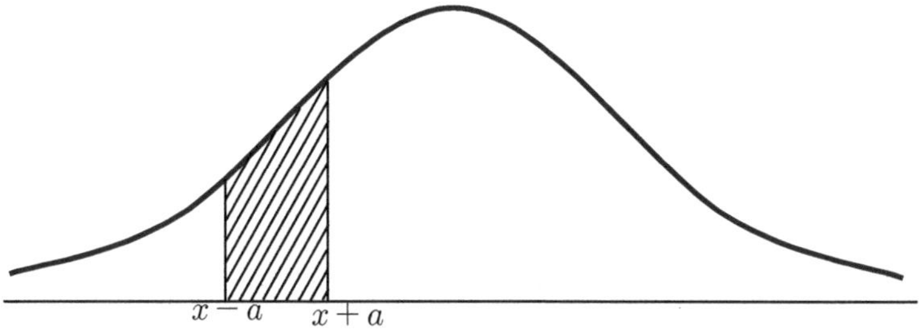

[그림 8-1] $P(x-a \leq X \leq x+a)$

연속확률변수 X의 확률밀도함수가 $f(x)$로 주어졌을 때, 두 값 a와 b사이의 값을 취할 확률은

$$P(a \leq X \leq b) = \int_a^b f(x)\,dx$$

와 같이 계산될 수 있으며 [그림 8-2]의 빗금친 부분의 넓이와 같다.

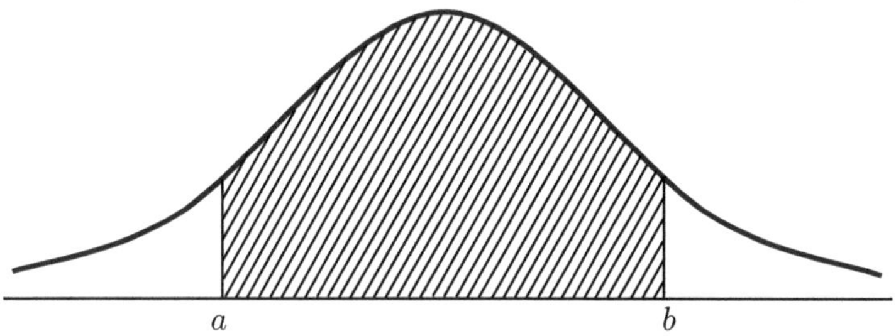

[그림 8-2] $P(a \leq X \leq b)$

1.2 정규분포

정규분포

정규분포(normal distribution)는 연속확률분포의 일종으로 [그림 8-3]과 같이 중심점에 대하여 대칭인 확률밀도함수의 그래프를 가진다.

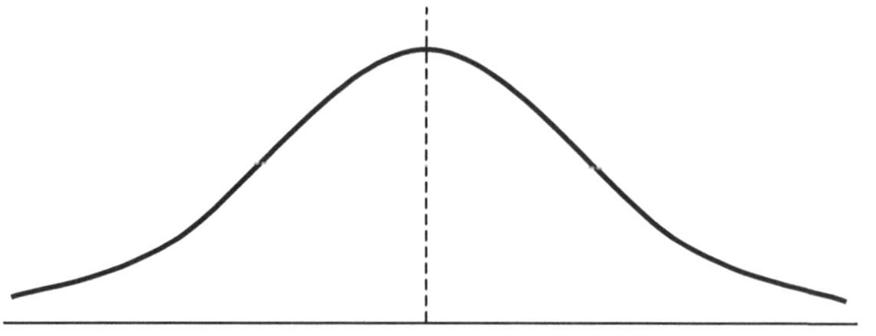

[그림 8-3] 정규분포곡선

일반적으로 정규분포는 다음과 같은 특징을 갖고 있다.

첫째, 정규분포의 확률밀도함수는 평균을 중심으로 대칭인 종 모양(bell shape)이다.
둘째, 정규분포의 모양과 위치는 분포의 평균과 표준편차에 의해서 결정된다.

평균이 μ이고, 표준편차가 σ인 정규분포의 확률밀도함수는 다음과 같다.

▸ 정규분포의 확률밀도함수

$$f(x) = \frac{1}{\sigma\sqrt{2\pi}} e^{-\frac{1}{2}[\frac{x-\mu}{\sigma}]^2}, \; -\infty < x < +\infty$$

$$\pi = 3.14159 \ldots$$

$$e = 2.71828 \ldots$$

확률변수 X가 평균 μ, 표준편차 σ인 정규분포를 따를 때 $X \sim N(\mu,\ \sigma^2)$로 표시한다. 다음 [그림 8-4]는 서로 다른 평균과 표준편차를 가지는 몇 개의 정규분포를 나타내고 있다.

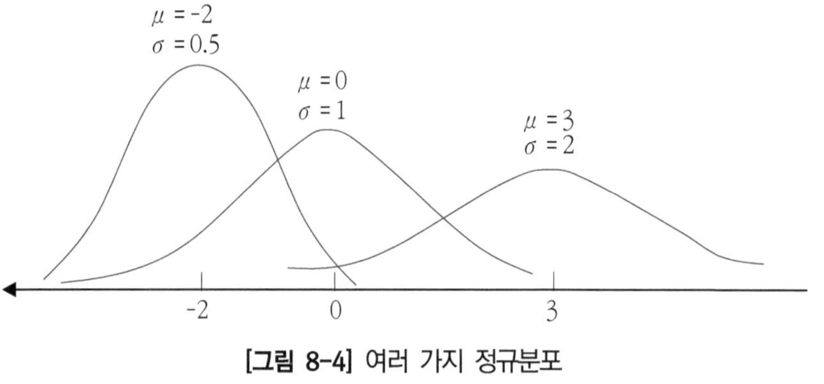

[그림 8-4] 여러 가지 정규분포

확률밀도함수를 이용하여 확률변수가 어떤 범위의 값을 취할 확률을 계산하는 것은 쉬운 일이 아니다. 또한 정규분포는 평균 μ와 표준편차 σ에 따라 다르므로 특정한 정규분포마다 이러한 작업을 하는 것은 매우 어려운 일이다. 그러나 다양한 정규분포에 모두 적용할 수 있는 표준정규분포(standard normal distribution)의 확률표를 이용하여 정규분포의 확률을 계산할 수 있다.

1.3 표준정규분포

표준정규분포

표준정규분포는 $\mu = 0$, $\sigma = 1$ 인 정규분포를 말하며, 어떠한 정규확률변수도 다음 공식에 의하여 표준정규확률변수(standard normal random variable)로 변환시킬 수 있다.

확률변수 X가 평균이 μ이고, 표준편차가 σ일 때,

$$Z = \frac{X - \mu}{\sigma}$$

는 평균이 0이고 표준편차가 1인 정규분포를 따른다. 이러한 확률변수 Z를 표준정규확률변수라 하고 그것의 분포를 표준정규분포라 한다.

▸ **표준정규분포의 확률밀도함수**

$$f(x) = \frac{1}{\sigma\sqrt{2\pi}} e^{-\frac{x^2}{2}}, \ -\infty < x < +\infty$$

$$\pi = 3.14159 \ldots$$

$$e = 2.71828 \ldots$$

〈표 8-1〉 표준정규분포표의 일부가 나타나 있다. 표준정규분포에는 각 z값의 왼쪽부분의 넓이인 $P(Z \leq z)$ 가 수록되어 있으며, 이를 이용하여 정규분포에 대한 확률을 손쉽게 계산할 수 있다.

〈표 8-1〉 표준정규분포표

Z	0.00	0.01	0.02	0.03	0.04	0.05	0.06
0.0	0.5000	0.5040	0.5080	0.5120	0.5160	0.5199	0.5239
0.1	0.5398	0.5438	0.5478	0.5517	0.5557	0.5596	0.5636
0.2	0.5793	0.5832	0.5871	0.5910	0.5948	0.5987	0.6026
0.3	0.6179	0.6217	0.6255	0.6293	0.6331	0.6368	0.6406
0.4	0.6554	0.6591	0.6628	0.6664	0.6700	0.6736	0.6772
0.5	0.6915	0.6950	0.6985	0.7019	0.7054	0.7088	0.7123
0.6	0.7257	0.7291	0.7324	0.7357	0.7389	0.7422	0.7454
0.7	0.7580	0.7611	0.7642	0.7673	0.7703	0.7734	0.7764
0.8	0.7881	0.7910	0.7939	0.7967	0.7995	0.8023	0.8051
0.9	0.8159	0.8186	0.8212	0.8238	0.8264	0.8289	0.8315
1.0	0.8413	0.8438	0.8461	0.8485	0.8508	0.8531	0.8554
1.1	0.8643	0.8665	0.8686	0.8708	0.8729	0.8749	0.8770
1.2	0.8849	0.8869	0.8888	0.8907	0.8925	0.8944	0.8962
1.3	0.9032	0.9049	0.9066	0.9082	0.9099	0.9115	0.9131
1.4	0.9192	0.9207	0.9222	0.9236	0.9251	0.9265	0.9279
1.5	0.9332	0.9345	0.9357	0.9370	0.9382	0.9394	0.9406
1.6	0.9452	0.9463	0.9474	0.9484	0.9495	0.9505	0.9515
1.7	0.9554	0.9564	0.9573	0.9582	0.9591	0.9599	0.9608
1.8	0.9641	0.9649	0.9656	0.9664	0.9671	0.9678	0.9686
1.9	0.9713	0.9719	0.9726	0.9732	0.9738	0.9744	0.9750

예제 8-1

평균 $\mu = 40$, 표준편차 $\sigma = 10$ 인 정규분포에서 다음 각 확률을 구하라.

(a) $X \geq 60$

(b) $X \leq 30$

(c) $20 \leq X \leq 50$

해설 정규확률변수 X를 표준정규확률변수 Z로 선형 변환하면

$$Z = \frac{X-40}{10}$$

이 된다.

(a) $P(X \geq 60) = P\left(Z \geq \frac{60-40}{10}\right) = P(Z \geq 2)$

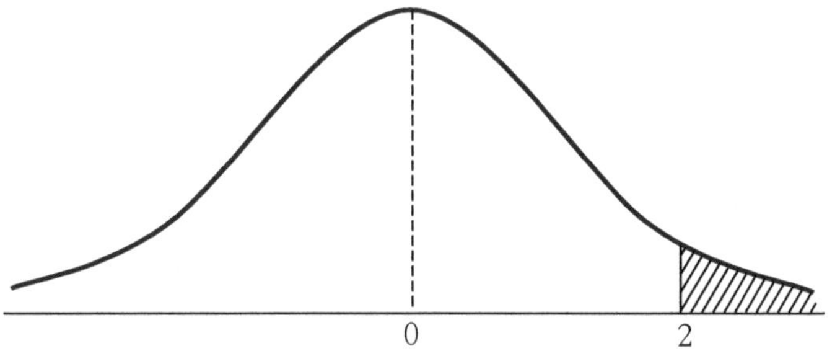

[그림 8-5] $P(Z \geqq 2)$

$P(Z \geq 2)$ 는 전체넓이 1에서 $P(Z \leqq 2)$ 의 넓이를 뺀 것과 같기 때문에 표준정규분포표로부터

$$P(Z \geq 2) = 1 - P(Z \leq 2) = 1 - 0.9772 = 0.0228$$

(b) $P(X \leqq 30) = P(Z \leqq \frac{30-40}{10}) = P(Z \leqq -1)$

이 확률은 [그림 8-6]의 빗금친 부분의 넓이와 같다.

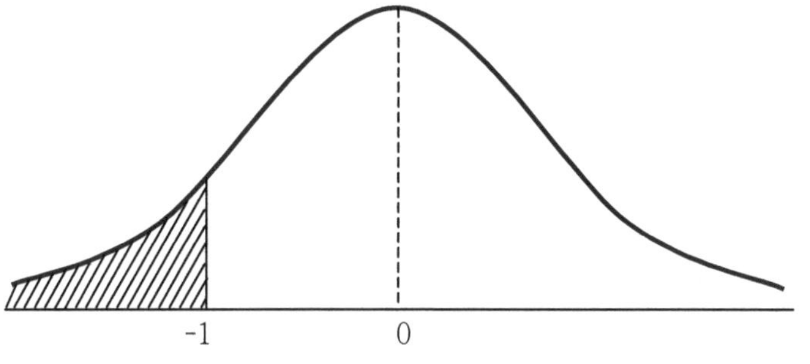

[그림 8-6] $P(Z \leqq -1)$

$Z \leqq -1$ 의 넓이는 표준정규분포가 중심에 대하여 대칭이므로 $Z \geqq 1$ 의 넓이와 같다.
$Z \geqq 1$ 의 넓이는 전체넓이에서 1에서 $Z \leqq 1$ 의 넓이를 뺀 것과 같으므로

$$P(Z \leqq -1) = 1 - P(Z \leq 1) = 1 - 0.8413 = 0.1587$$

(c) $P(20 \leqq X \leqq 50) = P\left(\frac{20-40}{10} \leq Z \leq \frac{50-40}{10}\right)$

$$= P(-2 \leq Z \leq 1)$$

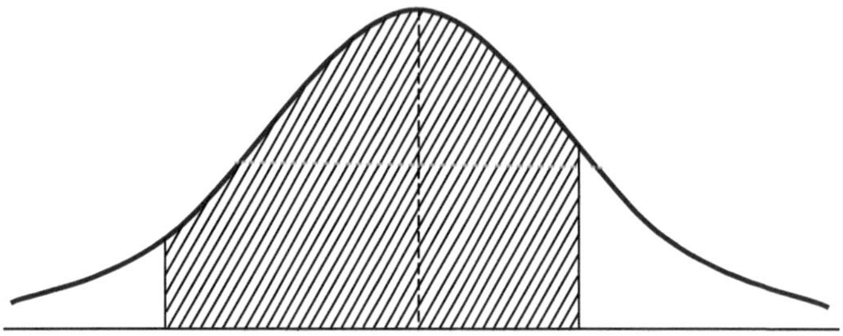

[그림 8-7] $P(-2 \leq Z \leq 1)$

[그림 8-7]로부터

$$\begin{aligned} P(-2 \leq Z \leq 1) &= P(Z \leq 1) - P(Z \leq -2) \\ &= P(Z \leq 1) - P(Z \geq 2) \\ &= P(Z \leq 1) - (1 - P(Z \leq 2)) \\ &= 0.8413 - (1 - 0.9772) = 0.8185 \end{aligned}$$

예제 8-2

신입생의 지능지수를 측정한 결과 평균이 110, 표준편차가 10인 정규분포를 따른다고 한다. 한 학생을 임의로 뽑았을 때 그 학생의 지능지수가 105보다 작을 확률은 근사적으로 얼마인가?

해설 뽑힌 학생의 지능지수를 X라 하면

$$Z = \frac{X - 110}{10}$$

는 표준정규분포를 따른다. 따라서,

$$\begin{aligned} P(X \leq 105) &= P\left(Z \leq \frac{105 - 110}{10}\right) \\ &= P(Z \leq -0.5) \\ &= P(Z \geq 0.5) \\ &= 1 - P(Z \leq 0.5) \\ &= 1 - 0.6915 = 0.3085 \end{aligned}$$

임의로 뽑힌 신입생의 지능지수가 105보다 적을 확률은 30.85%이다.

예제 8-3

어느 대학의 학기별 성적에 대한 평점은 정규분포를 이루고 있고, 평균은 2.95이고 표준편차는 0.5라고 한다. 이 대학에서 상위 10%에 해당하는 학생들에게는 학기별 장학금이 지급되고 있다. 장학금을 받기 위해서는 평점이 얼마 이상이어야 하는가?

해설 상위 10%에 해당하는 평점 중 가장 낮은 평점을 x라 하면

$$P(X \geq x) = 0.1$$

이 되고, 이는

$P(X \leq x) = 0.9$ 와 같다.

이 확률을 Z로서 표현하면

$P(Z \leq \frac{x-2.95}{0.5}) = 0.9$ 이다.

확률 0.9에 해당되는 z 값은 1.282이기 때문에

$\frac{x-2.95}{0.5} = 1.282$ 를 얻는다.

그러므로,

$$x = 2.95 + 1.282 \times 0.5 = 3.591$$

따라서, 적어도 평점이 3.591이 되어야 장학금을 받을 수 있다.

2 t 분포

t 분포는 Z 분포와 형태가 비슷하나 Z 분포에 비해서 분포의 폭이 약간 넓다. 즉, 평균이 0이며 좌우대칭인 종모양의 형태를 취한다. t 분포의 형태를 결정하는 것은 자유도(degree of freedom)이다. 그러나 자유도가 커지면 분포의 폭이 좁아지면서 Z 분포에 근접한다. **t 분포**

〈표 8-2〉에는 t 분포표의 일부가 나타나 있다. t_α의 값은 t 점 보다 작거나 같은 면적 $1-\alpha$에 해당하는 값을 나타낸다. $t_{\alpha=0.05}(8)$ 의 t 값은 1.860이다.

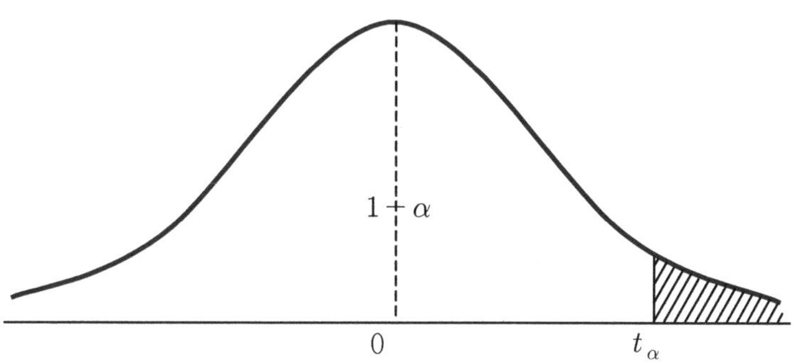

[그림 8-8] t 분포

〈표 8-2〉 t 분포표

n	$t_{0.25}(n)$	$t_{0.10}(n)$	$t_{0.05}(n)$	$t_{0.025}(n)$
1	1.000	3.078	6.314	12.706
2	0.846	1.886	2.920	4.303
3	0.765	1.638	2.353	3.182
4	0.741	1.533	2.132	2.776
5	0.727	1.476	2.015	2.571
6	0.718	1.440	1.943	2.447
7	0.711	1.415	1.895	2.365
8	0.706	1.397	1.860	2.306
9	0.703	1.383	1.833	2.262
10	0.700	1.372	1.812	2.228
11	0.697	1.363	1.796	2.210
12	0.695	1.356	1.782	2.179
13	0.694	1.350	1.771	2.160
14	0.692	1.345	1.761	2.145
15	0.691	1.341	1.753	2.131

3 χ^2 분포

χ^2분포

χ^2분포에 대한 정의는 '확률변수 Z가 표준정규분포를 따를 때 Z^2은 자유도 ν('nu' 누라고 읽음)가 1인 χ^2분포를 따른다'라고 정의하며, 확률변수 X가 자유도 n ($\nu = n$)을 갖는 χ^2분포를 따르면

$$X \sim \chi^2_{(n)}$$

과 같이 표현한다. 확률변수 X가 자유도 n인 χ^2분포를 따를 때, 평균과 분산은 다음과 같다.

$$E(X) = n, \qquad Var(X) = 2n$$

χ^2분포의 형태는 자유도에 따라 달라지는데 이를 그래프로 나타내면 다음과 같다.

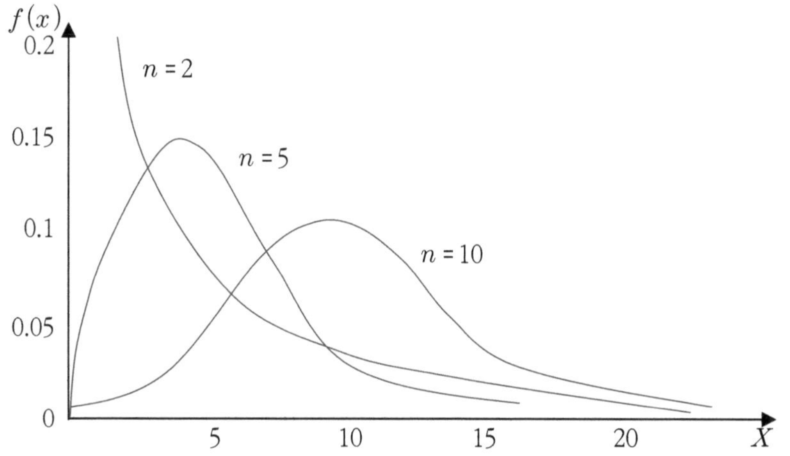

[그림 8-9] 자유도에 따른 χ^2분포

χ^2분포의 중요한 성질을 열거하면 다음과 같다.

(1) Z가 $N(0,\ 1^2)$에 따르는 확률변수일 때 Z^2은 자유도 $\nu = 1$인 χ^2분포를 따른다.

(2) 확률변수 χ_1^2, χ_2^2이 서로 독립이고 각각 자유도 ν_1, ν_2인 χ^2분포를 따를 때는 자유도 ν_1, ν_2 인 χ^2분포를 따른다(χ^2분포의 재생성).

(3) X_i $(i = 1,\ 2,\ \ldots,\ n)$가 서로 독립인 확률변수이고 $N(\mu,\ \sigma^2)$ 에 따를 때 통계량

$$\chi^2 = \frac{(n-1)s^2}{\sigma^2} = \frac{1}{\sigma^2}\sum_{i=1}^{n}(X_i - \overline{X})^2$$

은 자유도 $n-1$인 χ^2분포를 따른다(자유도가 $n-1$이라는 점에 주의해야 함).

$\dfrac{(n-1)}{\sigma^2}s^2$이 $\chi^2(n-1)$의 분포를 따른다는 점을 이용하면 s^2의 평균과 분산을 쉽게 구할 수 있다. 자유도가 n인 χ^2 확률변수의 평균과 분산은 각각 n과 $2n$이므로

$$E\left[\frac{(n-1)}{\sigma^2}s^2\right] = \frac{(n-1)}{\sigma^2}E(s^2) = n-1$$

이 된다. 이를 정리하면

$$E(s^2) = \sigma^2$$

가 된다. 또한

$$Var\left[\frac{(n-1)}{\sigma^2}s^2\right] = \frac{(n-1)^2}{\sigma^4}Var(s^2) = 2(n-1)$$

로부터

$$Var(s^2) = \frac{2\sigma^4}{n-1}$$

을 얻게 된다.

즉, 표본분산 s^2의 확률분포는 모분산 σ^2을 중심으로 $\frac{2\sigma^4}{n-1}$의 분산을 갖는다. 따라서, 표본평균에 있어서와 마찬가지로 표본분산 s^2도 표본의 크기 n이 증가함에 따라 모분산 σ^2에 접근하게 된다.

〈표 8-3〉은 χ^2 분포표의 일부가 나타나 있다. χ^2_α의 값은 χ 점 보다 작거나 같은 면적 $1-\alpha$에 해당하는 값을 나타낸다. $\chi^2_{0.05}(9)$ 을 χ^2 분포표에서 찾으면 16.92이다.

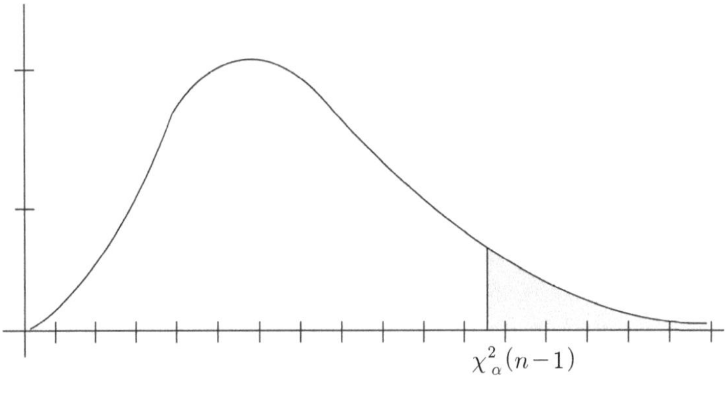

[그림 8-10] χ^2분포

〈표 8-3〉 χ^2 분포표

n	$x^2_{0.90}(n)$	$x^2_{0.10}(n)$	$x^2_{0.05}(n)$	$x^2_{0.025}(n)$	$x^2_{0.01}(n)$
1	0.016	2.706	3.841	5.024	6.635
2	0.211	4.605	5.991	7.378	9.210
3	0.584	6.251	7.815	9.348	11.34
4	1.064	7.779	9.488	11.14	13.28
5	1.410	9.236	11.07	12.83	15.09
6	2.204	10.64	12.59	14.45	16.80
7	2.833	12.02	14.07	16.01	18.48
8	3.490	13.36	15.51	17.54	20.09
9	4.168	14.68	16.92	19.02	21.67
10	4.865	15.99	18.31	20.48	23.21

4 F 분포

F 분포는 연속확률분포로서 두 개의 자유도를 갖고 있는데 이를 ν_1 과 ν_2로 표시한다. $F_\alpha(\nu_1,\ \nu_2)$는 분자자유도가 ν_1이고, 분모자유도가 ν_2인 F 분포의 $100\times(1-\alpha)$ 백분위수를 나타낸다. 예를 들어 $F_{0.05}(4,5)=5.19$ 이다. 이 값은 $F(4,5)$ 값이 5.19보다 작거나 같을 확률이 0.95임을 의미한다. 또한 F 분포는 다음과 같은 관계를 갖고 있다.

$$F_{1-\alpha}(\nu_1,\nu_2)=\frac{1}{F_\alpha(\nu_{2,}\nu_1)}$$

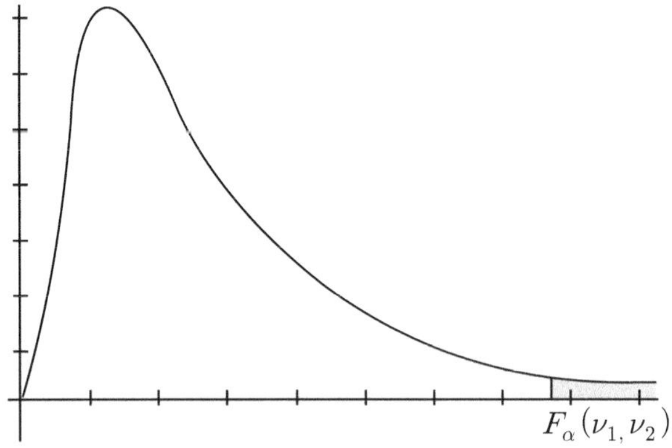

[그림 8-11] F 분포

F 분포의 값은 자유도와 α값에 의해서 결정된다. F의 값은 F점 보다 작거나 같은 면적 $1-\alpha$에 해당하는 값을 나타낸다. 예를 들어 자유도 $\nu_1 = 8$, $\nu_2 = 6$ 와 $\alpha = 0.05$ 인 $F_{0.05}(8, 6)$의 값을 〈표 8-4〉의 F 분포표에서 찾으면 4.15이다. 이 값은 $F(8, 6)$의 값이 5.19보다 작거나 같을 확률이 0.95임을 의미한다.

〈표 8-4〉 F 분포표

α	$P(F \leq f)$	분모의 자유도 n	분자의 자유도 m							
			1	2	3	4	5	6	7	8
0.05	0.95	1	161.4	199.5	215.7	224.6	230.2	234.0	236.8	238.9
0.025	0.975		647.79	799.50	864.16	899.58	921.85	937.11	948.22	956.66
0.01	0.99		4052	4999.5	5403	5625	5764	5859	5928	5981
0.05	0.95	2	18.51	19.00	19.16	19.25	19.30	19.33	19.35	19.37
0.025	0.975		38.51	39.00	39.17	39.25	39.30	39.33	39.36	39.37
0.01	0.99		98.50	99.00	99.17	99.25	99.30	99.33	99.36	99.37
0.05	0.95	3	10.13	9.55	9.28	9.12	9.01	8.94	8.89	8.85
0.025	0.975		17.44	16.04	15.44	15.10	14.88	14.73	14.62	14.54
0.01	0.99		34.12	30.82	29.46	28.71	28.24	27.91	27.67	27.49
0.05	0.95	4	7.71	6.94	6.59	6.39	6.26	6.16	6.09	6.04
0.025	0.975		12.22	10.65	9.98	9.60	9.36	9.20	9.07	8.98
0.01	0.99		21.20	18.00	16.69	15.98	15.52	14.21	14.98	14.80
0.05	0.95	5	6.61	5.79	5.41	5.19	4.05	4.95	4.88	4.82
0.025	0.975		10.01	8.43	4.76	7.39	6.15	6.98	6.85	6.76
0.01	0.99		16.26	13.27	12.06	11.39	10.97	10.67	10.46	10.29
0.05	0.95	6	5.99	5.14	4.76	4.53	4.39	4.28	4.21	4.15
0.025	0.975		8.81	7.26	6.60	6.23	5.99	5.82	5.70	5.60
0.01	0.99		13.75	10.92	9.78	9.15	8.75	8.47	8.26	8.10

Chapter 08

연습문제

01

어떤 대학의 500명의 남학생 몸무게의 평균은 151파운드이고, 표준편차가 15파운드일 때, 몸무게가 정규분포를 따른다면 다음 물음에 답하라.

(1) 120파운드에서 155파운드가 된 학생은 몇 명인가?

(2) 185파운드 이상인 학생은 몇 명인가?

02

영어 과목의 성적은 근사적으로 $N(80,\ 3^2)$이고, 수학 과목의 성적은 $N(70,\ 4^2)$일 때 두 과목의 성적이 서로 독립이면 두 과목의 성적의 합이 140 이하일 확률을 구하라.

03

인형의 평균키가 30cm이고 표준편차가 4.1cm이라면, 인형의 키가 35cm를 초과할 확률은 몇 퍼센트인지를 구하라. 단, 키는 정규분포를 따른다.

04

통계학 연수과정에서 시험성적의 분포는 근사적으로 $N(14,\ 2^2)$라고 한다. 만약 11점 이하를 받은 사람은 재교육과정을 거쳐야 한다면, 재교육대상인 사람의 비율을 구하라.

연습문제 해답

01

X를 남학생 몸무게라고 하면 정규분포 $N(151,\ 15^2)$를 따른다.
따라서,

$$Z = \frac{X-151}{15} \sim N(0,\ 1)\text{이다.}$$

$$\begin{aligned}(1)\ P(120 \le X \le 155) &= P\left(\frac{120-151}{15} \le \frac{X-151}{15} \le \frac{155-151}{15}\right) \\ &= P(-2.07 \le Z \le 0.27) \\ &= P(Z \le 0.27) - P(Z < -2.07) \\ &= 0.6064 - 0.0192 = 0.5872\end{aligned}$$

그러므로, 120파운드에서 155파운드 사이의 학생수는 $500 \cdot 0.5872 = 294$(명)

$$\begin{aligned}(2)\ P(X \ge 185) &= \left(\frac{X-151}{15} \ge \frac{185-151}{15}\right) \\ &= P(Z \ge 2.27) = 1 - P(Z < 2.27) \\ &= 1 - 0.9884 = 0.0116\end{aligned}$$

그러므로, 185파운드 이상인 학생수는 $500 \cdot 0.0116 = 5.80 \fallingdotseq 6$(명)

02

X를 영어 성적이라 하면 정규분포 $N(80,\ 3^2)$를 따르고, Y를 수학 성적이라 하면 정규분포 $N(70,\ 4^2)$를 따른다. 그리고 X와 Y는 상호독립이므로 $(X+Y) \sim N(150,\ 25)$이다. 따라서, 구하고자 하는 확률은 다음과 같다.

$$\begin{aligned}P(X+Y \le 140) &= P\left(\frac{(X+Y)-150}{5} \le \frac{140-150}{5}\right) \\ &= P(Z \le -2) = 1 - P(Z \le 2) \\ &= 1 - 0.9772 = 0.0228\end{aligned}$$

03

$$\begin{aligned}P(X > 35) &= P\left(\frac{X-30}{4.1} > \frac{35-30}{4.1}\right) \\ &= P(Z > 1.22) \\ &= 1 - P(Z \le 1.22) \\ &= 1 - 0.8888\end{aligned}$$

$= 0.1112$

따라서, 인형의 11.12%는 키가 35cm보다 크다.

04 11점 이하를 받은 사람의 비율은

$$P\{X \le 11\} = P\left\{\frac{X-14}{2} \le \frac{11-14}{2}\right\}$$

$$= P\{Z \le -1.5\} = 1 - P\{Z \le 1.5\}$$

$$= 0.0668$$

이므로, 6.68%가 재교육대상이다.

Chapter 08

심화문제

01 정릉전기(주)에서 평균 수명이 800시간이고 표준편차가 40시간인 정규분포에 따르는 형광등을 생산한다. 형광등의 수명이 778시간과 834시간 사이가 될 확률을 구하라.

02 대학수학 중간고사 성적의 분포가 평균이 63이고 분산이 100인 정규분포를 따른다고 하자. 이때 다음의 물음에 답하라.

(1) 50점미만의 학생은 몇 %나 되겠는가?

(2) 상위 10% 학생에게 A를 준다고 하면 몇 점 이상이 되어야 A를 받을 수 있겠는가?

03 대학입시에서의 본고사 부활에 대하여 전 국민의 60%정도가 찬성한다고 하자. 150명을 임의 추출하여 이에 대한 찬반을 묻는다면 이 표본에서 78명 이하가 찬성할 확률을 구하라.

Chapter 09

표본분포

1 표본분포

각각의 확률분포는 모집단의 특성을 나타내는 기대값(평균), 분산, 표준편차 등의 모수를 갖고 있다. 이러한 모수의 참값을 알기 위해서는 모집단 전체를 조사해야 하는데 이를 전수조사라 한다. 그러나 전수조사는 때로는 불가능하거나, 실제로 가능하다 하더라도 엄청난 시간과 비용이 소요된다. 따라서, 모집단의 일부분인 표본을 분석함으로써 모집단의 특성을 추론하게 된다. **전수조사**

모집단으로부터 임의로 추출한 표본의 크기가 n인 n개의 표본을 $X_1, X_2, \cdots, X_n$라고 할 때 각 X_i는 서로 독립인 확률변수들이며, 각각 모집단과 동일한 확률밀도함수 $f(x)$를 갖는다. 확률표본의 각 원소 $X_1, X_2, \ldots, X_n$ 이 확률변수이므로 $X_i, i=1,\cdots,n$ 의 통계량($\overline{X}_i, s_i^2$)도 확률변수이다. 이처럼 통계량이 확률변수이기 때문에 각각의 표본에 따라 구해지는 통계량도 확률분포를 갖는다. 통계량의 확률분포를 표본분포(sampling distribution)라 한다. **표본분포**

2 표본평균 $\overline{X}$의 분포

모집단으로부터 임의로 추출된 표본의 평균을 표본평균이라 하며 $\overline{X}$로 표시한다. 표본평균 $\overline{X}$의 분포(표본분포)는 모집단의 분포의 형태보다는 모집단으로부터 추출된 표본의 크기 n에 의해서 영향을 받는다. 표본의 크기 n이 커질수록 상대적으로 표본분포의 폭이 좁아지며, 표본의 크기 n이 작아질수록 포본분포의 폭이 넓어진다. 그러나 표본평균의 평균 $E(\overline{X})$는 표본의 크기 n과 상관없이 모집단의 평균 μ와 같다. 즉, $E(\overline{X})=\mu$이다. 표본평균의 분포를 그림으로 나타내면 그림 9-1과 같다.

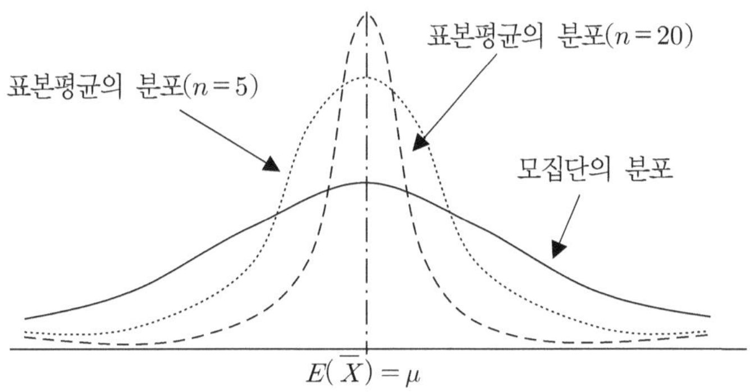

[그림 9-1] 표본평균의 분포

표준오차

통계량의 표준편차를 통계량의 표준오차(standard error)라고 한다. 표본평균 $\overline{X}$의 표준오차를 $\sigma_{\overline{X}}$로 나타내면 $\sigma_{\overline{X}}=\sigma/\sqrt{n}$이다. 즉, 표준오차는 표준편차를 표본의 크기 n의 제곱근으로 나눈 수치이다.

> **▸ 표본평균의 분포**
>
> 정규모집단 $N(\mu,\ \sigma^2)$으로부터 임의 추출된 크기 n인 표본의 표본평균 $\overline{X}$는 정규분포 $N(\mu, \sigma^2/n)$에 따른다.

예제 9-1

대학생의 신장 분포가 $N(168.5,\ 5^2)$에 따른다고 한다. 49명의 학생을 임의 추출하여 신장을 조사하였을 때 49명의 평균신장이 170(cm) 이상일 확률을 구하라.

해설 표본평균은 $N(\mu, \frac{\sigma^2}{n})$을 따른다. 따라서,

$$\overline{X} \sim N\left(168.5, \left(\frac{5}{7}\right)^2\right)$$

$$P(\overline{X} \geq 170) = P\left(Z \geq \frac{170-168.5}{5/7}\right)$$

$$= P(Z \geq 2.1)$$

$$= 0.0179$$

3 중심극한정리

모집단의 분포가 정규분포가 아닐 경우 표본평균 $\overline{X}$의 분포는 반드시 정규분포라 할 수 없다. 그러나 표본이 매우 클 때는 표본평균 $\overline{X}$의 분포는 정규분포로 볼 수 있다. 이것을 말해 주는 것으로 중요한 중심극한정리가 있다.

▸ **중심극한정리**

모평균 μ, 모분산 σ^2인 모집단으로부터 크기 n인 임의표본의 표본평균을 $\overline{X}$라 할 때 표준화변수 $Z = \frac{(\overline{X}-\mu)}{\sigma/\sqrt{n}}$의 확률분포는 $n \to \infty$일 때 표준정규분포 $N(0,\ 1^2)$에 수렴한다.

중심극한정리를 구체적으로 설명하면 표본의 크기 n이 충분히 클 때 모집단(정규분포가 아니라도)으로부터 추출한 표본의 표본평균 $\overline{X}$의 분포는 정규분포 $N(\mu, \sigma^2/n)$로 볼 수 있다. 여기서 주목해야 할 점은 모집단의 분포가 어쨌든 표본평균 $\overline{X}$의 분포는 n이 크면 정규분포가 된다는 사실이다. 이 점이 정규분포가 통계적 추론에서 중요하게 쓰이는 이유이다. **중심극한정리**

예제 9-2

전구공장에서 생산되는 전구의 수명은 $\mu = 380$(시간), $\sigma^2 = 2500$(시간)으로 알려져 있다. 생산된 전구 중에서 크기 $n = 100$인 표본을 뽑아 표본평균을 구할 때 표본평균이 390(시간) 이상이 될 확률을 구하라.

해설 $n = 100 > 30$이므로 중심극한정리를 적용한다.

$$E(\overline{X}) = \mu = 380,\ Var(\overline{X}) = \frac{\sigma^2}{n} = \frac{2500}{100} = 5^2 \text{ (시간)}$$

이므로

$$\begin{aligned} P(\overline{X} \geq 390) &= P\left(\frac{\overline{X} - \mu}{\sigma/\sqrt{n}} \geq \frac{390 - 380}{5}\right) \\ &= P(Z \geq 2) = 1 - P(Z < 2) \\ &= 1 - 0.9772 = 0.0228 \end{aligned}$$

Chapter 09

연습문제

01

공무원의 월 소득은 평균 34만 원, 표준편차 3만 원인 정규분포를 이루고 있다고 가정하면 전체 공무원 가운데 임의로 뽑힐 9명(확률분포)의 월 평균 소득의 분포를 구하라.

02

정규모집단으로부터 15개의 확률표본을 추출하여 $\chi^2 = \dfrac{(n-1)s^2}{\sigma^2}$ 인 통계량을 만들었을 때 다음을 구하라.

(1) $P(\chi^2 > 5.629)$

(2) $P(4.660 < \chi^2 \langle 5.629)$

(3) $P(\chi^2 > c) = 0.01$ 인 c의 값

연습문제 해답

01

주어진 문제에서 모집단과 표본에 대한 정보를 얻으면 다음과 같다.

모집단 : $N=?, X=$ 공무원의 월소득 $\sim N(\mu=34,\ \sigma^2=3^2)$

표　본 : $n=9, \overline{X}=$ 공무원의 월평균소득 $\sim N\left(\mu=34,\ \dfrac{\sigma^2}{n}=\dfrac{9}{9}=1\right)$

02

$\chi^2=\dfrac{(n-1)s^2}{\sigma^2}\sim\chi^2(n-1)$ 이고 $n=15$이므로 자유도는 14이다. 따라서,

(1) 0.975

(2) 0.015

(3) $c=\chi^2_{0.01}(14)=29.14$

Chapter 09

심화문제

01

정규모집단으로부터 크기 15인 확률표본을 임의 추출하여 $t=\dfrac{\overline{X}-\mu}{s/\sqrt{n}}$ 인 통계량을 만들었을 때 다음을 구하라.

(1) $P(t> 2.145)$

(2) $P(-1.345 < t < 2.145)$

(3) $P(t> c)=0.01$ 인 c의 값

02

상호독립인 두 정규모집단으로부터 각각 크기 $n_1 = 9$, $n_2 = 16$ 의 확률표본을 임의 추출했다고 하자. 두 모집단의 분산이 같다면 $\dfrac{s_1^2}{s_2^2}$이 4를 넘을 확률을 구하라.

Chapter 10

구간추정 및 가설검정

추론

지금까지 우리는 어떤 모집단의 특성을 알고 있다는 전제하에 이로부터 추출된 표본의 특성을 분석하였다. 그러나 실제로는 모집단의 성격을 알지 못하는 경우가 대부분이므로 표본의 특성을 분석하여 그 특성으로부터 표본이 추출된 모집단의 특성값(모수)을 추론하게 된다. 이러한 문제를 통계적 추론(statistical inference)이라고 한다. 통계적 추론에는 추정과 가설검정이 있다. 추정(estimation)은 표본의 성격을 나타내는 통계량에 기초하여 모수에 대한 추론을 하는 통계적인 연구방법이며, 가설검정(hypothesis testing)은 모수에 대한 특정한 가설을 세워 놓고 표본에서 계산된 통계량을 기초로 이 가설의 채택여부를 판단하는 것이다. 추정에는 모수를 하나의 추정값으로 구하는 점추정(point estimation)과 모수의 존재범위를 일정구간으로 추정하는 구간추정(interval estimation)의 두 가지가 있다.

1 구간추정

일반적으로 점추정치는 모집단의 모수와 정확하게 일치하지 않으며 크고 작은 표본오차를 수반한다. 그러므로, 추정치가 갖는 이와 같은 표본오차의 범위에 대한 어떤 표시가 없이 단일의 점추정치만 가지고 모수를 추정하는 것은 큰 의미가 없는 경우가 많다. 따라서, 이와 같은 경우에는 일정한 확신을 가지고 모수가 포함되어 있으리라고 생각되는 구간을 택하여 모수를 추정하는 방법을 이용하고 있다. 이를 구간추정(interval estimation)이라 한다. **구간추정**

여기에서 분석의 목적에 따라 확신의 정도를 $100(1-\alpha)\%$로 주었을 때, 즉 오차를 α로 주었을 때, 모수를 포함할 가능성이 $100(1-\alpha)\%$인 구간을 잡으면 이러한 구간을 $100(1-\alpha)\%$의 신뢰구간(confidence interval)이라고 한다. 그리고 이때의 $100(1-\alpha)\%$를 신뢰수준(confidence level) 이라고 한다. 통계적 응용에 있어서 신뢰수준은 0.90, 0.95, 그리고 0.99가 일반적으로 사용된다.

이제 분산 σ^2이 알려져 있는 정규모집단의 경우를 예를 들어 평균에 대한 $100(1-\alpha)\%$ 신뢰구간을 구해보자. 모집단이 정규분포를 이루면 표본평균 $\overline{X}$가 $N(\mu, \frac{\sigma^2}{n})$ 분포를 따르므로

$$Z = \frac{(\overline{X}-\mu)}{\sigma/\sqrt{n}} \quad \sim N(0,1)$$

임을 앞에서 보았다.

신뢰수준이 $100(1-\alpha)\%$로 주어졌으므로 정규분포표로부터

$$P[-z_{\alpha/2} \le Z \le z_{\alpha/2}] = 1-\alpha$$

를 만족하는 확률 한계값 $\pm z_{\alpha/2}$ 를 결정하면 된다. 따라서,

$$P\left[-z_{\alpha/2} \le \frac{\overline{X}-\mu}{\sigma/\sqrt{n}} \le z_{\alpha/2}\right] = 1-\alpha$$

$$P\left[\overline{X}-z_{\alpha/2}\frac{\sigma}{\sqrt{n}} \le \mu \le \overline{X}+z_{\alpha/2}\frac{\sigma}{\sqrt{n}}\right] = 1-\alpha$$

와 같이 쓸 수 있다. 그러므로, 모평균 μ의 $100(1-\alpha)\%$ 신뢰구간은 이다.

$$\left(\overline{X} - z_{\alpha/2}\frac{\sigma}{\sqrt{n}},\quad \overline{X} + z_{\alpha/2}\frac{\sigma}{\sqrt{n}}\right)$$

이를 그림으로 나타내면 다음과 같다.

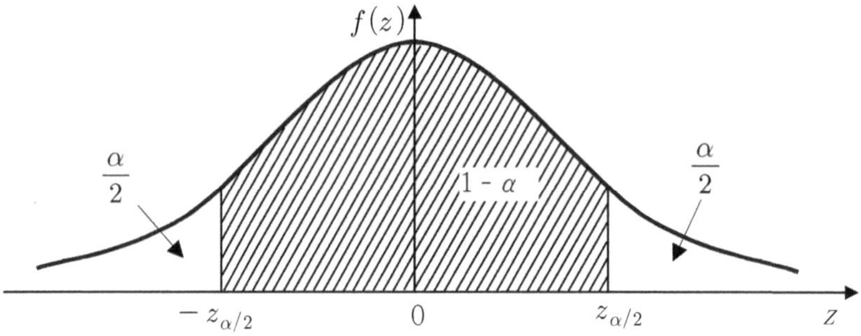

[그림 10-1] 모평균의 구간추정(모분산 σ^2을 아는 경우)

예제 10-1

교양교과목인 영어회화 수강생 20명을 임의로 추출했을 때 표본평균이 84.3점이었다. 모집단이 정규분포를 따르고 모분산이 225라고 할 때 모평균 μ의 95%신뢰구간을 구하라.

해설 $\alpha = 0.05$이고, 정규분포표로부터 $z_{\alpha/2} = z_{0.025} = 1.96$이다. 따라서, μ에 대한 95% 신뢰구간은 다음과 같다.

$$\left(84.3 - 1.96\frac{15}{\sqrt{20}},\quad 84.3 + 1.96\frac{15}{\sqrt{20}}\right) = (77.7,\ 90.9)$$

2 표본크기의 결정

지금까지는 표본의 크기 n이 주어졌을 때 모수에 대한 $100(1-\alpha)\%$ 신뢰구간을 구하는 방법을 살펴보았는데, 실제로 통계조사를 행하는 데 있어서는 신뢰구간의 폭이 작을수록 의사결정을 위한 정보로서의 가치가 크다.

신뢰구간의 폭은 신뢰수준을 낮추거나 표본의 크기를 크게 하면 작아진다. 그러나 신뢰수준을 낮추어 신뢰구간을 좁히는 방법은 위험수준을 증가시키므로 적절치 못하며,

표본의 크기를 증가시키는 것은 비용과 시간이 더 요구되므로 표본의 크기를 무한정 증가시킬 수도 없다. 따라서, 요구되는 신뢰수준과 허용될 수 있는 최대의 추정오차를 만족시키는 적절한 표본의 크기를 찾아내는 것이 중요하다.

먼저 평균에 대한 구간추정을 예로 들어 표본크기를 결정하는 문제를 설명하여보자. 모집단이 정규분포를 따르고 분산 σ^2가 알려져 있는 경우에는 모집단의 평균 μ에 대한 $100(1-\alpha)\%$의 신뢰구간은

$$\left(\overline{X}-z_{\alpha/2}\frac{\sigma}{\sqrt{n}},\quad \overline{X}+z_{\alpha/2}\frac{\sigma}{\sqrt{n}}\right)$$

이다. 따라서, 분석의 목적에 따라 추정오차의 상한이 d라고 주어지면

$$z_{\alpha/2}\frac{\sigma}{\sqrt{n}}\le d$$

가 성립하도록 n을 결정하여야 한다. 이를 풀면

$$n\ge\left(\frac{z_{\alpha/2}\cdot\sigma}{d}\right)^2$$

으로 주어진다.

예제 10-2

어떤 산업에 종사하는 종업원의 임금이 정규분포를 따르는데 표준편차가 50,000원이라고 한다. 이 산업 전체 종업원의 평균 임금을 95%의 신뢰수준에서 10,000원 이내의 오차로 추정하기 위해서는 얼마나 많은 표본이 필요한가?

해설 $\sigma=50{,}000,\ z_{\alpha/2}=z_{0.025}=1.96,\ d=10{,}000$ 이므로

$$n\ge\left(\frac{1.96\times50{,}000}{10{,}000}\right)^2=96.04$$

따라서, 97명 이상의 표본이 필요하다.

3 가설검정

3.1 가설검정의 원리

가설검정은 모집단의 특성에 대한 특정한 가설을 설정하고, 이 가설이 옳은지를 판단하기 위하여 표본으로부터 얻은 정보를 이용하는 것이다.

예를 들어서 어느 고등학교 졸업생의 수학능력시험 성적평균이 250점인데 새로운 교육방법의 도입으로 성적이 상승할 것이라는 주장이 제기되었다고 하자. 이에 대해 학교 당국은 새로운 주장이 근거 있는 제안이라고 판단하여 임의로 25명의 학생을 뽑아 새로운 교육방법을 적용하고 그들의 수학능력시험이 향상되었는가를 평가하기로 하였다고 하자.

새로운 교육방법을 적용받은 학생들의 표본평균을 계산하여 그 결과가 기존의 교육방법에서 예상되는 표본평균 250점과 차이가 크면 그 주장을 받아들이고, 큰 차이가 없으면 그 주장을 받아들일 수 없을 것이다. 물론 어느 정도의 차이가 새로운 주장을 받아들일 정도로 큰 차이냐 하는 것이 중요한 문제이다.

과거의 경험에 의해서 모집단 표준편차 σ가 40점이라고 하면, 표본의 크기가 25이므로 기존 교육방법 하에서 표본평균의 표준오차는 $\sigma_{\overline{X}} = \dfrac{40}{\sqrt{25}} = 8$점이 될 것이고, 표본평균의 분포는 다음 그림과 같이 될 것이다.

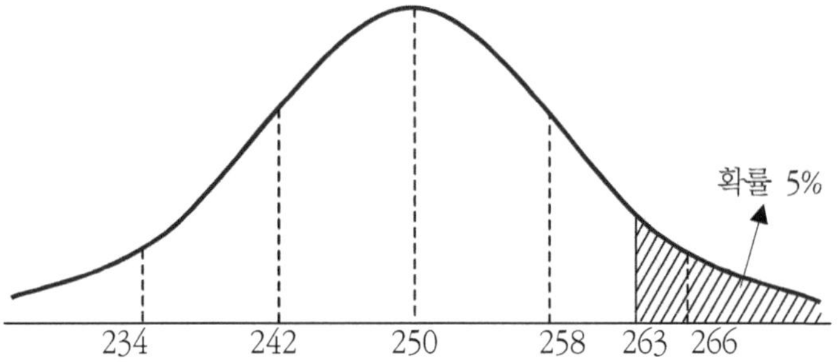

[그림 10-2] 기존 교육방법에서 표본평균의 분포

즉 표본평균은 대략 234점에서 266점까지 분포되는데 표준정규분포표를 참조하면 표본평균이 263점 이상일 확률은 5%에 불과하다. 이렇게 확률이 작다는 것은 무엇을 의미하는가? 이는 표본평균이 263점 이상으로 나올 확률은 희박하고, 만일 새로운 교육

방법을 적용하는 학생들의 성적평균이 263점 이상으로 나왔다면, 이는 기존의 교육방법으로는 이루기 힘들고, 따라서, 새로운 교육방법이 효과가 있다는 주장을 받아들일 수 있는 객관적인 근거가 되는 것이다. 만일 새로운 교육방법을 적용했는데, 성적평균이 263점 이하로 나왔다면 이는 기존의 교육 방법 하에서도 나올 수 있는 개연성이 크기 때문에 새로운 주장을 받아들일 수 있는 뚜렷한 근거는 되지 못한다. 물론 이렇게 하더라도 새로운 방법이 효과가 없음에도 불구하고 새로운 주장이 옳다고 판단할 가능성이 5%가 된다.

이와 같이 가설검정에서는 기존의 상황에서는 발생할 가능성이 희박한 표본평균의 어떤 수준을 정해 놓고, 표본평균이 그 수준을 벗어나면 새로운 주장을 받아들이는 체계를 갖고 있다.

3.2 귀무가설과 대립가설

위의 예에서는 다음과 같은 두 가지의 가설이 주장되고 있다. 하나는 '새로운 교육방법으로 성적이 향상되지 않는다($\mu = 250$)'는 가설이고, 다른 하나는 '새로운 교육방법으로 성적이 향상된다($\mu > 250$)'는 가설이다. 위의 두 가설을 수학적으로 나타내면, 첫 번째 가설은 'H_0: $\mu = 250$'으로, 두 번째 가설은 'H_1: $\mu > 250$'으로 나타낼 수 있다.

귀무가설
대립가설

여기에서 가설 H_0을 귀무가설(null hypothesis), H_1을 대립가설(alternative hypothesis)이라고 한다. 이 예에서 귀무가설 H_0은 새로운 교육방법을 적용해도 성적은 종래보다 눈에 띄게, 즉 유의하게(significantly) 상승하지 않았다는 것이다. 이는 기존상태로부터 변화나 혁신은 없으며 새로운 교육방법의 효과는 없다(무 = $null = 0$)는 것이다. H_0이 귀무가설이라는 이유가 여기에 있다. 반면에 대립가설은 기존상태로부터의 변화 또는 혁신이 있으며, 새로운 교육방법의 효과가 있다는 적극적이고 진취적인 주장을 나타낸다.

이에 따라 현재까지 주장되어온 것을 귀무가설로 두고 새로이 주장하고자 하는 가설을 대립가설로 두는 것이 보통이다. 일반적으로 종래의 주장을 폐기하고 새로운 주장을 받아들이고 싶어 하지만 기존의 사실을 쉽게 부정하기는 어렵다. 앞의 예에서 새로운 교육방법을 적용하기 위해서는 많은 비용이 요구되므로 새로운 교육방법이 바람직하다는 결론에 쉽게 도달하는 것은 위험한 태도라 할 수 있다. 따라서, 새로운 교육방법이 특별한 효과가 없다는 가설을 귀무가설로 하여 이 귀무가설에 대한 반증, 즉, 대립가설에 대한 확증이 자료를 통해 강력하게 뒷받침되지 않는 이상 귀무가설을 고수하는 태도가 바람직하다고 할 것이다.

3.3 기각역과 가설검정의 오류

이제 귀무가설을 채택(대립가설을 기각)하거나 귀무가설을 기각(대립가설을 채택)하는 구체적인 기준에 대하여 알아보자.

앞의 예를 직관적으로 볼 때 $\overline{X}$의 값이 250점보다 크면 클수록 새로운 교육방법이 효과가 있다는 주장을 좀 더 자신을 갖고 할 수 있으며, $\overline{X}$의 값이 250점에 가까워지거나 그 이하로 떨어질수록 새로운 교육방법이 바람직하다는 주장을 할 수 없을 것임을 알 수 있다. 따라서, $\overline{X}$의 값이 어느 값 이상이 되면 어느 정도의 오류를 범할 위험은 있지만, 그래도 귀무가설을 버리고 대립가설을 주장하는 것이 믿을 만하다고 객관적으로 말할 수 있을 것이다.

임계치

기각역

이렇게 $\overline{X}$가 어느 값 이상이면 H_0을 기각하기로 결정하였을 때, 그 기준이 되는 값을 임계치(critical value)라 하고, 그 임계치 이상이 되는 $\overline{X}$의 영역을 기각역(critical region)이라 하여 이를 흔히 C로 나타낸다.

우리는 가설검정을 수행할 때 두 가지 종류의 오류를 범할 수 있다.

제1종 오류

제2종 오류

그 중 'H_0이 참일 때 H_0을 잘못 기각할 확률'을 '제1종 오류'(type 1 error)라 하고, 'H_1이 참일 때 H_1을 잘못 기각하고 H_0을 채택할 확률'을 '제2종 오류'(type 2 error)라 한다. 제1종 오류는 α, 제2종 오류는 β로 나타낸다.

이들 오류를 표로 나타내면 다음과 같다.

〈표 10-1〉 가설검정에서의 2가지 오류

의사결정 \ 실제상태	귀무가설이 옳음	대립가설이 옳음
귀무가설 채택	옳은 결정	β-오류, 제2종 오류
귀무가설 기각	α-오류, 제1종 오류	옳은 결정

가설검정이 믿을 만한 것이 되려면 옳은 가설은 채택하고 그릇된 가설은 기각할 가능성이 높아야 한다. 이를 달리 표현하면 결국 가설검정의 원리란 오류 α와 β를 모두 최소화하고자 하는 것이라고 할 수 있다. 그러나 실제에 있어서 α와 β를 동시에 최소화할 수는 없다.

즉, 기각영역을 작게 잡는다면 귀무가설이 옳고 그름에 관계없이 귀무가설을 기각할 확률이 작아지므로 α는 감소하나 β는 증가한다. 반대로 기각영역을 크게 잡는다면 귀무가설이 옳고 그름에 관계없이 귀무가설을 기각할 확률이 커지므로 β는 감소하나 α는 증가하는 것이다. 따라서, 현실적인 방법은 이 중 어느 하나의 오류수준을 먼저 결정하고 그 제약 하에서 나머지 하나를 최소화시키는 것이다. 가설검정에 있어 기본적인 태도는 앞서도 언급한 바와 같이 확실한 증거가 없는 한 H_0을 기각하지 않는 것이므로 신중하게 관리해야 할 오류는 역시α라고 할 수 있다. 제1종 오류 α의 최대치를 통계학 용어로는 유의수준(significance level)이라고 부른다. **유의수준**

3.4 가설검정의 유의점

이상에서 살펴본 바와 같이 가설검정은 우선 검정하고자 하는 주장을 귀무가설 H_0과 대립가설 H_1로 설정한 후에 적합한 검정통계량 선택과 기각역을 결정하는 형식을 취한다. 이 때 기각역은 주어진 유의수준 α와 검정통계량의 확률분포를 이용하여 계산하며, 표본조사의 결과가 기각역에 포함되면 H_0을 기각하고 H_1를 채택한다. 그런데 여기서 주의해야할 점이 있다. 검정통계량의 확률분포를 이용하여 기각역을 결정할 때 반드시 귀무가설 H_0하에서의 확률분포를 이용해야 한다는 점이다. 그 이유는 유의수준 α의 의미가 H_0이 참일 때 검정통계량이 분포의 중심에서 멀리 떨어져서 발생할 확률을 나타내기 때문이다. 따라서, 가설검정 시 가장 중요한 것은 H_0이 참일 경우의 검정통계량의 확률분포이다. 실제로 어떤 가설검정의 경우에는 H_1하에서의 확률분포는 잘 정의되지 않거나 쉽게 계산할 수 없는 경우도 허다하다.

기각역과 관련하여 유의해야 할 또 하나의 문제는 통상적인 가설검정의 경우 의사결정은 다분히 흑백 논리적이라는 사실이다. 즉, 계산된 검정통계량의 값을 주어진 기각역과 비교하여 H_0을 기각하든가 혹은 채택하든가의 양자택일만이 존재한다.

그러나 H_0을 채택하는 결정을 내린다는 것은 H_0이 참이라는 것을 뜻하는 것은 아니다. 단지 그것이 의미하는 바는 주어진 자료에 의거해 볼 때 H_0이 틀렸다고는 확신하지 못한다는 것이다. 따라서, 'H_0를 채택한다.'라는 명제는 'H_0을 기각할 뚜렷한 근거가 없다.'라는 의미로 받아들이는 것이 바람직한 것이다.

3.5 가설검정의 순서

지금까지 가설검정에 대하여 전반적인 설명을 하였다. 지금까지 논의한 가설검정의 절차에 관하여 간략하게 요약하면 다음과 같다.

▸ 가설검정의 순서

(1) 귀무가설 H_0과 대립가설 H_1 설정
(2) 유의수준 α를 결정
(3) 검정통계량 선택
(4) 기각역을 계산
(5) 검정통계량 계산
(6) 판정

(1) 귀무가설 H_0과 대립가설 H_1 설정

가설검정의 첫 번째 단계는 모수의 값에 대한 가정을 하는 것이다. 앞의 예에서 새로운 교육방법을 도입해도 기존의 방법과 차이가 없어서 평균성적이 250점이라고 가정하면 귀무가설은 다음과 같다.

$$H_0: \ \mu = 250$$

이에 대하여 새로운 교육방법이 평균성적을 상승시킬 것이라는 대립가설은 다음과 같다.

$$H_1: \ \mu > 250$$

일반적으로 귀무가설 $H_0: \ \mu = \mu_o$에 대한 대립가설은 문제의 성격에 따라 다음 세 가지 경우가 있을 수 있다.

H_1: $\mu \neq \mu_o$

H_1: $\mu > \mu_o$

H_1: $\mu < \mu_o$

첫 번째의 대립가설은 표본조사의 결과가 너무 크거나 너무 작은 경우 모두 귀무가설을 기각해야 할 때 사용되는 형태로 기각역이 표본분포의 양쪽 끝에 나타나므로 이 경우의 검정을 양측검정(two-tailed test)이라 한다. 두 번째의 대립가설은 표본조사의 결과가 너무 클 때, 세 번째의 대립가설은 표본조사의 결과가 너무 작을 때 귀무가설을 기각하는 형태로 기각역이 표본분포의 오른쪽 혹은 왼쪽의 한쪽에만 나타나며 이러한 경우의 검정은 단측검정(one-tailed test)이라 한다.

양측검정

단측검정

가설형태에 따른 기각역의 구조는 다음 그림과 같다.

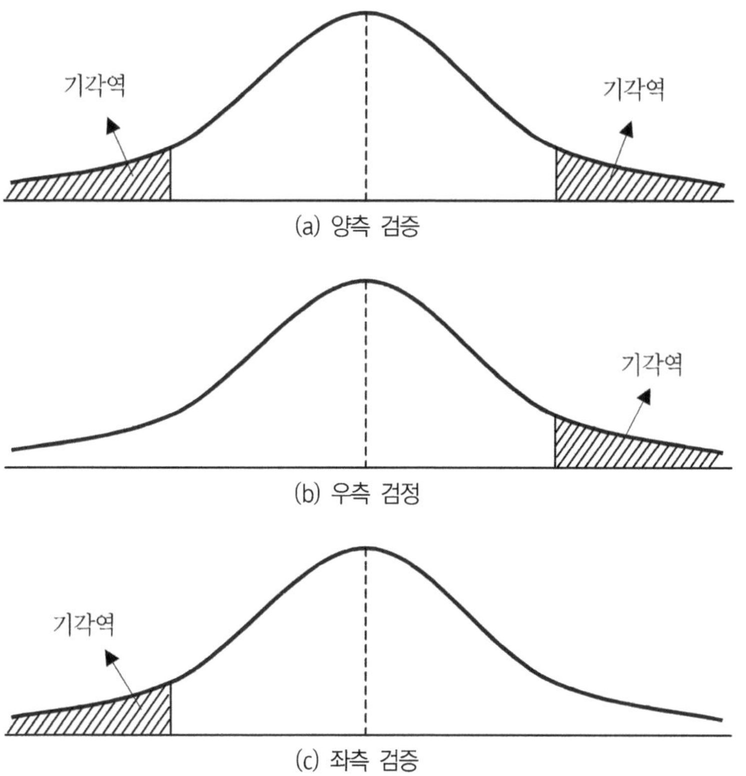

[그림 10-3] 가설형태에 따른 기각역

단순가설

또한 H_0: $\mu = \mu_o$ 과 같은 형태의 가설은 H_0이 참일 경우 모수의 값이 하나로 일정하게 주어지게 되므로 찾고자하는 모집단의 분포도 하나로 결정되는데 이러한 형태의 가설을 단순가설(simple hypothesis)이라 한다.

(2) 유의수준 α를 결정

문제의 성격에 따라 적절한 유의수준을 결정한다. 유의수준으로는 $\alpha = 0.01$, $\alpha = 0.05$, $\alpha = 0.1$이 흔히 사용된다.

(3) 검정통계량 선택

문제의 성격에 따라 적절한 검정통계량을 선택한다. 검정통계량이란 가설을 판정하기 위하여 사용하는 확률변수이며, 표본분포의 특성에 따라 결정된다.

(4) 기각역을 계산

유의수준이 결정되면 검정통계량의 확률분포로부터 임계치와 기각영역을 정한다.

(5) 검정통계량 계산

표본자료로부터 검정통계량의 값을 계산하고, 이 값이 기각영역 안의 값을 가지면 H_0을 기각, 그렇지 않으면 H_0을 채택한다.

(6) 판정

결과를 해석한다.

Chapter 10

연습문제

01 모표준편차가 8이라고 알려져 있는 정규모집단에서 크기 100인 표본을 임의 추출하여 관측한 결과 $\overline{X}=42.7$이었다. 모평균 μ에 대한 신뢰도 95%의 신뢰구간을 구하라.

02 전구의 평균수명 μ에 대한 추정의 90% 오차한계가 25시간 이내가 되도록 하려 한다. 주어진 자료에 의하면 $\overline{X}=1966.7$이고 $s=69.6$이라 할 때 필요한 표본크기를 구하라.

연습문제 해답

01

주어진 문제에서 모집단과 표본에 대한 정보를 획득하면 다음과 같다.

모집단 : $X \sim N(\mu, \ \sigma^2) = N(\mu, 8^2)$

표 본 : $n = 100, \ \overline{X} \sim N\left(\mu, \ \dfrac{\sigma^2}{n}\right) = N\left(\mu, \dfrac{8^2}{100}\right)$

신뢰수준 95%이면 $1 - \alpha = 0.95$이므로 $\alpha = 0.05$이고 $z_{\alpha/2} = z_{0.025} = 1.96$이 된다.

따라서,

$\overline{X} \pm z_{\alpha/2} \dfrac{\sigma}{\sqrt{n}} = 42.7 \pm (1.96)\left(\dfrac{8}{\sqrt{100}}\right)$

그러므로, 모평균 μ에 대한 95% 신뢰구간은 다음과 같다.

02

주어진 자료로부터 $\overline{X} = 1966.7, \ s = 69.6$이므로

$n \geq (1.645 \times 69.6 / 25)^2 = 20.9 \cdots$

따라서, 필요한 표본의 크기는 21개이다.

Chapter 10

심화문제

01 한 은행에서 초등학교 어린이들이 얼마만큼의 금액에 해당하는 액수를 예금하고 있는지 1인당 평균 예금액에 대하여 추정하고자 한다. 그러나 어린이 예금구좌가 너무 많아서 모두 다 조사할 수는 없다. 그런데 예금구좌에 나타난 표준편차는 160,000원이다. 만약 표본평균이 모평균으로부터 20,000원을 초과하지 않게 나타날 확률을 95%로 정하고자 한다면 표본 크기를 얼마로 결정하여 표본 추출해야 하는가?

02 한 화학약품공장의 하루 생산량은 표준편차가 $\sigma = 21$(톤)인 정규분포를 따른다고 한다. 이 공장에서 50일간 하루 생산량을 기록한 결과, 평균이 $\overline{X} = 871$(톤)이었다. 하루 생산량의 평균 μ에 대한 90% 신뢰구간을 구하라.

03 보건소에서 한 도시의 사람들 중 시력장애자의 비율 p를 추정하고자 한다. 95%의 확신을 갖고 추정오차가 0.05 이하이도록 하려 할 때, 필요한 표본크기를 구하라. 단, 다른 도시의 예로 보아 p는 약 0.3 근방이라고 예상된다.

Chapter 11

평균, 분산 및 비율에 관한 추론

1 평균에 관한 추론

1.1 모집단의 표준편차를 알고 있을 때의 검정과 추정

모평균 μ에 관한 추론은 표본평균 $\overline{X}$를 이용해서 한다. 모집단의 표주편다인 모분산 σ를 알고 있는 경우의 검정절차는 다음과 같다.

▸ 모평균의 검정(모집단의 표준편차 σ가 알려져 있을 때)

귀무가설 $H_0 : \mu = \mu_0$

검정통계량 : $Z = \dfrac{\overline{X} - \mu_0}{\sigma / \sqrt{n}}$

대립가설에 따른 기각역

$H_1 : \mu \neq \mu_o$ 일 때, $|Z| > z_{\alpha/2}$

$H_1 : \mu > \mu_o$ 일 때, $Z > z_\alpha$

$H_1 : \mu < \mu_o$ 일 때, $Z < -z_\alpha$

예제 11-1

음료수 알루미늄 용기를 생산하는데, 그 용기의 무게가 120g이며, 무게의 분포는 정규분포를 이룬다고 한다. 그러나 최근 음료수 제조업체로부터 알루미늄 용기의 무게가 120g이 아니라는 불만 사항이 접수되었다. 본사에서는 이를 확인하기 위하여 25개의 알루미늄 용기를 임의로 추출하여 평균을 조사해본 결과 122g이었다. 모집단의 분산은 16이라는 사실을 알고 있다. 유의수준 $\alpha = 0.05$ 일 때 이 회사 알루미늄 용기의 무게가 120g이라고 할 수 있는가를 검정하시오.

해설 알루미늄 무게의 분포가 정규분포이므로 $n = 25$ 일 때의 표본분포도 정규분포이며 $\overline{X} = 122$, $\sigma^2 = 16$ 이다.

Step 1 귀무가설 H_0 과 대립가설 H_1 설정

귀무가설 $H_0 : \mu = 120$

대립가설 $H_1 : \mu \neq 120$

Step 2 유의수준 α 를 결정

$\alpha = 0.05$

Step 3 검정통계량 선택

$$Z = \frac{\overline{X} - \mu_0}{\sigma / \sqrt{n}}$$

Step 4 기각역을 계산

$|Z| \geqq z_{0.025} = 1.96$, $Z > 1.96$ 또는 $Z < -1.96$

Step 5 검정통계량 계산

$$Z = \frac{\overline{X} - \mu_0}{\sigma / \sqrt{n}} = \frac{122 - 120}{4 / \sqrt{25}} = 2.5$$

Step 6 판정

$Z = 2.5 > 1.96$ 이기 때문에, 유의수준 5%에서 귀무가설 H_0를 기각한다. 그러므로, 알루미늄 용기의 평균 무게는 120g이라고 할 수 없다.

가설검정의 결론은 유의수준 α값을 얼마로 결정하느냐에 따라 달라짐을 알 수 있다. 예제 11-1에서 $\alpha = 0.01$ 으로 정하게 되면 기각영역은

$$|Z| \geq z_{0.005} = 2.576$$

이 되고, $Z = 2.5 < 2.576$ 이기 때문에, 귀무가설 H_0를 채택하는 결론을 내리게 된다. 이와 같이 미리 정해 놓은 유의수준 α값에 따라 결론이 달라질 수 있기 때문에 가설검정의 마지막 단계에서 유의수준 α값을 가설검정자가 스스로 결정하여 결론을 내릴

p-value 수 있도록 하는 방법이 유의확률 p 값(p-value)에 의한 가설 검정이다. 가설검정에서 p 값이란 $\mu = \mu_o$ 일 때 $\overline{X}$가 관측된 $\overline{X}$값 보다 기각영역의 극단에 위치할 확률을 의미한다. 즉, p 값은 귀무가설을 기각할 수 있는 최소한의 확률을 의미한다.

▸ p 값(p-value)을 이용한 가설검정

p 값 〈 유의수준 α → 귀무가설 H_0 기각

p 값 〉 유의수준 α → 귀무가설 H_0 채택

예제 11-2

예제 11-1을 유의확률 p값을 이용해 검정하시오.

해설 먼저 p값을 구하면

$$P\left(Z > \frac{122-120}{4/\sqrt{25}}\right) = P(Z > 2.5) = 1 - P(Z \leq 2.5)$$
$$= 1 - 0.9938 = 0.0062$$

가 된다. 여기서는 양측검정이므로 유의수준 $\frac{\alpha}{2}$ 값이 유의확률 p 값 0.0062보다 같거나 크면 귀무가설이 기각되고, 작으면 귀무가설이 채택된다. 즉, 이 경우에 $\alpha = 0.05$ 이면 귀무가설 H_0 는 기각되지만 $\alpha = 0.01$ 이면 귀무가설이 채택되게 된다.

모집단의 분산을 알고 있는 경우 모평균 μ의 $100 \times (1-\alpha)\%$ 신뢰구간은 다음과 같다.

▸ 모평균 μ의 $100(1-\alpha)$ % 신뢰구간

$$\left(\overline{X} - z_{\alpha/2} \cdot \frac{\sigma}{\sqrt{n}}, \overline{X} + z_{\alpha/2} \cdot \frac{\sigma}{\sqrt{n}}\right)$$

예제 11-3

예제 11-1의 알루미늄 용기 무게에 대한 모평균 μ 의 95%의 신뢰구간을 구하시오.

(해설) 모평균 μ의 95% 신뢰구간은

$$\overline{X} - z_{0.025} \cdot \frac{\sigma}{\sqrt{n}} \leqq \mu \leqq \overline{X} + z_{0.025} \cdot \frac{\sigma}{\sqrt{n}}$$

이다. 표준정규분포표에서

$$z_{\alpha/2} = z_{0.025} = 1.96$$

이다. 따라서, $\overline{X} = 122$, $n = 25$, $\sigma = 4$ 값을 위의 식에 대입하면

$$122 - 1.96 \cdot \frac{4}{\sqrt{25}} \leqq \mu \leqq 122 + 1.96 \cdot \frac{4}{\sqrt{25}}$$

이 된다. 위 식을 정리하여 알루미늄 용기의 무게에 대한 모평균 μ 의 95% 신뢰구간을 구하면

$$120.43 \leqq \mu \leqq 123.57$$

을 얻을 수 있다. 여기서 신뢰구간에 검정하고자 했던 $\mu = 120$ 이 포함되어 있지 않음을 알 수 있고 이는 유의수준 $\alpha = 0.05$ 에서 귀무가설이 기각됨을 의미한다.

1.2 대표본에서의 검정과 추정

일반적으로 표본의 수가 30보다 큰 경우(대표본)에는 가설 검정과 추정은 중심극한정리를 이용하여 Z 분포를 사용하고 표본의 수가 작은 경우(소표본)에는 t 분포를 사용한다. 모집단의 표준편차가 알려져 있지 않은 대표본의 경우에 모평균에 대한 가설검정 절차는 다음과 같다.

▸ 대표본에서의 모평균의 검정(모집단의 표준편차가 알려져 있지 않을 때)

귀무가설 $H_0 : \mu = \mu_0$

검정통계량 : $Z = \dfrac{\overline{X} - \mu_0}{s / \sqrt{n}}$

대립가설에 따른 기각역

$H_1 : \mu \neq \mu_o$ 일 때, $|Z| > z_{\alpha/2}$

$H_1 : \mu > \mu_o$ 일 때, $Z > z_{\alpha}$

$H_1 : \mu < \mu_o$ 일 때, $Z < -z_{\alpha}$

예제 **예제 11-4**

어느 전지회사에서 건전지의 수명을 연장할 수 있는 새로운 기술개발을 했다고 발표하였다. 이전의 제품의 평균 수명은 56시간이었다. 따라서, 신기술에 의한 건전지의 수명이 56시간 이상으로 연장되었는지 여부를 검정하려고 한다. 생산되는 건전지 중에서 40개의 표본을 임의로 추출하여 수명 시간을 측정한 자료이다. 유의수준 $\alpha = 0.05$ 에서 가설검정을 하시오.

54.7	58.9	60.3	53.4	60.6	54.1	53.2	56.9	58.7	70
50.1	56.4	57.8	57.9	61.3	56.4	56.2	57.7	56.6	58.6
59.8	57.6	54.3	52.1	56.2	57.4	58.9	59.7	60.5	62.6
66.7	58	54.3	61.5	59.8	61	71.3	54.3	56.2	59.6

해설 표본을 이용해 $n = 40$, $\overline{X} = 58.29$, $s = 4.26$ 를 얻었다.

Step 1 귀무가설 H_0 과 대립가설 H_1 설정

귀무가설 $H_0 : \mu = 56$

대립가설 $H_1 : \mu > 56$

Step 2 유의수준 α 를 결정

$\alpha = 0.05$

Step 3 검정통계량 선택

$$Z = \frac{\overline{X} - \mu_0}{s / \sqrt{n}}$$

Step 4 기각역을 계산

$Z > Z_{0.05} = 1.645$

Step 5 검정통계량 계산

$$Z = \frac{\overline{X} - \mu_0}{s / \sqrt{n}} = \frac{58.29 - 56}{4.26 / \sqrt{40}} = 3.40$$

Step 6 판정

$Z = 3.40 > 1.645$ 이기 때문에, 유의수준 5%에서 대립가설 H_1이 채택된다. 즉 신기술에 의해 생산된 건전지의 평균수명 시간이 증가했다

는 발표는 신빙성이 있다고 볼 수 있다.

위의 검정통계량을 이용해 유의확률 p 값을 구하면

$$P(Z > 3.40) = 1 - 0.9997 = 0.0003$$

이 된다. p값이 0.0003으로 α 값 0.05보다 작기 때문에 귀무가설이 기각되고 대립가설이 채택된다.

예제 11-5

예제 11-4에서 건전지의 평균수명 시간에 대한 95%의 신뢰구간을 구하라.

(해설) 모평균 μ의 95% 신뢰구간 공식은 다음과 같다.

$$\overline{X} - z_{0.025} \cdot \frac{s}{\sqrt{n}} \leq \mu \leq \overline{X} + z_{0.025} \cdot \frac{s}{\sqrt{n}}$$

표준정규분포 표에서

$z_{\alpha/2} = z_{0.025} = 1.96$ 이다.

따라서, $\overline{X} = 58.29$, $n = 40$, $s = 4.26$ 값을 대입하면

$58.29 - 1.96 \cdot \frac{4.26}{\sqrt{40}} \leq \mu \leq 58.29 + 1.96 \cdot \frac{4.26}{\sqrt{40}}$ 이 된다.

위의 식을 계산하여 건전지의 평균수명 시간에 대한 95% 신뢰구간을 구하면

$56.97 \leq \mu \leq 59.61$ 이다.

이제 예제 11-4와 예제 11-5를 엑셀을 이용해 풀어보도록 하자.

● 엑셀 연습…

Step 1 자료 입력 – [평균에 관한 추론]

	A	B
1	수명	
2	54.7	
3	58.9	
4	60.3	
5	53.4	
6	60.6	
7	54.1	
8	53.2	
9	56.9	
10	58.7	
11	70	
12	50.1	
13	56.4	
14	57.8	
15	57.9	
16	61.3	
17	56.4	
18	56.2	
19	57.7	
20	56.6	

Step 2 함수 입력

	A	B	C	D	E
1	수명				
2	54.7		자료의 수	40	
3	58.9		표준편차	4.256145	
4	60.3		검정값	56	
5	53.4		유의수준	0.05	
6	60.6				
7	54.1		평균	58.29	
8	53.2		검정통계량	3.402899	
9	56.9		양측기각치	1.959964	
10	58.7		우측기각치	1.644854	
11	70		좌측기각치	-1.64485	
12	50.1				
13	56.4		양측확률	0.000667	
14	57.8		우측확률	0.000333	
15	57.9		좌측확률	0.999667	
16	61.3				
17	56.4		신뢰도	0.95	
18	56.2		신뢰하한	56.97103	
19	57.7		신뢰상한	59.60897	
20	56.6				

여기서 각 셀에 들어갈 내용은 다음과 같다.

D2 = COUNT(A2:A41)

D3 = STDEV(A2:A41)

D4 = 56

D5 = 0.05

D7 = AVERAGE(A2:A41)

D8 = (D7-D4)/(D3/SQRT(D2))

D9 = NORMSINV(1-D5/2)

D10 = NORMSINV(1-D5)

D11 = NORMSINV(D5)

D13 = (1-NORMSDIST(ABS(D8)))*2

D14 = 1-NORMSDIST(D8)

D15 = NORMSDIST(D8)

D17 = 0.95

D18 = D7-ABS(NORMSINV((1-D17)/2))*D3/SQRT(D2)

D19 = D7+ABS(NORMSINV((1-D17)/2))*D3/SQRT(D2)

1.3 소표본에서의 검정과 추정

표본의 크기가 작은 경우($n < 30$)에는 가설검정과 추정에 t 분포를 이용하는데, 소표본에서의 가설검정 절차는 다음과 같다.

▸ 소표본에서 모평균의 검정

귀무가설 $H_0 : \mu = \mu_0$

검정통계량 $:t = \dfrac{\overline{X} - \mu_0}{s / \sqrt{n}}$

대립가설에 따른 기각역

$H_1 : \mu \neq \mu_o$ 일 때, $| t | > t_{\alpha/2}(n-1)$

$H_1 : \mu > \mu_o$ 일 때, $t > t_{\alpha}(n-1)$

$H_1 : \mu < \mu_o$ 일 때, $t < -t_{\alpha}(n-1)$

예제 11-6

A회사에서는 연구 개발을 통해 통조림에 함유되어 있는 부패방지용 첨가물의 용량을 획기적으로 감소시켰다고 발표하였다. 과거 통조림에 함유되어 있는 부패방지용 용량의 평균은 21.50이었다. 이 회사에서 생산되는 통조림 중에서 임의로 9개를 추출하여 부패방지용 함유량을 조사한 자료는 다음과 같다. 과연 신기술에 따라 부패방지용의 첨가물이 감소하였는지 유의수준 $\alpha = 0.05$ 에 의거하여 검정하라.

21.45, 20.99, 20.87, 21.01, 20.98, 21.34, 21.76, 20.99, 21.12

해설 표본을 이용해 $n = 9$, $\overline{X} = 21.17$, $s = 0.29$ 를 얻었다.

Step 1 귀무가설 H_0 과 대립가설 H_1 설정

귀무가설 $H_0 : \mu = 21.50$

대립가설 $H_1 : \mu < 21.50$

Step 2 유의수준 α 를 결정

$\alpha = 0.05$

Step 3 검정통계량 선택

$$t = \frac{\overline{X} - \mu_0}{s / \sqrt{n}}$$

Step 4 기각역을 계산

$$t < -t_{0.05}(8) = -1.860$$

Step 5 검정통계량 계산

$$t = \frac{\overline{X} - \mu_0}{s / \sqrt{n}} = \frac{21.17 - 21.5}{0.29 / \sqrt{9}} = -3.41$$

Step 6 판정

$t = -3.41 < -1.86$ 이기 때문에, 유의수준 5%에서 귀무가설이 기각되고 대립가설이 채택된다.

즉, 신기술에 의해서 통조림에 함유되어 있는 부패방지용의 용량이 감소했다는 이 회사의 발표는 유의수준 5%에서 신뢰성이 있다고 볼 수 있다.

위의 검정통계량을 이용해 유의확률 p 값을 구하면

$$P(t > 3.41) = 1 - 0.9954 = 0.0046$$

이 된다. p값이 0.0046으로 α값 0.05보다 작기 때문에 귀무가설이 기각되고 대립가설이 채택된다. 이 경우 p값이 0.0046이므로 유의수준을 0.01로 하더라도 귀무가설은 기각된다.

소표본에서의 모평균 μ의 $100(1-\alpha)\%$ 신뢰구간을 구하는 공식은 다음과 같다.

▸ **소표본에서 모평균 μ의 $100(1-\alpha)\%$ 신뢰구간**

$$\left(\overline{X} - t_{\alpha/2}(n-1)\cdot\frac{s}{\sqrt{n}},\ \overline{X} + t_{\alpha/2}(n-1)\cdot\frac{s}{\sqrt{n}}\right)$$

예제 11-7

예제 11-6에서 통조림에 함유되어 있는 부패방지용 첨가물 용량의 모평균 μ에 대한 95%신뢰구간을 구하라.

해설 t 분포표에서

$$t_{\alpha/2}(n-1) = t_{0.025}(8) = 2.306$$

이다. 따라서, $\overline{X} = 21.17$, $n = 9$, $s = 0.29$ 값을 대입하면

$$21.17 - 2.306 \cdot \frac{0.29}{\sqrt{9}} \leqq \mu \leqq 21.17 + 2.306 \cdot \frac{0.29}{\sqrt{9}}$$ 이 된다.

위의 식을 계산하여 통조림의 부패방지의 평균용량에 대한 95% 신뢰구간을 구하면

$20.95 \leqq \mu \leqq 21.39$ 이다.

1.4 모평균 차의 검정과 추정

두 모집단을 비교 연구하기 위한 목적은 두 모집단간의 유사성을 찾아내거나 차이를

측정하기 위함이다. 이때에 표본을 독립적으로 추출할 것인가 아니면 짝을 지워 추출할 것인가를 결정하여야 한다. 두 방법 중에서 표본의 오류가 작은 방법을 선택하여야 한다.

예를 들면 강북지역과 강남지역이 소득수준, 학력수준 등의 차이가 있는지 여부에 대한 가설을 검정하는 것이 두 모집단의 평균과 관련된 가설검정이다.

두 모집단의 평균의 차에 대해 가설을 검정하는 경우, 두 모집단의 분산 σ_1^2, σ_2^2이 알려져 있는지 여부와 표본의 크기에 따라 검정하는 방법이 다르다.

(1) 모집단의 분산을 알고 있는 경우

두 모집단이 각각 정규분포 $N(\mu_{1,}\sigma_1^2)$, $N(\mu_{2,}\sigma_2^2)$를 따르고, 각 모집단으로부터 임의로 추출한 표본의 크기가 n_1, n_2인 표본의 표본평균을 $\overline{X_1}$, $\overline{X_2}$라 할 때, 두 모집단의 분산 σ_1^2, σ_2^2이 알려져 있는 경우의 가설검정절차는 다음과 같다.

▸ 모평균의 차 $\mu_1 - \mu_2$ 에 관한 검정(두 모집단의 분산 σ_1^2, σ_2^2이 알려져 있는 경우)

귀무가설 $H_0 : \mu_1 = \mu_2$ 또는 $\mu_1 - \mu_2 = 0$

검정통계량 : $Z = \dfrac{(\overline{X_1} - \overline{X_2})}{\sqrt{\dfrac{\sigma_1^2}{n_1} + \dfrac{\sigma_2^2}{n_2}}}$

대립가설에 따른 기각역 :

$H_1 : \mu_1 \neq \mu_2$ 일 때, $|Z| > z_{\alpha/2}$

$H_1 : \mu_1 > \mu_2$ 일 때, $Z > z_\alpha$

$H_1 : \mu_1 < \mu_2$ 일 때, $Z < -z_\alpha$

예제 11-8

S 대학의 경영학부와 컴퓨터공학과의 신입생 전체를 대상으로 감성지수를 측정하여 다음과 같은 결과가 나왔다. 이 감성지수의 표준편차는 두 학과가 모두 $\sigma = 5$ 로 알려져 있다. 두 학과 학생들의 감성지수의 차이가 있는지를 유의수준 $\alpha = 0.05$ 에서 검정하시오.

경영학부 : $n_1 = 50$, $\overline{X_1} = 85$

컴퓨터공학과 : $n_2 = 40$, $\overline{X_2} = 83$

Step 1 귀무가설 H_0 과 대립가설 H_1 설정

귀무가설 : $H_0 : \mu_1 = \mu_2$

대립가설 : $H_1 : \mu_1 \neq \mu_2$

Step 2 유의수준 α 를 결정

$\alpha = 0.05$

Step 3 검정통계량 선택

$$Z = \frac{(\overline{X_1} - \overline{X_2})}{\sqrt{\frac{\sigma_1^2}{n_1} + \frac{\sigma_2^2}{n_2}}}$$

Step 4 기각역을 계산

$|Z| \geq z_{0.025} = 1.96$

Step 5 검정통계량 계산

$$Z = \frac{(\overline{X_1} - \overline{X_2})}{\sqrt{\frac{\sigma_1^2}{n_1} + \frac{\sigma_2^2}{n_2}}} = \frac{(85 - 83)}{\sqrt{\frac{5^2}{50} + \frac{5^2}{40}}} = 1.89$$

Step 6 판정

$Z = 1.89 < 1.96$ 이기 때문에, 유의수준 5%에서 귀무가설이 채택된다. 따라서, 두 학과 학생들의 감성지수는 차이가 없다고 할 수 있다.

두 모집단의 분포가 정규분포를 이루고 각각의 분산을 알고 있을 때에는 표본의 크기와 상관없이 두 모집단의 평균의 차에 대한 신뢰구간은 다음 공식에 의거하여 구할 수 있다.

▸ **모평균의 차 $\mu_1 - \mu_2$ 의 $100(1-\alpha)\%$ 신뢰구간**
(모집단의 분산이 알려져 있는 경우)

$$\left((\overline{X}_1 - \overline{X}_2) - z_{\alpha/2}\sqrt{\frac{\sigma_1^2}{n_1} + \frac{\sigma_2^2}{n_2}},\ (\overline{X}_1 - \overline{X}_2) + z_{\alpha/2}\sqrt{\frac{\sigma_1^2}{n_1} + \frac{\sigma_2^2}{n_2}}\right)$$

예제 11-9

예제 11-8에서 모평균의 차 $\mu_1 - \mu_2$ 에 대한 95%의 신뢰구간을 구하라.

해설 $z_{0.025}\sqrt{\frac{\sigma_1^2}{n_1}+\frac{\sigma_2^2}{n_2}}$ 의 값을 구해보자. 표준정규분포 표에서

$$z_{\alpha/2} = z_{0.025} = 1.96$$

이고, ${\sigma_1}^2 = {\sigma_2}^2 = 5^2$, $n_1 = 50$, $n_2 = 40$ 의 값을 대입해 계산하면

$$z_{0.025}\sqrt{\frac{\sigma_1^2}{n_1}+\frac{\sigma_2^2}{n_2}} = 1.96\sqrt{\frac{5^2}{50}+\frac{5^2}{40}} = 2.08$$

을 얻을 수 있다. $\overline{X_1} = 85$, $\overline{X_2} = 83$ 을 대입하면

$$(85-83) - 2.08 \leqq \mu_1 - \mu_2 \leqq (85-83) + 2.08$$ 이 된다.

위의 식을 계산하여 두 학과의 감성지수의 평균의 차에 대한 95% 신뢰구간을 구하면

$$-0.08 \leqq \mu_1 - \mu_2 \leqq 4.08$$ 이다.

(2) 대표본인 경우(모집단의 분산이 알려져 있지 않은 경우)

표본의 크기가 클 때에는 중심극한 정리에 의하여 두 모집단이 정규분포인가의 여부와 관계없이 $(\overline{X_1} - \overline{X_2})$ 의 표본분포는 정규분포를 따른다. 대표본인 경우 가설검정 절차는 다음과 같다.

▸ 모평균의 차 $\mu_1 - \mu_2$ 에 관한 검정
(두 모집단의 분산 σ_1^2, σ_2^2이 알려져 있지 않은 대표본의 경우)

귀무가설 $H_o : \mu_1 = \mu_2$ 또는 $\mu_1 - \mu_2 = 0$

검정통계량 : $Z = \dfrac{(\overline{X_1} - \overline{X_2})}{\sqrt{\dfrac{s_1^2}{n_1}+\dfrac{s_2^2}{n_2}}}$

대립가설에 따른 기각역

$H_1 : \mu_1 \neq \mu_2$ 일 때, $|Z| > z_{\alpha/2}$

$H_1 : \mu_1 > \mu_2$ 일 때, $Z > z_\alpha$

$H_1 : \mu_1 < \mu_2$ 일 때, $Z < -z_\alpha$

예제 11-10

우리나라의 지역별 소득수준의 차이를 조사하기 위해서 수도권 지역과 부산지역의 주민 40명의 월 평균 소득에 관한 자료는 다음과 같다. 두 지역의 월 평균 소득이 같은지 유의수준 $\alpha=$ 0.05에서 검정하라. (단위 : 만 원)

수도권 : $n_1 = 40$, $\overline{X}_1 = 190$, $s_1 = 15$

부　산 : $n_2 = 40$, $\overline{X}_2 = 185$, $s_2 = 15$

Step 1 귀무가설 H_0 과 대립가설 H_1 설정

귀무가설 $H_0 : \mu_1 = \mu_2$

대립가설 $H_1 : \mu_1 \neq \mu_2$

Step 2 유의수준 α를 결정

$\alpha = 0.05$

Step 3 검정통계량 선택

$$Z = \frac{(\overline{X_1} - \overline{X_2})}{\sqrt{\frac{s_1^2}{n_1} + \frac{s_2^2}{n_2}}}$$

Step 4 기각역을 계산

$|Z| \geq z_{0.025} = 1.96$

Step 5 검정통계량 계산

$$Z = \frac{(\overline{X_1} - \overline{X_2})}{\sqrt{\frac{s_1^2}{n_1} + \frac{s_2^2}{n_2}}}$$

$$= \frac{(190 - 185)}{\sqrt{\frac{15^2}{40} + \frac{15^2}{40}}}$$

$$= 1.49$$

Step 6 판정

$Z = 1.49 < 1.96$ 이기 때문에, 유의수준 5%에서 귀무가설이 채택된다. 따라서, 두 지역 주민의 월 소득 수준은 차이가 없다고 말할 수 있다.

모집단의 분산은 알려져 있지 않은 경우가 일반적이다. 그러나 표본이 클 경우에는 모집단의 분포의 형태와 관계없이 중심극한정리에 의하여 평균 차의 표본분포는 정규분포를 이룬다.

대표본에서 평균 차에 대한 신뢰구간은 다음과 같다.

▸ 대표본에서 $\mu_1 - \mu_2$ 의 $100(1-\alpha)\%$ 신뢰구간
(모집단의 분산이 알려져 있지 않은 경우)

$$(\overline{X_1} - \overline{X_2}) \pm z_{\alpha/2}\sqrt{\frac{s_1^2}{n_1} + \frac{s_2^2}{n_2}}$$

예제 11-11

S전지에서 생산한 건전지 중에서 임의로 150개를 추출하여 평균수명을 조사했더니 평균은 140시간, 분산은 144이었다. 또한 경쟁업체 K전지에서 건전지 200개를 표본으로 뽑아 수명을 조사한 결과 평균수명은 120시간, 분산은 100이었다. 두 업체의 건전지의 평균수명의 차에 대하여 99%신뢰구간을 구하라.

해설 $\overline{X_1} = 140$, ${s_1}^2 = 144$, $n_1 = 150$
$\overline{X_2} = 120$, ${s_2}^2 = 100$, $n_2 = 200$

$z_{\alpha/2} = z_{0.005} = 2.575$ 이므로

$$z_{\alpha/2}\sqrt{\frac{s_1^2}{n_1} + \frac{s_2^2}{n_2}} = 2.575\sqrt{\frac{144}{150} + \frac{100}{200}} = 2.575 \cdot 1.2083 = 3.1$$

$\mu_1 - \mu_2$ 의 99% 신뢰구간을 구하면

$(140 - 120) - 3.1 \leqq \mu_1 - \mu_2 \leqq (140 - 120) + 3.1$
$16.9 \leqq \mu_1 - \mu_2 \leqq 23.1$ 이 된다.

(3) 소표본인 경우(모집단의 분산이 알려져 있지 않은 경우 : 등분산 가정)

두 모집단의 분산을 모르는 경우에는 독립인 두 모집단이 정규분포이고 분산이 서로 동일하다는 가정 하에 t분포를 이용하여 두 모집단의 평균의 차이를 검정한다. 소표본일 경우 두 모집단의 평균의 차에 대한 가설검정 절차는 다음과 같다.

▸ 소표본에서 두 모집단 평균의 차 $\mu_1 - \mu_2$ 에 관한 검정
(모집단의 분산이 알려져 있지 않은 경우, 등분산 가정)

귀무가설 $H_0 : \mu_1 = \mu_2$

검정통계량 : $t = \dfrac{(\overline{X_1} - \overline{X_2})}{s_p\sqrt{\dfrac{1}{n_1} + \dfrac{1}{n_2}}}$

$$s_p = \sqrt{\frac{(n_1 - 1)s_1^{\,2} + (n_2 - 1)s_2^{\,2}}{n_1 + n_2 - 2}}$$

대립가설에 따른 기각역

$H_1 : \mu_1 \neq \mu_2$ 일 때, $|t| > t_{\alpha/2}(n_1 + n_2 - 2)$

$H_1 : \mu_1 > \mu_2$ 일 때, $t > t_\alpha(n_1 + n_2 - 2)$

$H_1 : \mu_1 < \mu_2$ 일 때, $t < -t_\alpha(n_1 + n_2 - 2)$

여기서 $s_p^{\,2}$는 합동분산(pooled or combined variance)이라고 한다.

예제 11-12

강북과 강남 지역의 학생들을 임의로 8명씩 선발하여 시험을 치른 점수가 다음과 같다. 두 지역 학생들의 성적은 서로 독립이고 분포는 각각 등분산 $N(\mu_1, \sigma^2)$, $N(\mu_2, \sigma^2)$ 를 따르는 것으로 알려져 있다. 두 지역 학생들의 성적에 차이가 있는지를 유의수준 $\alpha = 0.05$ 에서 검정하라.

강북지역 : 55, 52, 48, 50, 58, 51, 62, 50

강남지역 : 49, 50, 47, 45, 55, 49, 55, 51

해설 먼저 가설검정을 위해 필요한 $\overline{X_1}$, $\overline{X_2}$, $s_1^{\,2}$, $s_2^{\,2}$과 s_p를 계산하면 다음과 같다.

$n_1 = 8$, $n_2 = 8$, $\overline{X_1} = 53.25$, $\overline{X_2} = 50.125$,

$s_1^{\,2} = 22.5$, $s_2^{\,2} = 12.41$

$$s_p = \sqrt{\frac{(n_1 - 1)s_1{}^2 + (n_2 - 1)s_2{}^2}{n_1 + n_2 - 2}}$$

$$= \sqrt{\frac{(8-1)22.5 + (8-1)12.41}{8+8-2}}$$

$$= 4.178$$

Step 1 귀무가설 H_0 과 대립가설 H_1 설정

귀무가설 $H_0 : \mu_1 = \mu_2$

대립가설 $H_1 : \mu_1 \neq \mu_2$

Step 2 유의수준 α 를 결정

$\alpha = 0.05$

Step 3 검정통계량 선택

$$t = \frac{(\overline{X_1} - \overline{X_2})}{s_p\sqrt{\frac{1}{n_1} + \frac{1}{n_2}}}$$

$$s_p = \sqrt{\frac{(n_1 - 1)s_1{}^2 + (n_2 - 1)s_2{}^2}{n_1 + n_2 - 2}}$$

Step 4 기각역을 계산

$$|t| \geq t_{\alpha/2}(n_1 + n_2 - 2) = t_{0.025}(14) = 2.145$$

Step 5 검정통계량 계산

$$t = \frac{(\overline{X_1} - \overline{X_2})}{s_p\sqrt{\frac{1}{n_1} + \frac{1}{n_2}}}$$

$$= \frac{(53.25 - 50.125)}{4.178\sqrt{\frac{1}{8} + \frac{1}{8}}} = 1.496$$

Step 6 판정

$t = 1.496 < 2.145$ 이기 때문에, 유의수준 5%에서 귀무가설이 채택된다. 따라서, 유의수준 5%에서 두 지역 학생들의 성적은 차이가 없다

고 할 수 있다.

두 모집단의 분산의 값이 알려져 있지 않으나 두 모집단의 분산이 같다는 가정 하에서 표본의 크기가 작을 경우에는 두 표본평균의 차의 분포는 t 분포를 이룬다. 그러나 자유도는 각각의 표본에서 1을 뺀 $\nu = (n_1 + n_2 - 2)$ 가 된다. 소표본에서 두 표본평균의 차에 대한 신뢰구간을 구하는 공식은 다음과 같다.

▸ 소표본에서 $\mu_1 - \mu_2$ 의 $100(1-\alpha)\%$ 신뢰구간

$$(\overline{X_1} - \overline{X_2}) \pm t_{\alpha/2}(n_1 + n_2 - 2)s_p\sqrt{\frac{1}{n_1} + \frac{1}{n_2}}$$

$$s_p = \sqrt{\frac{(n_1 - 1)s_1^{\ 2} + (n_2 - 1)s_2^{\ 2}}{n_1 + n_2 - 2}}$$

이 문제를 엑셀의 분석도구를 이용해 풀어보도록 하자.

● 엑셀 연습 ··· [평균차에 관한 추론]

Step 1 자료 입력

강북과 강남의 성적 자료를 다음과 같이 입력한다.

	A	B	C
1	강북	강남	
2	55	49	
3	52	50	
4	48	47	
5	50	45	
6	58	55	
7	51	49	
8	62	55	
9	50	51	
10			

Step 2 [데이터] → [데이터 분석] 선택

Step 3 [통계 데이터 분석] 대화상자

[t-검정 : 등분산 가정 두 집단]을 선택한다.

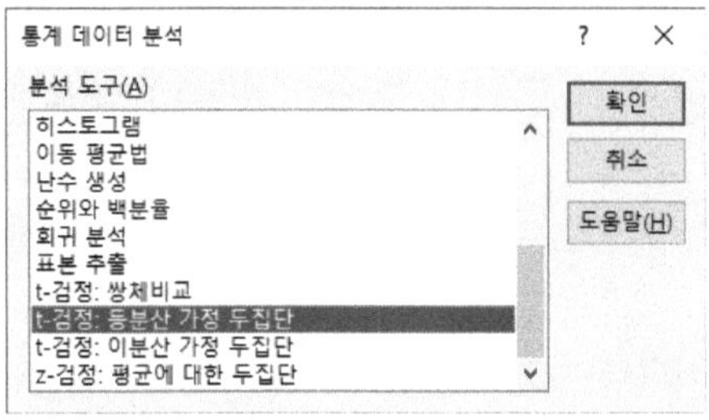

Step 4 [t-검정 : 등분산 가정 두 집단] 대화상자 입력

입력 1 입력 범위 → A1:A9

입력 2 입력 범위 → B1:B9

가설 평균차 → 0

첫째 행 이름표 사용 → 선택

출력 범위 → D1

입력이 완료되면 [확인] 단추를 누른다.

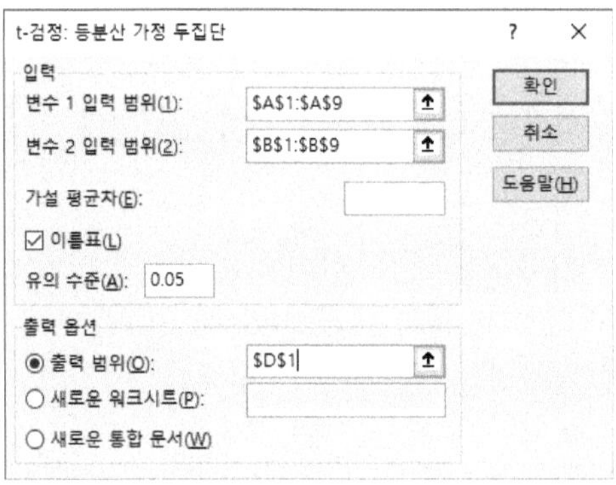

다음과 같은 출력이 나타난다.

	A	B	C	D	E	F	G
1	강북	강남		t-검정: 등분산 가정 두 집단			
2	55	49					
3	52	50			강북	강남	
4	48	47		평균	53.25	50.125	
5	50	45		분산	22.5	12.41071	
6	58	55		관측수	8	8	
7	51	49		공동(Pooled) 분산	17.45536		
8	62	55		가설 평균차	0		
9	50	51		자유도	14		
10				t 통계량	1.495945		
11				P(T<=t) 단측 검정	0.078434		
12				t 기각치 단측 검정	1.76131		
13				P(T<=t) 양측 검정	0.156868		
14				t 기각치 양측 검정	2.144787		
15							

예제 11-13

선박용 엔진을 두 종류의 기계를 이용해서 생산하는 회사에서, 기존의 A기계와 새로 도입한 B 기계의 작업시간에 대한 조사한 결과는 다음과 같다. 99%의 신뢰도로 두 기계의 평균 작업시간의 차를 추정하라. 단, 두 모집단이 정규분포를 이루고, 모집단의 분산이 동일하며 두 모집단은 서로 독립적이다.

A기계 : 55.4, 56.9, 60.1, 54.2, 51.3, 52.3, 50.9, 46.8, 50.1, 55.6, 53.4, 55.9, 57.8, 50.1, 49.9

B기계 : 46.2, 44.3, 41.8, 47.2, 50.3, 44.9, 43.8, 54.3, 43.2, 47.8, 46.5, 48.8

해설 $n_1 = 15,\ \overline{X_1} = 53.38,\ {s_1}^2 = 12.98$

$n_2 = 12,\ \overline{X_2} = 46.59,\ {s_2}^2 = 11.86$

$$s_p = \sqrt{\frac{(15-1)12.98 + (12-1)11.86}{15+12-2}} = 3.534$$

$$t_{\alpha/2}(n_1+n_2-2)\,s_p\sqrt{\frac{1}{n_1}+\frac{1}{n_2}}$$

$$= t_{0.005}(15+12-2)\,(3.534)\cdot\sqrt{\frac{1}{15}+\frac{1}{12}}$$

$$= 2.787 \cdot 3.534 \cdot 0.3873 = 3.815$$

두 기계의 평균 작업시간의 차의 99% 신뢰구간은 다음과 같다.

$$(53.38-46.59) - 3.815 \leqq \mu_1 - \mu_2 \leqq (53.38-46.59) + 3.815$$

$$2.975 \leqq \mu_1 - \mu_2 \leqq 10.605$$

이 문제는 직접 함수를 입력해 해를 구하는 과정과 엑셀의 [분석 도구]를 이용하는 방법 모두 실습해보자.

● 엑셀 연습…

Step 1 자료 입력

	A	B	C
1	A 기계	B 기계	
2	55.4	46.2	
3	56.9	44.3	
4	60.1	41.8	
5	54.2	47.2	
6	51.3	50.3	
7	52.3	44.9	
8	50.9	43.8	
9	46.8	54.3	
10	50.1	43.2	
11	55.6	47.8	
12	53.4	46.5	
13	55.9	48.8	
14	57.8		
15	50.1		
16	49.9		
17			

Step 2 함수 입력

	A	B	C	D	E	F	G
1	A 기계	B 기계			A 기계	B 기계	
2	55.4	46.2		표본수	15	12	
3	56.9	44.3		평균	53.38	46.59166667	
4	60.1	41.8		편차제곱합	181.684	130.4091667	
5	54.2	47.2		분산	12.97742857	11.85537879	
6	51.3	50.3		자유도	14	11	
7	52.3	44.9		표본평균차	6.788333333		
8	50.9	43.8		합동분산	12.48372667		
9	46.8	54.3		유의수준	0.01		
10	50.1	43.2		검정통계량	4.960727881		
11	55.6	47.8		양측기각치	2.787435814		
12	53.4	46.5		우측기각치	2.485107175		
13	55.9	48.8		좌측기각치	-2.485107175		
14	57.8			양측확률	4.12581E-05		
15	50.1			우측확률	2.06291E-05		
16	49.9			좌측확률	0.999979371		
17				99%신뢰하한	2.973964978		
18				99%신뢰상한	10.60270169		
19							

여기서 각 셀에 들어갈 내용은 다음과 같다.

E2 = COUNT(A2:A16) F2 = COUNT(B2:B13)

E3 = AVERAGE(A2:A16) F3 = AVERAGE(B2:B13)

E4 = DEVSQ(A2:A16) F4 = DEVSQ(B2:B13)

E5 = VAR(A2:A16) F5 = VAR(B2:B13)

E6 = E2-1 F6 = F2-1

E7 = E3-F3

E8 = (E5*E6+F5*F6)/(E6+F6)

E9 = 0.01

E10 = E7/SQRT((1/E2+1/F2)*E8)

E11 = TINV(E9,E6+F6)

E12 = TINV(2*E9,E6+F6)

E13 = -TINV(E9*2,E6+F6)

E14 = TDIST(ABS(E10),E6+F6,2)

E15 = IF(E10>0, TDIST(E10, E6+F6, 1), 1-TDIST(ABS(E10), E6+F6, 1))

E16 = IF(E10>0, 1-TDIST(ABS(E10), E6+F6, 1), TDIST(ABS(E10), E6+F6, 1))

E17 = E7-TINV(E9,E6+F6)*SQRT(E8*(1/E2+1/F2))

E18 = E7+TINV(E9,E6+F6)*SQRT(E8*(1/E2+1/F2))

이제는 간단하게 엑셀의 [분석 도구]를 이용하자.

Step 3 [데이터] → [데이터 분석] 선택

Step 4 [통계 데이터 분석] 대화상자

[t-검정 : 등분산 가정 두 집단]을 선택한다.

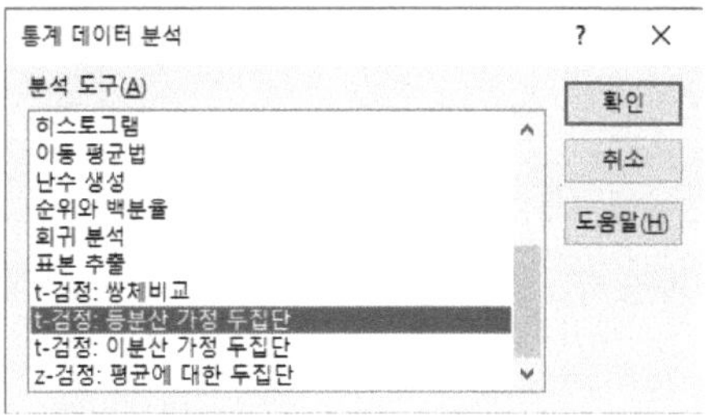

Step 5 [t-검정 : 등분산 가정 두 집단] 대화상자 입력

입력 1 입력 범위	→ A1:A16
입력 2 입력 범위	→ B1:B13
가설 평균차	→ 0
첫째 행 이름표 사용	→ 선택
유의 수준	→ 0.05
출력 범위	→ D2

입력이 완료되면 [확인] 단추를 누른다.

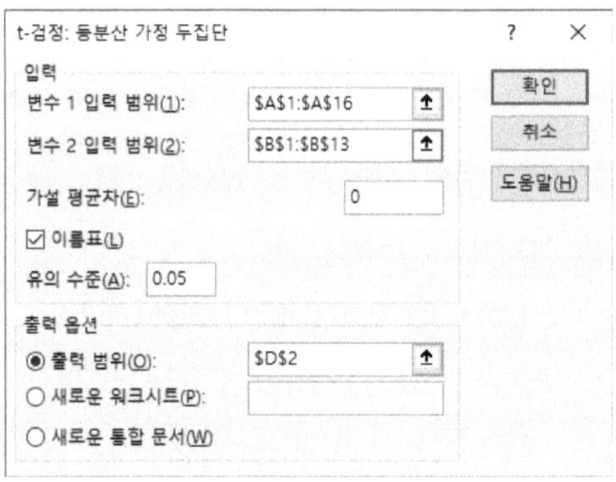

다음과 같은 출력이 나타난다.

	A	B	C	D	E	F	G
1	A 기계	B 기계					
2	55.4	46.2		t-검정: 등분산 가정 두 집단			
3	56.9	44.3					
4	60.1	41.8			A 기계	B 기계	
5	54.2	47.2		평균	53.38	46.59166667	
6	51.3	50.3		분산	12.97743	11.85537879	
7	52.3	44.9		관측수	15	12	
8	50.9	43.8		공동(Pooled) 분산	12.48373		
9	46.8	54.3		가설 평균차	0		
10	50.1	43.2		자유도	25		
11	55.6	47.8		t 통계량	4.960728		
12	53.4	46.5		P(T<=t) 단측 검정	2.06E-05		
13	55.9	48.8		t 기각치 단측 검정	1.708141		
14	57.8			P(T<=t) 양측 검정	4.13E-05		
15	50.1			t 기각치 양측 검정	2.059539		
16	49.9						

만일 등분산 가정을 하지 않았다면 **[분석 도구]**에서 위의 (Step 3)에서 **[t-검정 : 이분산 가정 두 집단]**을 선택한다.

2 분산에 관한 추론

2.1 하나의 모집단의 분산에 대한 추정과 검정

모집단이 정규분포이고 분산이 σ^2인 모집단에서 크기가 동일한 n개의 표본을 임의로 뽑으면

$$\frac{(n-1)s^2}{\sigma^2} = \chi^2(n-1)$$

이 되고, 여기서

$$s^2 = \frac{\sum_{i=1}^{n}(X_i - \overline{X})^2}{n-1}$$

이다. $\chi^2(n-1)$은 자유도가 $n-1$ 인 χ^2분포를 나타낸다.

모평균 μ가 알려져 있지 않은 경우에, 모분산 σ^2에 대한 신뢰구간을 구하는 공식은 다음과 같다.

▸ **분산 σ^2에 대한 $100(1-\alpha)\%$ 신뢰구간**
(모평균 μ가 알려져 있지 않은 경우)

$$\frac{(n-1)s^2}{\chi^2_{\alpha/2}(n-1)} \leq \sigma^2 \leq \frac{(n-1)s^2}{\chi^2_{1-\alpha/2}(n-1)}$$

예제 11-14

투자신탁에서 운영하고 있는 펀드의 지난 8년간 수익률이 다음과 같다. 수익률의 분포가 정규분포에 가깝다고 가정할 때 σ^2에 대한 90% 신뢰구간을 구하라.

연도별	1	2	3	4	5	6	7	8
수익률	7.6	8.5	3.4	4.9	9.8	8.5	-2.5	12.0

해설 $n = 8$, $s^2 = 20.50$

$\chi^2_{1-\alpha/2}(n-1) = \chi^2_{1-0.1/2}(8-1) = \chi^2_{0.95}(7) = 2.17$

$$\chi^2_{\alpha/2}(n-1) = \chi^2_{0.1/2}(8-1) = \chi^2_{0.05}(7) = 14.07$$

$$\frac{(n-1)s^2}{\chi^2_{1-\alpha/2}(n-1)} = \frac{(8-1)20.5}{2.17} = 66.13$$

$$\frac{(n-1)s^2}{\chi^2_{\alpha/2}(n-1)} = \frac{(8-1)20.5}{14.07} = 10.2$$

따라서, 펀드 수익률에 대한 분산의 90% 신뢰구간은

$10.2 \leqq \sigma^2 \leqq 66.13$ 이다.

분산에 대한 가설검정은 모집단의 평균에 대한 가설검정에서와 마찬가지로 양측검정과 단측검정을 할 수 있으며, χ^2분포를 이용한다. 모집단의 분산에 관한 가설검정절차는 다음과 같다.

▸분산 σ^2 검정

귀무가설 $H_0 : \sigma^2 = \sigma_0^2$

검정통계량 : $\chi^2 = \dfrac{(n-1)s^2}{\sigma^2}$

대립가설에 따른 기각역

$H_1 : \sigma^2 \neq \sigma_0^2$ 일 때, $\chi^2 < \chi^2_{1-\alpha/2}(n-1)$, $\chi^2 > \chi^2_{\alpha/2}(n-1)$

$H_1 : \sigma^2 > \sigma_0^2$ 일 때, $\chi^2 > \chi^2_{\alpha}(n-1)$

$H_1 : \sigma^2 < \sigma_0^2$ 일 때, $\chi^2 < \chi^2_{1-\alpha}(n-1)$

예제 11-15

자동화 공장의 생산라인에서 생산되는 실린더의 지름은 약간의 기술적인 오차는 허용하지만, 지름의 표준편차가 1.2mm를 상회하면 생산공정에 이상이 있는 것으로 판정된다. 어느 날 생산라인에서 생산된 16개의 실린더를 임의로 추출하여 분석한 결과는 다음과 같다. 이 생산공정에 이상이 있는지 여부를 유의수준 $\alpha = 0.05$ 에서 검정하라.

31, 33, 31, 33, 35, 32, 31, 35, 35, 32, 35, 32, 32, 31, 35, 33

해설 $\sigma^2 = 1.44 \quad s^2 = 2.65$

Step 1 귀무가설 H_0 과 대립가설 H_1 설정

귀무가설 $H_0 : \sigma^2 = 1.44$

대립가설 $H_1 : \sigma^2 > 1.44$

Step 2 유의수준 α 를 결정

$\alpha = 0.05$

Step 3 검정통계량 선택

$$\chi^2 = \frac{(n-1)s^2}{\sigma^2}$$

Step 4 기각역을 계산

$$\chi^2 \geqq \chi^2_\alpha(n-1) = \chi^2_{0.05}(16-1) = 25$$

Step 5 검정통계량 계산

$$\chi^2 = \frac{(n-1)s^2}{\sigma^2} = \frac{(16-1)2.65}{1.44} = 27.60$$

Step 6 판정

$\chi^2 = 27.60 > 25$ 이기 때문에, 유의수준 5%에서 귀무가설이 기각되고 대립가설이 채택된다. 따라서, 실린더 생산공정에 이상이 있다고 할 수 있다.

2.2 두 모집단의 분산에 대한 추정과 검정

두 모집단에 분산의 비율 σ_1^2/σ_2^2에 대한 추정과 검정에는 F 분포를 이용한다. F 분포는 연속확률분포로서 두 개의 자유도를 갖고 있는데 이를 ν_1과 ν_2로 표시한다. $F_\alpha(\nu_1, \nu_2)$는 분자자유도가 ν_1이고, 분모자유도가 ν_2인 F 분포의 $100 \times (1-\alpha)$ 백분위수를 나타낸다. 예를 들어 $F_{0.05}(4, 5) = 5.19$ 이다. 이 값은 $F(4, 5)$ 값이 5.19보다 작거나 같을 확률이 0.95임을 의미한다. 또한 F 분포는 다음과 같은 관계를 갖고 있다.

$$F_{1-\alpha}(\nu_1, \nu_2) = \frac{1}{F_{\alpha}(\nu_2, \nu_1)}$$

분산이 σ_1^2과 σ_2^2인 두 정규모집단에서 각각 n_1개와 n_2개의 표본을 독립적으로 추출하면

$$\frac{s_1^2/\sigma_1^2}{s_2^2/\sigma_2^2} = F(n_1 - 1,\ n_2 - 1)$$

이 된다.

F 분포의 백분위수의 정의에 따라 정리하면 두 모집단의 분산비 σ_1^2/σ_2^2 에 대한 신뢰구간은 다음과 같다.

▸ 두 모집단의 분산비 σ_1^2/σ_2^2에 대한 $100(1-\alpha)\%$ 신뢰구간

$$\left(\frac{1}{F_{\alpha/2}(n_1 - 1,\ n_2 - 1)} \frac{s_1^2}{s_2^2},\ F_{\alpha/2}(n_2 - 1,\ n_1 - 1)\frac{s_1^2}{s_2^2} \right)$$

예제 11-16

중소기업에 근무하고 있는 종업원들의 월급을 A, B 두 지역으로 구분하여 조사한 결과는 다음과 같다. 각 지역의 월급이 정규분포를 따른다고 할 때 σ_1^2/σ_2^2에 대한 90% 신뢰구간을 구하라.

A지역 : $n_1 = 8$, $s_1^2 = 82.3$

B지역 : $n_2 = 10$, $s_2^2 = 68.7$

해설 $\alpha = 0.1$ 의 값과 위의 수치를 대입하면

$$\frac{1}{F_{\alpha/2}(n_1 - 1,\ n_2 - 1)} \frac{s_1^2}{s_2^2} = \frac{1}{F_{0.05}(7, 9)} \cdot \frac{82.3}{68.7}$$

$$= \frac{1}{3.29} \cdot (1.198)$$

$$= 0.364$$

$$F_{\alpha/2}(n_2 - 1,\ n_1 - 1)\frac{{s_1}^2}{{s_2}^2} = F_{0.05}(9, 7) \cdot (1.198) \quad = 3.68 \cdot 1.198 = 4.41$$

분산비 σ_1^2/σ_2^2에 대한 90% 신뢰구간을 구하면

$$0.364 \le \frac{{\sigma_1}^2}{{\sigma_2}^2} \le 4.41$$ 이 된다.

두 모집단의 분산비 σ_1^2/σ_2^2에 대한 검정절차는 다음과 같다.

▸두 모집단의 분산비 σ_1^2/σ_2^2에 대한 검정

귀무가설 $H_0 : \sigma_1^2 = \sigma_2^2$

검정통계량 : $F = \dfrac{s_1^2}{s_2^2}$

대립가설에 따른 기각역

$H_1 : \sigma_1^2 \ne \sigma_2^2$ 일 때, $F > F_{\alpha/2}(n_1 - 1,\ n_2 - 1)$

$F < F_{1-\alpha/2}(n_1 - 1,\ n_2 - 1)$

$H_1 : \sigma_1^2 > \sigma_2^2$ 일 때, $F > F_{\alpha}(n_1 - 1,\ n_2 - 1)$

$H_1 : \sigma_1^2 < \sigma_2^2$ 일 때, $F < F_{1-\alpha}(n_1 - 1,\ n_2 - 1)$

예제 11-17

입시학원에서는 재수생의 수능성적의 편차가 재학생 보다 더 클 것이라는 판단 하에 실제로 각각의 대상 학생들을 선발하여 시험을 보고, 두 집단의 성적분포는 정규분포를 나타내고 있음을 알았다. 재학생 중에서 7명을 선발하고, 재수생 중에서 9명을 선발해 각각의 성적에 대한 분산을 조사하여본 결과 재학생의 분산은 9.0이고, 재수생의 분산은 19.8이었다. 재수생이 재학생보다 성적편차가 더 큰지 유의수준 $\alpha = 0.05$에서 검정하시오.

재수생 : $s_1^2 = 19.8,\ n_1 = 9$

재학생 : $s_2^2 = 9.0,\ n_2 = 7$

Step 1 귀무가설 H_0 과 대립가설 H_1 설정

귀무가설 $H_0 : \sigma_1^2 = \sigma_2^2$

대립가설 $H_1 : \sigma_1^2 > \sigma_2^2$

Step 2 유의수준 α를 결정

$$\alpha = 0.05$$

Step 3 검정통계량 선택

$$F = \frac{s_1^2}{s_2^2}$$

Step 4 기각역을 계산

$$F \geqq F_\alpha(n_1 - 1,\ n_2 - 1) = F_{0.05}(8, 6) = 4.15$$

Step 5 검정통계량 계산

$$F = \frac{s_1^2}{s_2^2} = \frac{19.8}{9.0} = 2.2$$

Step 6 판정

$F = 2.2 < 4.15$ 이기 때문에, 유의수준 5%에서 귀무가설이 채택된다. 따라서, 재수생의 성적 편차가 재학생의 성적편차보다 크다고 할 수 없다.

3 비율에 관한 추론

크기가 n인 표본에서 특정 후보를 지지하는 유권자의 수를 X라 하고, 지지율을 p라 하면 X는 이항분포 $B(n,\ p)$를 따른다. 이때의 비율 p의 추정량으로 표본비율

$$\hat{p} = \frac{X}{n}$$

는 표본의 크기 n이 충분히 클 때($np > 5$), X의 분포는 근사적으로 정규분포 $N(np,\ np(1-p))$ 에 가깝다. 그러므로,

$$Z = \frac{X - np}{\sqrt{n\hat{p}(1-\hat{p})}} = \frac{\hat{p} - p}{\sqrt{\frac{\hat{p}(1-\hat{p})}{n}}}$$

은 근사적으로 표준정규분포를 따른다. 그러므로, 비율 p의 신뢰구간은 다음과 같다.

▸ 비율 p의 $100(1-\alpha)\%$ 신뢰구간

$$\left(\hat{p} - z_{\alpha/2}\sqrt{\frac{\hat{p}(1-\hat{p})}{n}},\ \hat{p} + z_{\alpha/2}\sqrt{\frac{\hat{p}(1-\hat{p})}{n}}\right)$$

예제 **예제 11-18**

통계청은 상반기 전국의 실업률이 6.7%라고 발표하였다. 시민단체에서 160명을 임의로 추출하여 조사한 결과 10명의 응답자가 실직자라고 응답하였다. 실업률 p에 대한 95%의 신뢰구간을 구하라.

해설 $n = 160,\ X = 10\ ,\ \hat{p} = \frac{10}{160} = 0.0625$

$$\sqrt{\frac{\hat{p}(1-\hat{p})}{n}} = \sqrt{\frac{0.0625(1-0.0625)}{160}} = 0.0191$$ 이다.

p의 95% 신뢰구간은

$$\left(\hat{p} - z_{0.025}\sqrt{\frac{\hat{p}(1-\hat{p})}{n}},\ \hat{p} + z_{0.025}\sqrt{\frac{\hat{p}(1-\hat{p})}{n}}\ \right)$$

이므로, $\hat{p} = 0.0625$ 값을 대입하면

$$\hat{p} \pm z_{0.025}\sqrt{\frac{\hat{p}(1-\hat{p})}{n}} = 0.0625 \pm (1.96)(0.0191)$$
$$= 0.0625 \pm 0.0374$$

그러므로, 실업률 p의 95% 신뢰구간은 2.51%에서 9.99% 사이이다.

대표본에서 비율 p에 대한 검정절차는 다음과 같다.

▸ 대표본에서 비율의 검정

귀무가설 $H_0 : p = p_o$

검정통계량 : $Z = \dfrac{\hat{p} - p_o}{\sqrt{p_o(1-p_o)/n}}$

대립가설에 따른 기각역

$H_1 : p \neq p_o$ 일 때, $|Z| > z_{\alpha/2}$

$H_1 : p > p_o$ 일 때, $Z > z_\alpha$

$H_1 : p < p_o$ 일 때, $Z < -z_\alpha$

예제 **예제 11-19**

포털사이트를 운영하고 있는 회사가 새로운 검색시스템 도입을 고려하고 있다. 만약 사용자 중에서 최소한 60% 이상이 새로운 검색시스템을 선호한다면 바꿀 예정이다. 사용자 중에서 120명을 선택하여 조사한 결과 79명이 새로운 검색시스템을 선호하였다. $\alpha = 0.05$ 에서 검정하여라.

해설 $\hat{p} = \dfrac{79}{120} = 0.6583$

Step 1 귀무가설 H_0 과 대립가설 H_1 설정

귀무가설 $H_0 : p = 0.6$

대립가설 $H_1 : p > 0.6$

Step 2 유의수준 α를 결정

$\alpha = 0.05$

Step 3 검정통계량 선택

$$Z = \frac{\hat{p} - p_o}{\sqrt{p_o(1-p_o)/n}}$$

Step 4 기각역을 계산

$Z > z_{0.05} = 1.645$

Step 5 검정통계량 계산

$$Z = \frac{\hat{p} - p_o}{\sqrt{p_o(1-p_o)/n}}$$

$$= \frac{0.6583 - 0.6}{\sqrt{0.6(1-0.6)/120}}$$

$$= 1.304$$

Step 6 판정

$Z = 1.304 < 1.645$ 이기 때문에, 유의수준 5%에서 귀무가설이 채택된다. 검색엔진을 사용하는 사용자들 중에서 최소한 60% 이상이 새로운 검색엔진 시스템을 선호한다는 대립가설은 기각된다.

이 문제를 엑셀을 이용해 풀어보도록 하자.

● 엑셀 연습 ···

Step 1 자료 입력

	A	B	C	D
1	자료의 수	120		
2	찬성	79		
3				
4				
5				

Step 2 함수 입력

	A	B	C	D
1	자료의 수	120		
2	찬성	79		
3	반대	41		
4	비율	0.658333		
5	가설 값	0.6		
6	유의수준	0.05		
7	검정통계량	1.304373		
8	p(x>0.6)	0.096053		
9	p(x<0.6)	0.903947		
10	우측기각치	1.644854		
11	우측확률	0.096053		
12				
13				

여기서 각 셀에 들어갈 내용은 다음과 같다.

B3 = B1-B2

B4 = B2/B1

B5 = 0.6

B6 = 0.05

B7 = (B4-B5)/SQRT((B5*(1-B5))/120)

B8 = 1-NORMSDIST(B7)

B9 = NORMSDIST(B7)

B10 = NORMSINV(1-B6)

B11 - 1-NORMSDIST(B7)

Chapter 11

연습문제

01

자전거를 생산하는 어떤 업체에서 하루 평균 자전거 생산량을 조사하려고한다. 과거 121일간의 하루 생산량의 평균과 표준편차를 계산하였더니 $\overline{X} = 500$대, $s = 110$대였다. 평균 생산량 μ에 대한 90%의 신뢰구간을 구하라. 단 일일 자전거 생산량은 정규분포를 따른다고 한다.

02

국회의원 선거기간 중에 한 후보가 자신의 지역구의 전체 유권자를 모집단으로 하여 $n = 112$의 확률표본을 추출하여 그 중에서 자신을 지지하는 유권자의 수 $X = 59$를 얻었다. 여기서 표본비율 $\hat{p} = \dfrac{X}{n} = \dfrac{59}{112} = 0.527$을 가지고 비율 p에 대한 95% 신뢰구간을 구하라. 이 후보는 선거에서 이길 것을 확신할 수 있겠는가?

03

두 공장 A, B에서 생산하는 동일제품에 대한 평균무게의 차를 추정하기 위해 다음과 같은 중간조사 결과를 얻었다. 두 공장 A, B에서 생산되는 제품의 실제 평균무게의 차에 대한 95% 신뢰구간을 구하라. 단, 제품의 무게는 정규분포를 따른다.

공장	표본크기	표본평균	모분산
A	36	22g	10g
B	49	20g	10g

04 동일한 강철에 대한 닉켈 함유량을 두 가지 방법으로 검출하였던 바, 표본크기, 평균, 분산은 다음과 같았다.

$$n_1 = 50,\ \overline{X_1} = 3.298,\ s_1^2 = 0.000035$$

$$n_2 = 50,\ \overline{X_2} = 3.255,\ s_2^2 = 0.000093$$

이 두 방법의 평균 차에 대한 신뢰도 95%의 신뢰구간을 추정하라. 단, 모집단은 정규분포를 따른다.

05 강북지역의 A 고등학교와 강남지역의 B 고등학교의 영어 성적을 비교하기 위하여 각 학교에서 50명씩을 임의로 뽑아 같은 영어시험을 시행한 결과 다음과 같은 자료를 얻었다.

A 고등학교 : $n_1 = 50,\ \overline{X_1} = 75.0,\ s_1^2 = 80$

B 고등학교 : $n_2 = 50,\ \overline{X_2} = 71.2,\ s_2^2 = 100$

영어성적의 평균 차 $\mu_1 - \mu_2$에 대한 95% 신뢰구간을 구하라. 단, 각 학교의 영어성적은 정규분포를 따른다고 한다.

06

어떤 회사에서 생산하는 낚시줄의 장력은 평균이 36.50 파운드이고 표준편차가 6.02 파운드인 정규분포를 따른다고 한다. 이 회사는 낚시줄의 장력을 개선하기 위해 신기술을 도입하였다. 생산된 신제품 중에서 49개의 표본을 임의 추출하여 평균을 계산한 결과 39.08 파운드였다. 다음 내용을 유의수준 5%에서 검정하라.

(1) 신기술 도입 후 생산된 제품은 종전 제품과 차이가 있다.

(2) 신기술 도입 후 생산된 제품은 종전 제품보다 개선되었다.

(3) 신기술 도입 후 생산된 제품은 종전 제품보다 못하다.

07

어느 공장에서 생산되는 A제품의 평균 무게는 4kg이라고 한다. 여기서 10개를 임의 추출하여 그 무게를 측량한 바 다음과 같았다.

3.72,	3.61,	3.96,	4.03,	3.56,	3.90,	3.67,	4.10,	3.85,	3.80

이 제품의 모평균은 4kg이라고 할 수 있는지를 유의수준 5%로 검정하라. 단, 제품의 무게는 정규분포를 따른다고 하자.

08

어떤 연구자는 도시와 농촌의 중학교 3학년 학생들의 수학 학력을 비교하려고 한다. 도시와 농촌에서 중학교 3학년 학생을 각각 100명씩 임의로 추출하여 조사한 결과 평균 점수는 각각 71점, 73점이었다. 검사요강에 다르면 모집단의 표준편차는 도시와 농촌의 경우가 동일하게 10점이었다고 한다. 이 결과를 가지고 도시 학생과 농촌 학생의 수학 학력에는 차이가 있다고 볼 수 있는가를 유의수준 5%에서 검정하라.

09

우리나라 전체 인구 중에서 20세에서 24세까지 해당하는 젊은 여성들의 허리둘레가 얼마나 되는지 궁금하여 3,600명을 단순무작위로 표본 추출하였더니 표본에서 나타난 허리둘레는 평균 65.3cm이다. 그러면 우리나라 전체 젊은 여성층 허리둘레의 평균이 얼마나 되는지 95%를 신뢰계수로 구간 추정하라. 단, 모표준편차 σ는 4.8이라고 한다.

10

성인 남성들이 하루를 생활하면서 얼마나 걸음걸이를 걷는지 알아보기 위하여 9명에게 만 보기를 달아서 1일 걸음걸이 수를 조사하였더니 평균 보행수가 5,200보이고, 표본분산은 22,500이다. 성인들이 일상생활을 하면서 걷는 걸음걸이 수는 정규분포로 알려져 있다 그러면 전체 성인남성들의 1일 평균 걸음걸이 횟수는 얼마나 되는지 90%의 신뢰구간을 구하라.

11

대기업에서 근무하는 근로자 평균임금과 중소기업에서 근무하는 근로자 평균임금의 차이가 얼마나 되는지 추정하기 위하여 대기업에서 근로자 100명을 중소기업에서 근로자 100명을 표본 추출하여 다음과 같은 조사결과를 얻었다.

	표본크기(n)	평균임금(만 원)	표준편차
대기업 근로자	100	150	15
중소기업 근로자	100	130	20

두 모집단에서 모평균 차이가 어느 정도인지 95%의 신뢰계수로 구간 추정하라.

12

우리나라에서 무더위가 맹위를 떨치는 30일간 삼복더위 기간 중 중복인 날에 최고 기온은 평균 33도라고 한다. 이것을 확인하기 위하여 16년 동안 조사한 결과 중복인 날에 최고 기온의 평균이 31도이고 분산이 36이다. 이러한 조사결과로부터 중복인 날에 있어서 최고 기온 평균이 33도라는 가설을 유의수준을 10%로 할 때 검정하라.

13

36개의 대학의 4학년 학생들의 평균 학점에 대한 평균과 표준편차는 각각 2.6과 0.3으로 계산된다.

(1) 전체 4학년 학생의 평균에 대한 95%와 99% 신뢰구간을 구하라.

(2) μ의 추정값의 오차가 설정된 0.05를 초과하지 않는다는 것을 95% 확신하기를 원한다면 얼마나 많은 표본이 필요한가?

14 50명의 여학생과 75명의 남학생에게 실기시험이 치러졌다. 여학생들의 점수의 평균은 76점이고 표준편차는 6점인 반면 남학생들의 점수는 평균이 82점이고 표준편차는 8점으로 나타났다. μ_1과 μ_2가 각각 남학생들과 여학생들의 평균점수라고 할 때, $\mu_1 - \mu_2$에 대한 96% 신뢰구간을 구하라.

15 목요일마다 병원 카페에서 점심을 먹는 500명의 확률표본에서, $X = 160$명이 바다음식을 좋아한다고 나타났다. 금요일에 이 카페에서 바다음식을 먹는 사람들의 실제 비율에 대한 95% 신뢰구간을 구하라.

16 스포츠 장비 제조업자가 새로운 합성 낚싯줄을 개발하여, 0.5kg의 표준편차와 함께 평균 절단강도가 8kg 이라고 주장한다. 만약 50개의 줄로 이루어진 확률표본이 조사되어 평균 절단강도가 7.8kg인 것으로 밝혀졌다면, 유의수준 0.01에서 검정하라.

17 어느 대학에서 수강 신청하는 데에 걸리는 평균시간은 50분이었고 표준편차는 10분이었다. 현대적인 시스템을 사용하는 새로운 신청 절차가 시도되고 있다. 새로운 시스템하에서 12명의 학생들로 이루어진 확률표본의 평균 수강신청 처리시간이 42분이고 표준편차가 11.9분이었다면, 모평균이 50분 보다 작다는 가설을 유의수준 (a) 0.05, (b) 0.01을 사용하여 검정하여라. 시간들의 모집단은 정규모집단이라고 가정한다.

18 자동차 배터리의 제조업자가 자신의 배터리 수명은 0.9년의 표준편차를 갖는다고 주장한다. 이 배터리들 10개로 이루어진 확률표본의 표준편차가 1.2년이라면 $\sigma > 0.9$년이라고 생각하는가? 유의수준 0.05를 검정하라.

19 새로운 전구를 개발하여 판매하는 회사가 있다. 판매되는 전구 중 9개를 임의 추출하여 그 수명시간을 기록한 결과가 다음과 같다.

2000,	1975,	1900,	2000,	1950,	1850,	1950,	2100,	1975

전구의 수명이 정규분포를 따른다고 할 때, 주어진 자료를 이용하여 평균수명 μ를 추정하고 이에 대한 95.4% 오차한계를 추정하라.

20

전구의 수명시간의 분포가 정규분포라고 할 때, 다음 자료를 이용하여 회사측의 주장인 "$\mu > 1950$"을 유의수준 $\alpha = 0.05$에서 검정하라.

2000,	1975,	1900,	2000,	1950,	1850,	1950,	2100,	1975

21

시민단체에서 취업 적령인 사람들 중 1600명을 임의 추출하여 조사하여 본 결과 96명이 실업자였다. 실업률 7.8% 미만이라고 할 수 있는지 유의수준 $\alpha = 0.05$에서 검정하라.

22

두 종류의 사료가 우유의 생산량에 미치는 영향의 차이를 조사하기 위하여, 31마리의 젖소를 대상으로 실험하였다. 31마리 중에서 임의로 선택된 16마리에게는 한 종류의 사료를 주고 나머지 15마리에게는 다른 종류의 사료를 준 결과 다음과 같은 자료를 얻었다.

사료 1	41, 44, 42, 45, 49, 46, 48, 50, 42, 44, 46, 46, 47, 48, 47, 45
사료 2	40, 46, 42, 45, 45, 46, 42, 44, 40, 40, 44, 46, 42, 42, 44

(1) 사료 1을 사용할 경우에 사료 2에 비하여 우유생산량이 많다고 할 수 있는가? 유의수준 5%에서 검정하라.

(2) 사료에 다른 우유생산량의 차이에 대한 95% 신뢰구간을 구하라.

23 A, B 두 직조기계에서 생산되는 면사의 조밀성에 대한 균등성을 비교하려고 한다. 두 기계에서 나온 제품 가운데 100m 면사를 임의로 추출하여 그 무게를 측정한 결과 다음과 같은 자료를 얻었다.

기계 A : 표본크기 $n_1 = 13$, 표본표준편차 $S_1 = 2.3$

기계 B : 표본크기 $n_1 = 11$, 표본표준편차 $S_2 = 1.5$

(1) 기계 A의 변이도가 기계 B의 변이도보다 크다고 할 수 있는지를 유의수준 5%에서 검정하라.

(2) 두 표분편차의 비에 대한 90% 신뢰구간을 구하라.

연습문제 해답

01

모분산 σ^2은 알려져 있지 않으므로 모분산 σ^2 대신 표본분산 s^2을 사용하고, $n=121\rangle\ 30$이므로 정규분포를 적용하여 신뢰구간을 구한다. 신뢰수준은 $1-\alpha=0.9$이므로 $\alpha=0.1$이고 $z_{\alpha/2}=z_{0.05}=1.645$이다. 따라서,

$$\overline{X}\pm z_{\alpha/2}\frac{S}{\sqrt{n}}=500\pm(1.645)\left(\frac{110}{\sqrt{121}}\right)=500\pm16.45\text{이다.}$$

그러므로, 모평균 μ에 대한 90% 신뢰구간은 다음과 같다.

$(483.55,\ 516.45)$

02

신뢰수준은 $1-\alpha=0.95$이므로 $\alpha=0.05$이고 $np=59>5$이므로 정규분포를 적용할 수 있다. 따라서,

$$\hat{p}\pm z_{\alpha/2}\sqrt{\frac{\hat{p}\hat{q}}{n}}=0.527\pm(1.96)\sqrt{\frac{(0.527)(0.473)}{112}}$$

이므로 모비율 p에 대한 95% 신뢰구간은 다음과 같다.

$(0.4345,\ 0.6195)$

따라서, 이 후보자는 지지율이 50% 미만이 될 가능성이 있음을 충분히 고려해야 할 것이다.

03

신뢰수준은 $1-\alpha=0.95$이므로 $\alpha=0.05$이고 $z_{\alpha/2}=z_{0.025}=1.96$이다.

그리고, $n_1=36,\ n_2=49,\ \overline{X_1}=22,\ \overline{X_2}=20$ 이다. 따라서, 분산이 동일한 경우이므로

$$(\overline{X_1}-\overline{X_2})\pm z_{\alpha/2}\sigma\sqrt{\frac{1}{n_1}+\frac{1}{n_2}}=(22-20)\pm(1.96)(\sqrt{10})\sqrt{\frac{1}{36}+\frac{1}{49}}$$

그러므로, $\mu_1-\mu_2$에 대한 95% 신뢰구간은 $(0.64,\ 3.36)$이다.

04

모분산은 알려지지 않았지만 같은 집단에서 추출되었으므로 동일하고 표본크기가 크므로 합동분산을 계산하면 다음과 같다.

$$s_p^2=\frac{(n_1-1)s_1^2+(n_2-1)s_2^2}{n_1+n_2-2}$$

$$= \frac{(50-1)(0.000035)+(50-1)(0.000093)}{50+50-2} = 0.000064$$

따라서, $s_p = 0.008$이고 $z_{\alpha/2} = z_{0.025} = 1.96$이므로

$$(\overline{X_1} - \overline{X_2}) \pm z_{\alpha/2} s_p \sqrt{\frac{1}{n_1} + \frac{1}{n_2}} = 0.043 \pm (1.96)(0.008)\sqrt{\frac{1}{50} + \frac{1}{50}}$$

$= 0.043 \pm 0.003136$이다.

그러므로, 평균 차에 대한 95% 신뢰구간은 $(0.039864,\ 0.046136)$이다.

05 모분산은 미지이고 모분산이 동일하다는 언급도 없으며 표본크기는 크므로 정규분포를 적용할 수 있다. 또한 신뢰구간 $1-\alpha = 0.95$이서 $\alpha = 0.05$이므로 $z_{\alpha/2} = z_{0.025} = 1.96$이고

$$(\overline{X_1} - \overline{X_2}) \pm z_{\alpha/2} \sqrt{\frac{s_1^2}{n_1} + \frac{s_2^2}{n_2}} = (75.0 - 71.2) \pm (1.96)\sqrt{\frac{80}{50} + \frac{100}{50}}$$ 이다.

따라서, 구하고자 하는 $\mu_1 - \mu_2$의 95% 신뢰구간은 $(0.08,\ 7.52)$이다.

06 (1) "신기술 도입 후 생산된 제품은 종전 제품과 차이가 있다"라는 것은 $\mu \neq 36.50$ 임을 뜻하므로 양측 검정을 한다.

① 가설 설정 : 귀무가설 $H_0 : \mu = 36.50$

대립가설 $H_1 : \mu \neq 36.50$

② 검정통계량 : $Z = \dfrac{\overline{X} - 36.5}{6.02/\sqrt{49}}$

③ 기각역 : $|Z| > 1.96$.

④ 검정통계량 계산 : $z = \dfrac{\overline{X} - \mu_0}{\sigma/\sqrt{n}} = \dfrac{39.08 - 36.50}{6.02/\sqrt{49}} = 3.0$

$z_0 = 3.0 > 1.96$ 이므로 귀무가설 H_0를 기각한다. 그러므로, 유의수준 5%에서 신제품의 장력은 종전 제품과는 차이가 있다고 볼 수 있다.

(3) "신기술 도입 후 생산된 제품은 종전 제품보다 개선되었다" 라는 것은 $\mu > 36.50$임을 뜻하므로 우측 검정을 한다.

① 가설 설정 : 귀무가설 $H_0 : \mu = 36.50$

대립가설 H_1 : $\mu > 36.50$

② 검정통계량 : $Z = \dfrac{\overline{X} - 36.5}{6.02/\sqrt{49}}$

③ 기각역 : $Z > 1.645$

④ 검정통계량 계산 : $z = \dfrac{\overline{X} - \mu_0}{\sigma/\sqrt{n}} = \dfrac{39.08 - 36.50}{6.02/\sqrt{49}} = 3.0$

$z = 3.0 > 1.645$ 이므로 귀무가설 H_0를 기각한다. 그러므로, 유의수준 5%에서 신제품의 장력은 종전 제품보다 개선되었다고 볼 수 있다.

(4) "신기술 도입 후 생산된 제품은 종전 제품보다 못하다"라는 것은 $\mu < 36.50$임을 뜻하므로 좌측 검정을 한다.

① 가설 설정 : 귀무가설 H_0: $\mu = 36.50$

대립가설 H_1: $\mu < 36.50$

② 검정통계량 : $Z = \dfrac{\overline{X} - 36.5}{6.02/\sqrt{49}} \sim N(0, 1)$

③ 기각역 : $Z < -1.645$

④ 검정통계량 계산 : $Z = \dfrac{\overline{X} - \mu_0}{\sigma/\sqrt{49}} = \dfrac{39.08 - 36.50}{6.02/\sqrt{49}} = 3.0$

$Z = 3.0 > -1.645$ 이므로 귀무가설 H_0를 채택한다. 그러므로, 유의수준 5%에서 신제품의 장력은 종전 제품보다 못하다 라고 볼 수 없다.

07 "제품의 평균이 4kg"이라는 것은 $\mu = 4$ 임을 뜻하므로 양측검정을 한다.

① 가설설정 : 귀무가설 : H_0: $\mu = 4$

대립가설 : H_1 : $\mu \neq 4$

② 검정통계량 : 모분산은 미지이고 $n = 10$ 이므로

$$t = \frac{\overline{X} - 4}{s/\sqrt{10}} \sim t(9)$$

③ 기각역 : $|t| > 2.262$.

④ 검정통계량 계산 : $n = 10, \overline{X} = 3.82,\ s^2 = 0.181^2$ 이므로

$$t = \frac{\overline{X} - \mu_0}{s/\sqrt{n}} = \frac{3.82 - 4.00}{0.181/\sqrt{10}} = -3.14$$

$t = -3.14 < -2.2$ 이므로 H_0를 기각한다. 그러므로, 유의수준 5%에서 모평균은 4kg 이라고 할 수 없다.

08 연구자는 수학 학력의 차이에만 관심이 있으므로 양측검정을 한다.

① 가설설정 : 귀무가설 : $H_0 : \mu_1 = \mu_2$

대립가설 : $H_1 : \mu_1 \neq \mu_2$

② 검정통계량 : 모분산이 알려져 있고 동일 $(\sigma^2 = 10^2)$ 하므로

$$Z = \frac{\overline{X_1} - \overline{X_2}}{\sigma\sqrt{\frac{1}{n_1} + \frac{1}{n_2}}}$$

③ 기각역 : $|Z| > 1.96$.

④ 검정통계량 계산 : $n_1 = 100, n_2 = 100,\ \overline{X_1} = 71,\ \overline{X_2} = 73,\ \sigma = 10$ 이므로

$$Z = \frac{\overline{X_1} - \overline{X_2}}{\sigma\sqrt{\frac{1}{n_1} + \frac{1}{n_2}}} = \frac{71 - 73}{10\sqrt{\frac{1}{100} + \frac{1}{100}}} = -1.414$$

$-1.96 < Z = -1.414 < 1.96$ 이므로 H_0를 채택한다. 그러므로, 유의수준 5%에서 연구자는 도시와 농촌의 중학교 3학년 학생들의 수학 학력 간에는 유의한 차가 있다고 볼 수 없다.

09 여기서 신뢰계수는 95%이므로 $Z_{\alpha/2} = 1.96$이고 모표준편차 σ는 알려져 있다. 따라서, 모평균에 대한 신뢰구간을 추정하기 위해서 다음과 같이 구할 수 있다.

$\overline{X} = 65.3,\ n = 3600,\ \sigma = 4.8$이므로 $\overline{X} - 1.96 \cdot \frac{\sigma}{\sqrt{n}} \leq \mu \leq \overline{X} + 1.96 \cdot \frac{\sigma}{\sqrt{n}}$ 에 대입하여 $65.1432 \leq \mu \leq 65.4568$

10 우선 표본의 수가 9명이므로 표본의 크기가 매우 작은 것임을 알 수 있다. 따라서, $n=9$ 이고 자유도는 8명이며 표본평균 $\overline{X}=5,200$이고 표본표본편차$s=\sqrt{s^2}=\sqrt{22500}=150$이다. 그러므로, 신뢰계수가 0.90일 때 모평균에 대한 신뢰구간은 $t_{\alpha/2}=t_{0.05}=1.86$이므로 아래와 같이 구한다.

$$5000-1.86\left(\frac{150}{\sqrt{9}}\right)\leqq \mu \leqq 5200+1.86\left(\frac{150}{\sqrt{9}}\right)$$

$$5107 \leqq \mu \leqq 5293$$

11 대기업 근로자 임금에 대한 모평균을 μ_1 중소기업 모평균을 μ_2라 하자.

$(\overline{X_1}-\overline{X_2})=20,\ Z_{\alpha/2}=1.96$이므로 모평균 차에 대한 신뢰구간은 다음과 같다.

$$20-1.96\cdot\sqrt{\frac{225}{100}+\frac{400}{100}}\leqq \mu_1-\mu_2 \leqq 20+1.96\cdot\sqrt{\frac{225}{100}+\frac{400}{100}}$$

$$20-1.96(2.5)\leqq \mu_1-\mu_2 \leqq 20+1.96(2.5)$$

$$20-4.9\leqq \mu_1-\mu_2 \leqq 20+4.9$$

$$15.1\leqq \mu_1-\mu_2 \leqq 24.9$$

따라서, 대기업 근로자 평균임금과 중소기업 근로자 평균임금의 차이에 대한 신뢰구간은 15.1에서 24.9사이에 있다. 단, 계산상 편리를 위해 만 원단위는 생략된 것이다.

12 표본크기는 비교적 작은 $n=16$이다. 표본평균 $\overline{X}=31$이고 표본분산 $s^2=36$이다. 그러므로, t-분포를 적용시켜 가설 검정한다.

① 가설을 설정한다.

$H_0:\ \mu=33$

$H_1:\ \mu\neq 33$

대립가설에서 모평균이 33보다 크게 나타날 수도 있고 작게 나타날 수도 있음으로 양측검정에 해당된다.

② 유의수준 α를 결정한다.

$\alpha=0.10$이다.

③ $|t| > 1.753$

④ 검정통계량 계산

$n=16$, $\overline{X}=31$, $s^2=36$이므로 검정통계량 t의 값을 구하면 다음과 같다.

$$t=\frac{(\overline{x}-\mu)}{s/\sqrt{n}}=\frac{(31-33)}{6/\sqrt{16}}$$

$$=\frac{-2}{1.5}=-1.33$$

검정통계량 $t=-1.33>-1.753$ H_0를 채택하게 된다.

표본에서 나타난 표본평균 $\overline{x}=31$은 모평균 $\mu=33$이라는 귀무가설 H_0를 기각해야 할 타당한 근거는 안된다.

13 (1) 표본의 크기가 크기 때문에 표준편차 σ는 $s=0.3$으로 근사되어질 수 있다.

$z_{0.025}=1.96$이므로 95%신뢰구간은

$$2.6-(1.96)\left(\frac{0.3}{\sqrt{36}}\right)\leqq\mu\leqq 2.6+(1.96)\left(\frac{0.3}{\sqrt{36}}\right)$$

$2.50\leqq\mu\leqq 2.70$

$z_{0.005}=2.575$가 되고 99% 신뢰구간은

$$2.6-(2.575)\left(\frac{0.3}{\sqrt{36}}\right)\leqq\mu\leqq 2.6+(2.575)\left(\frac{0.3}{\sqrt{36}}\right)$$

$2.47\leqq\mu\leqq 2.73$

(2) 크기 36인 예비 표본으로부터 얻어지는 표본표준편차값 $s=0.3$이 σ 대신 사용된다. 그러면

$$n\geqq\left[\frac{(1.96)(0.3)}{0.05}\right]^2=138.3$$이 된다.

그러므로, 표본크기가 139일 때, 추정값의 오차가 0.05를 초과하지 않는다고 95% 확신할 수 있다.

14 $\mu_1-\mu_2$ 의 점추정값은 $\overline{X_1}-\overline{X_2}=82-76=6$ 이다. n_1과 n_2 모두 크기 때문에 σ_1과 σ_2에 각각 $s_1=8$과 $s_2=6$을 대입할 수 있다. $\alpha=0.04$를 사용하여 부록에서 $z_{0.02}=2.05$을 찾을수 있다. 따라서, 식

$$(\overline{X_1} - \overline{X_2}) - z_{\frac{\alpha}{2}}\sqrt{\frac{\sigma_1^2}{n_1} + \frac{\sigma_2^2}{n_2}} < \mu_1 - \mu_2 < (\overline{X_1} - \overline{X_2}) - z_{\frac{\alpha}{2}}\sqrt{\frac{\sigma_1^2}{n_1} + \frac{\sigma_2^2}{n_2}}$$

에 대입하면 96% 신뢰구간은

$$6 - 2.05\sqrt{\frac{64}{75} + \frac{36}{50}} \leqq \mu_1 - \mu_2 \leqq 6 + 2.05\sqrt{\frac{64}{75} + \frac{36}{50}}$$

$$3.43 \leqq \mu_1 - \mu_2 \leqq 8.57$$

15

p에 대한 점추정값은 $\hat{p} = 160/500 = 0.32$이다. $z_{0.025} = 1.96$이므로 다음 식

$\hat{p} - z_{\alpha/2}\sqrt{\frac{\hat{p}\hat{q}}{n}} \leqq p \leqq \hat{p} + z_{\alpha/2}\sqrt{\frac{\hat{p}\hat{q}}{n}}$에 대입하면, 95% 신뢰구간

$0.32 - 1.96\sqrt{\frac{(0.32)(0.68)}{500}} \leqq p \leqq 0.32 + 1.96\sqrt{\frac{(0.32)(0.68)}{500}}$ 을 얻고 간단히 하면

$0.28 \leqq p \leqq 0.36$이 된다.

16

1. $H_0: \mu = 8$. $H_1: \mu \neq 8kg$.
2. $\alpha = 0.01$.
3. 검정통계량 : $Z = \frac{\overline{X} - \mu_0}{\sigma/\sqrt{n}}$
4. 기각역: $Z < -2.575$와 $Z > 2.575$.
5. 검정통계량의 관측값은 $\overline{X} = 7.8, n = 50$, 따라서

$$Z = \frac{7.8 - 8}{0.5/\sqrt{50}} = -2.83.$$

H_0를 기각하고, 평균 절단강도가 8kg과 같지 않다고(실제로는 8kg보다 작다고) 결론을 내릴 수 있다.

17

1. $H_0: \mu = 50$분. $H_1: \mu < 50$분.
2. (a) $\alpha = 0.05$. (b) $\alpha = 0.01$.

3. 검정통계량 : $t=\dfrac{\overline{x}-\mu_0}{s/\sqrt{n}}$, 자유도는 11

4. 기각역 : $(a)\ t>-1.796$; $(b)\ t<-2.718$.

5. 검정통계량의 관측값 : $\overline{X}=42$분, $s=11.9$분, $n=12$. 따라서

$$t=\frac{42-50}{11.9/\sqrt{12}}=-2.33.$$

H_0를 유의수준 0.05에서는 기각하나, 유의수준 0.01에서는 기각할 수 없다.

18

1. H_0: $\sigma^2=0.81$. H_1: $\sigma^2>0.81$.

2. $\alpha=0.05$.

3. 검정통계량 : $\chi^2=\dfrac{(9)(1.44)}{0.81}=16.0$.

4. 기각역 : $\chi^2>16.919$

H_0를 채택하고, 표준편차가 0.9년이라는 것을 의심할 이유가 없다고 결론을 내릴 수 있다.

19

자료로부터 표본평균과 표본표준편차는 각각

$\overline{X}=\sum_{i=1}^{9}X_i/9=1966.7$, $s=\sqrt{\sum_{i=1}^{9}(X_i-\overline{X})^2/8}=69.6$이므로,

평균수명 μ의 추정값은 $\hat{\mu}=1966.7$ 이고, 95.4% 오차한계는 $2s/\sqrt{n}=46.4$로 추정된다.

20

귀무가설과 대립가설을 다음과 같이 세울 수 있다.

H_0: $\mu\leq 1950$, H_1: $\mu>1950$

한편, 주어진 자료로부터

$n=9$, $\overline{x}=1966.7$, $s=69.6$이므로,

검정통계량의 관측값은

$$t=\frac{\overline{X}-1950}{s/\sqrt{n}}=\frac{1966.7-1950}{69.6/\sqrt{9}}=0.720$$

그런데 부록의 분포표로부터 $t_{0.05}(8)=1.860$이므로

귀무가설 H_0: $\mu \leqq 1950$ 을 유의수준 $\alpha = 0.05$에서 기각할 수 없다. 즉, 주어진 자료는 회사측의 주장을 충분히 입증하지 못하고 있다.

21 도시에서의 실업률을 p라고 하면, 귀무가설과 대립가설은 다음과 같다.

H_0: $p = 0.078$, H_1: $p < 0.078$.

주어진 자료로부터 $n = 1,600$이고, $np_0 = 124.8 \geqq 5$, $nq_0 \geqq 5$ 이므로 정규근사를 이용하여 검정한다. 유의수준 $\alpha = 0.05$인 기각역은

$$Z = \frac{\hat{p} - 0.078}{\sqrt{0.078 \times 0.092 / 1600}} \leqq -z_{0.05} = -1.645 \text{ 이고,}$$

관측된 검정통계량의 값은 $Z = -2.68$이므로,

유의수준 $\alpha = 0.05$에서 실업률은 7.8% 보다 낮다고 할 수 있다.

22 주어진 자료로부터 필요한 통계량의 값을 구하면 다음과 같다.

사료 1 : $\overline{X} = 45.625,\ \sum_{i=1}^{n_1}(X_i - \overline{X})^2 = 99.75$

사료 2 : $\overline{Y} = 43.2,\ \sum_{i=1}^{n_1}(Y_i - \overline{Y})^2 = 68.40$

$$s_p^2 = \frac{\sum_{i=1}^{n_1}(X_i - \overline{X})^2 + \sum_{i=1}^{n_2}(Y_i - \overline{Y})^2}{n_1 + n_2 - 2}$$

$$= \frac{99.75 + 68.40}{29} = 5.798$$

$$s_p = \sqrt{s_p^2} = 2.408$$

(1) 주어진 문제에 대한 귀무가설과 대립가설은 각각 다음과 같다.

H_0: $\mu_1 = \mu_2$, H_1: $\mu_1 > \mu_2$

따라서, 기각역은

$$t = \frac{\overline{X} - \overline{Y}}{s_p\sqrt{\frac{1}{n_1} + \frac{1}{n_2}}} > t_{0.05}(29) = 1.699 \text{로 주어진다.}$$

한편, 검정 통계량의 관측값이

$$t=\frac{45.625-43.2}{2.408\sqrt{\frac{1}{16}+\frac{1}{15}}}=2.782$$이므로,

유의수준 5%에서 사료 1이 더 효과적이라고 할 수 있다.

(2) 자유도는 $n_1+n_2-2=29$이고, t분포표에서 $t_{0.025}(29)=2.045$이므로 $\mu_1-\mu_2$에 대한 95% 신뢰구간은 다음과 같이 주어진다.

$$2.425\pm2.045\times2.408\sqrt{\frac{1}{16}+\frac{1}{15}}=(0.66,\ 4.19)$$

23 (1) 주어진 문제에 대한 귀무가설과 대립가설은 각각

$H_0: \sigma_1^2/\ \sigma_2^2=1, H_1\ : \sigma_1^2/\sigma_2^2>\ 1$ 로 주어지며,

검정통계량의 값은

$$F=\frac{s_1^2}{s_2^2}=\frac{(2.3)^2}{(1.5)^2}=\frac{5.29}{2.25}=2.35$$

한편, 유의수준 5%에서의 기각역은 $F>F(12,\ 10;\ 0.05)=2.91$ 이므로 유의수준 5%에서 귀무가설 H_0를 기각할 수 없다. 즉, 기계 A의 변이도가 기계 B의 변이도 보다 크다는 확증은 없다.

(2) 모분산의 비 σ_1^2/σ_2^2 에 대한 90% 신뢰구간은

$$\left(\frac{s_1^2}{s_2^2}\frac{1}{F_{0.05}(12,\ 10)},\ \frac{s_1^2}{s_2^2}F_{0.05}(10,12)\right)=(0.807,6.463)$$이다.

따라서, 두 모표준편차의 비 $\sigma_1\ /\sigma_2$에 대한 90%신뢰구간은 다음과 같이 주어질 수 있다.

$(\sqrt{0.807},\ \sqrt{6.463})=(0.90,2.54)$

Chapter 11

심화문제

01 어느 회사의 고용인들이 작업 A를 수행하는데 소요되는 평균시간을 추정하기 위하여 16명의 고용인을 임으로 추출하여 조사한 결과 평균은 13분, 표준편차는 3분이었다. 그러면 이 회사의 전체 고용인들이 작업 A를 수행하는데 소요되는 평균시간에 대한 95%신뢰구간을 구하라. 단, 작업 A를 수행하는데 소요되는 시간은 정규분포를 따른다고 가정한다.

02 어느 회사에서 생산되는 건전지 가운데 9개를 임의 추출하여 수명을 조사하였더니, 평균은 $\overline{X}=20.0$시간, 분산은 $s^2=9.0$시간이었다고 한다. 이 회사의 건전지 수명이 정규분포를 따를 때 모분산 σ^2에 대한 95% 신뢰구간을 구하라.

03 집단 A에서 15명을 택해 영어성적의 평균을 측정한 결과 $\overline{X_1}=70.1$점이었고, 집단 B에서 8명을 택해 조사한 결과 $\overline{X_2}=75.3$점이었다고 하자. 또 각 집단의 분산은 $\sigma^2(X_1)=60$, $\sigma^2(X_2)=40$으로 알려져 있다고 하자. 집단 A와 집단 B의 영어성적의 평균차 $\mu_1-\mu_2$의 90% 신뢰구간을 구하라. 단, 두 집단은 상호독립인 정규분포를 따른다고 한다.

04

두 학급에서 4명과 3명의 학생을 랜덤하게 뽑아 수학과목의 성적을 조사해본 결과 각각 64, 66, 89, 77점과 56, 71, 53점이 나타났다. 이 데이터로부터 학급 I 과 학급 II의 수학성적의 평균 차 $\mu_1 - \mu_2$의 90% 신뢰구간을 구하라. 단, 각 학급 학생의 성적은 정규분포를 따르고 동일한 분산을 갖는다고 가정한다.

05

동일한 전구를 생산하는 두 공장 I, II가 있다. I 공장에서 생산되는 전구를 12개 임의 추출하여 내구시간을 조사한 바, $\overline{X_1} = 150$시간, $s_1^2 = 10$시간을 얻었고 II공장에서 생산되는 전구 10개를 임의 추출하여 내구시간을 측정한 바, $\overline{X_2} = 165$시간, $s_2^2 = 20$시간을 얻었다. 이 두 공장에서 생산되는 전구 내구시간의 모분산 비 σ_1^2/σ_2^2에 대한 90%의 신뢰구간을 추정하라.

06

내용물의 무게가 350g으로 표시된 파인애플 통조림의 제조공정에서는 평균무게가 360g이 되도록 공정을 관리하고 있다. 이를 확인하기 위하여 무작위로 36개의 표본을 추출하여 조사한 결과 평균이 356g이고 표준편차가 10g 이었다. 공정에 이상이 있다고 볼 수 있는가? 유의수준 5%에서 검정하시오. 단, 무게는 정규분포를 따른다고 하자.

07 어느 공장을 설치하고자 한다. 그런데. 기계 1대의 시간당 생산고가 13 이상이면 수지가 맞는다고 한다. 기계 14대를 시험했더니 평균 생산고는 13.3이었고 분산은 0.81이었다. 기계의 평균 생산고는 13 이상이라고 할 수 있는지를 유의 수준 5%로 검정하라.

08 12세 남아와 여아 중에서 남아 11명, 여아 10명을 임의 추출하여 폐활량을 조사한바, 남아의 분산은 0.1450, 여아의 분산은 0.0942였다. 두 모집단의 분산이 같은지를 유의수준 $\alpha = 0.05$ 로 검정하라.

09 우리나라 성인 남녀 머리카락 개수는 얼마나 되는지 알아보고자 100명을 무작위로 표본 추출하여 머리카락 개수를 조사하였더니 평균이 12.5만개이고 표준편차는 3만개라고 한다. 90%를 신뢰계수로 전체 성인들의 평균 머리카락 개수에 대하여 구간 추정하라.

10 대부분 산모들이 출산 전에는 아기를 모유로 키우겠다고 생각하면서도 이를 실천하는 경우와는 많은 차이를 보이고 있다고 한다. 과연 출산모의 모유 수유율이 어떠한지 종합병원을 찾은 출산모 40명을 표본 추출하여 조사하였더니 8명만이 실제로 모유를 먹인다고 한다. 그렇다면 전체 출산모들의 모유 수유율인 비율은 얼마나 되는지 95%의 신뢰구간을 구하라.

11 서해안의 어떤 해수욕장의 백사장에는 만월일 때 조수간만의 차이가 심하다고 한다. 그 지역의 주민들의 말에 의하면 간만의 차이가 해변가에서 바다쪽으로 평균 200m이고 표준편차는 48m라고 한다. 이와 같은 조수간만의 차이가 사실인지 검정하기 위하여 만월이 되는 날마다 64번을 표본 추출하여 조사하였더니 평균이 180m인 표본의 결과를 얻었다. 5%를 유의수준으로 할 때 가설 검정하라.

12 현대에 이르러 남성의 흡연비율은 점차 감소하는데 비하여 여성의 흡연비율은 점차 증가한다고 한다. 특히 여대생들의 흡연비율은 20%나 된다고 한다. 이러한 흡연비율이 20%보다 적을 것이라고 생각하여 가설을 규명하고자 여대생 400명을 표본 추출하여 조사하였더니 60명이 흡연하는 것으로 나타났다. 이러한 표본조사 결과로부터 여대생들의 흡연비율이 20%라는 가설을 5%의 유의수준으로 검정하라.

13 7개의 비슷한 용기의 용량들은 각각 9.8, 10.2, 10.4, 9.8, 10.0, 10.2, 9.6리터이다. 용기의 용량들이 근사적인 정규분포를 따른다고 가정할 때, 모든 그러한 용기들의 평균 용량에 대한 95% 신뢰구간을 구하라.

14 12명의 학생에게는 전통적인 교실수업 방식으로 수학을 가르치고 10명의 학생으로 이루어진 두 번째 집단에게는 계획된 자료를 이용하여 같은 과정을 가르쳤다. 학기가 끝났을 때, 같은 시험이 각 집단에 시행되었다. 12명의 학생들로 이루어진 반의 평균 점수는 85점이고 표준편차는 4점인 반면 계획된 자료를 이용하여 학습한 10명의 학생들로 이루어진 반의 평균 점수는 81점이고 표준편차가 5점이었다. 두 개의 모집단이 같은 분산을 갖고 근사적으로 정규분포를 따른다고 가정할 때, 모집단의 평균의 차이에 대한 90% 신뢰구간을 구하라.

15 도시와 주변 지역의 거주민들에게 문화센터의 건설에 대한 제안이 적당한지를 결정하는 투표가 시행된다. 5,000명의 도시거주민들 중 2,400명이 그 제안을 찬성하였고 2,000명의 주변 지역 거주민 중 1,200명이 그 제안에 찬성하였다면 문화센터를 건설하기 위한 제안에 찬성하는 비율들의 차이에 대한 90%의 신뢰구간을 구하라.

16 지난 해 동안 사망 기록 중 100건을 임의 추출하여 조사한 결과 평균 수명이 71.8년이고 표준편차가 8.9년이었다. 이것은 오늘날의 평균 수명이 70년보다 길다는 것을 가리키는 것으로 보이는가? 유의수준 0.05에서 검정하라.

17 어느 강좌가 기존의 수업방법에 의하여 12명의 학생들에게 가르친다. 10명의 학생들로 이루어진 두 번째 집단이 프로그램 된 자료에 의하여 같은 강좌를 받았다. 학기말에 각 집단에 동일한 시험이 주어졌다. 기존의 수업방법에 의하여 가르쳐진 12명의 학생들의 평균 점수는 85점, 표준편차는 4점이었고, 프로그램 된 자료를 사용하는 10명의 학생들의 평균 점수는 81점, 표준편차는 5점이었다. 두 학습방법은 동등하다는 가설을 유의수준 0.10을 사용하여 검정하라. 모집단들은 동일한 분산을 가진 정규모집단이라고 가정한다.

18 관절염의 치료제로 처방되는 기존의 약이 60%만 효과적이라고 믿어진다. 관절염을 앓고 있는 100명의 성인으로 이루어진 확률표본에 새로운 약을 투여한 실험의 결과 70명이 치료의 효과를 얻었다. 이것은 새로운 약이 기존의 약보다 우수하다고 결론을 내릴 만한 충분한 증거가 되는가? 유의수준 0.05에서 검정하라.

19

기계에 의하여 자동적으로 생산되는 플라스틱 판의 두께는 약간의 변이 정도는 필연적인 것으로 간주되지만, 두께의 표준편차가 1.5mm를 넘으면 생산공정에 이상이 있는 것으로 간주한다. 어느 날 점검에서 10개의 판을 임의 추출하여 그 두께를 측정한 결과가 mm 단위로 다음과 같았다.

226, 228, 226, 225, 232, 228, 227, 229, 225, 230

(1) 플라스틱판 두께의 분산 σ^2과 표준편차 σ를 추정하라.

(2) 플라스틱 판 두께의 분포가 정규분포라 할 때, 판 두께의 표준편차에 대한 90% 신뢰구간을 구하라.

(3) $\sigma > 1.5$라고 할 수 있는가를 유리수준 α=0.05에서 검정하라.

20

배추의 기존품종의 평균무게가 2.5kg이라고 한다. 신품종 배추 40포기를 조사한 결과 평균 무게는 2.7kg이고 $s=0.397$일 때 유의수준 $\alpha=0.01$에서 신품종의 배추 평균무게가 기존품종과 다른가를 확인하라.

21

병 속에 $5.50l$의 용액제품을 주입하는 데 A, B 두 대의 자동주입설비를 이용하고 있다. 병 속에 주입되는 제품의 용량은 대략 정규분포에 따르며, $\sigma_1^2 = 0.04$, $\sigma_2^2 = 0.09$임을 알고 있다. 이 두 설비에서 주입되는 제품의 평균 용량에 심각한 차이가 있는지를 알아보기 위해 A, B에서 각각 10, 15 개의 표본을 추출하여 다음과 같은 자료를 얻었다.

$$n_1 = 10, \quad \overline{X_1} = 5.65, \quad \sigma_1^2 = 0.04$$

$$n_2 = 15, \quad \overline{X_2} = 5.40, \quad \sigma_2^2 = 0.09$$

(1) 두 평균 용량에 차에 대한 95% 신뢰구간을 구하라.

(2) 두 평균 용량에 심각한 차이가 있는지를 유의수준 5%에서 검정하라.

22

도시와 지방학생간의 학력 비교를 위해 전국적으로 도시의 중학교 1학년생 90명과 지방의 중학교 1학년생 100명을 임의 추출하여 동일한 학력시험을 시행한 결과가 다음과 같이 주어졌다.

	도시	지방
표본크기	90	100
평균	76.4	81.2
표준편차	8.2	7.6

(1) 도시학생과 지방학생간의 평균점수의 차에 대한 98%의 신뢰구간을 구하고,

(2) 이들 평균점수간에 차이가 있는지 유의수준 2%에서 검정하라.

Chapter 12

분산분석

11장에서 두 모집단에 대해 모평균 차에 관한 검정을 실시했다. 하지만 세 개 이상의 모집단 평균을 동시에 비교해야 하는 경우가 흔히 발생한다면 어떻게 해야 되나? 예를 들어 서울, 대전, 부산 세 지역의 고등학교 1학년의 평균 신장이 같은가의 여부를 따져 보자. 서울과 대전, 또한 서울과 부산 지역에 대해 유의수준 5%에서 검정을 수행하여 귀무가설을 채택했다고 하자. 그러면 과연 세 지역 학생의 평균 신장은 같다고 할 수 있는가? 결론부터 말하자면 "그렇지 않을 수도 있다"는 것이다. 그 이유는 다음과 같다. 서울과 대전 지역에 대한 검정에서 신뢰수준은 95%이었고, 서울과 부산 지역에 대한 검정에서도 신뢰수준은 95%이었다. 즉 세 지역 학생의 평균 신장이 동시에 같을 확률은 $0.95 \times 0.95 = 0.9025$이다. 즉 유의수준 0.05에서 같다고 할 수는 없다. 이와 같이 세 개 이상의 모집단의 평균을 동시에 비교하고자 할 때 사용되는 통계적 기법이 분산분석(analysis of variance : ANOVA)이다.

분산분석

위의 예에서는 지역이 독립변수가 되고 신장이 종속변수가 되어 결국 분산분석이란 독립변수와 종속변수의 관계를 분석하는 기법인 것이다. 또한 독립변수를 인자(factor)라고도 하며 앞의 예에서는 인자의 세 지역(서울, 대전, 부산)을 인자수준(factor level)이라고 한다.분산분석에는 단 하나의 인자를 분석대상(즉, 독립변수가 하나인)으로 하는 일원 분산분석(one-way ANOVA)과 두 개의 인자를 분석대상으로 하는 이원 분산분석

인자수준

일원 분산분석

(two-way ANOVA)이 있다. 두 개 이상의 인자를 분석대상으로 하는 경우를 통틀어 다원 분산분석(multi-way ANOVA)이라고 하기도 한다.

이원 분산분석의 예로는 제품의 진열방법과 제품의 포장방법이 매출액에 어떤 영향을 미치는가를 분석하는 경우를 들 수 있다. 이때의 독립변수는 제품의 진열방법과 포장방법이 되며 두 개의 독립변수가 함께 매출액에 미치는 영향을 분석한다. 즉, 제품의 진열방법과 포장방법에 따라 매출액의 평균이 같은가를 분석한다. **이원 분산분석**

1 일원 분산분석

일원 분산분석이란 인자수준이 2이상인 하나의 요인에 대해 각 수준에 따라 실험을 분할하여 자료를 수집하고 분석하는 기법으로 어느 모집단에 대하여 하나의 인자의 영향을 파악하기 위한 가장 단순한 형태의 분석이다. 먼저 다음의 예제를 살펴보자.

예제 12-1

어느 대학교에서 새로운 강의 모형을 만들기 위해 3가지 형태(A = 주입식 강의, B = 토론식 강의, C = A와 B의 혼합 강의)의 강의법을 개발하여 각 클래스에서 한 학기 동안 강의하였고 동일한 시험문제로 시험을 보아 성취도를 조사하였다.

학생 \ 강의법	A	B	C
1	86	85	93
2	83	88	91
3	85	90	89
4	93	91	95
5	81	87	92
6	88	88	87
평균	86	88.17	91.17

위의 표에서 보듯이 강의방법에 따라 평균이 약간 차이가 있음을 알 수 있다. 여기서 3종류의 강의법에 의해 성취도의 모평균이 차이가 있는지 없는지 검정하는 것이 분산분석의 목적이라 할 수 있다.

이제 이론적 전개를 위해 다음을 가정하자. 일원 분산분석의 통계적 모형은 평균이 각각 $\mu_1, \mu_2, \cdots, \mu_k$ 인 서로 독립인 모집단으로부터 표본의 크기가 $n_1, n_2, \cdots, n_k$ 인 k 종류의 실험집단(여기서는 강의법)으로부터 관측치 y_{ij}가 얻어졌다면 이를 다음과 같은 표로 배열하자.

〈일원 분산분석 자료구조〉

	인자의 수준				
	1	2	……	k	
	y_{11}	y_{21}	……	y_{k1}	
	y_{12}	y_{22}	……	y_{k2}	
	⋮	⋮	⋮	⋮	
	y_{1n_1}	y_{2n_2}	……	y_{kn_k}	
합	$y_{1\cdot}$	$y_{2\cdot}$	……	$y_{k\cdot}$	$y_{\cdot\cdot}$
평균	$\overline{y_{1\cdot}}$	$\overline{y_{2\cdot}}$	……	$\overline{y_{k\cdot}}$	$\overline{y_{\cdot\cdot}}$
분산	s_1^2	s_2^2	……	s_k^2	

여기서, $y_{\cdot\cdot} = \sum_{i=1}^{k}\sum_{j=1}^{n_i} y_{ij}$, $\overline{y} = \dfrac{y_{\cdot\cdot}}{\sum_{i=1}^{k} n_i}$, $y_{i\cdot} = \sum_{j=1}^{n_i} y_{ij}$, $\overline{y}_{i\cdot} = \dfrac{y_{i\cdot}}{n_i}$,

$$s_i^2 = \frac{1}{n_i - 1}\sum_{j=1}^{n_i}(y_{ij} - \overline{y}_{i\cdot})^2 \text{ 이다.}$$

그런데 i 번째 처리의 j 번째 관측치인 y_{ij}는 다음과 같이 나타낼 수 있다.

$$\begin{aligned} y_{ij} &= \mu_i + \epsilon_{ij} \\ &= \mu + \alpha_i + \epsilon_{ij} \qquad (i = 1, \cdots, k:\ j = 1, \cdots, n_i) \end{aligned}$$

여기서 μ_i는 i 번째 처리에 대응되는 모집단의 평균(처리평균), μ는 모든 실험단위에 공통인 전체적 평균효과, α_i는 i 번째 처리의 효과($\alpha_i = \mu_i - \mu$, $\sum \alpha_i = 0$)이며, ϵ_{ij}는 오차(잔차)항으로 서로 독립이고, $N(\mu, \sigma^2)$ 을 따르는 확률변수이다.

위와 같은 자료는 다음과 같은 일원 분산분석표(One-Way ANOVA Table)을 만들어 분석하게 된다.

〈일원 분산분석표〉

요인	제곱합	자유도	제곱 평균	F통계량
처리	SST	$k-1$	MST	$\frac{MST}{MSE}$
잔차	SSE	$N-k$	MSE	
합계	$SSTO$	$N-1$		

여기서 $N = \sum_{i=1}^{k} n_i$,

$$SSTO = \sum_{i=1}^{k}\sum_{j=1}^{n_i}(y_{ij} - \bar{y})^2 = \sum_{i=1}^{k}\sum_{j=1}^{n_i} y_{ij}^2 - \frac{\bar{y}^2}{N} ,$$

$$SST = \sum_{i=1}^{k}(\bar{y}_{i\cdot} - \bar{y})^2 = \sum_{i=1}^{k}\frac{y_{i\cdot}^2}{n_i} - \frac{\bar{y}^2}{N} ,$$

$$SSE = SSTO - SST ,$$

$$MST = \frac{SST}{k-1},\ MSE = \frac{SSE}{N-k}$$ 이다.

가설검정은 검정통계량 F에 의해 하게 되는 데 이 값이 큰 경우, 즉 처리에 의한 제곱합이 오차의 제곱합에 비해 월등히 크다면 이는 처리 효과가 있다고 판정하여 처리 효과가 없다는, 즉 각 모집단의 평균이 모두 같다는 귀무가설을 기각하게 된다.

이제 검정의 순서를 위의 예를 들어 살펴보자.

Step 1 가설의 설정

귀무가설 $H_0: \mu_A = \mu_B = \mu_C = \mu_0$ (여기서 μ_0는 임의 값)

대립가설 H_1: μ_A, μ_B, μ_C 중 적어도 하나는 다르다.

로 세 가지 강의법에 의해 처리 집단간에 평균이 같다고 설정할 수도 있고, 또는

귀무가설 $H_0: \alpha_A = \alpha_B = \alpha_C = 0$

대립가설 H_1: α_A, α_B, α_C 중 적어도 하나는 0이 아니다.

로 하여 세 가지 강의법에서 성취도의 차이는 없다고 설정할 수도 있다. 이 두 가지 모두 동일한 의미를 가지고 있다.

Step 2 유의수준 α를 결정

유의수준 $\alpha = 0.05$

Step 3 검정통계량 F값의 계산

$$F = \frac{MST}{MSE} = 3.9945$$

Step 4 p 값의 계산

유의수준 α와 비교할 유의확률 p값을 계산한다. p값은 F 분포에서 검정통계량 F 이상의 값이 발생할 확률이다.

이 예제에서는 $p = 0.04$ 이다.

Step 5 판정

p 값 $<$ 유의수준 α → 귀무가설 H_0를 기각

p 값 $>$ 유의수준 α → 귀무가설 H_0를 채택

이 예제에서는 p 값이 유의수준 $\alpha = 0.05$ 보다 작으므로 강의법에 따라 성취도의 차이가 없다는 귀무가설을 기각하게 된다.

● 엑셀 연습···

Step 1 자료 입력 - 일원 배치법

	A	B	C	D
1	A	B	C	
2	86	85	93	
3	83	88	91	
4	85	90	89	
5	93	91	95	
6	81	87	92	
7	88	88	87	
8				

Step 2 [데이터] → [데이터 분석] 선택

Step 3 [통계 데이터 분석] 대화상자

[분산 분석 : 일원 배치법] 선택

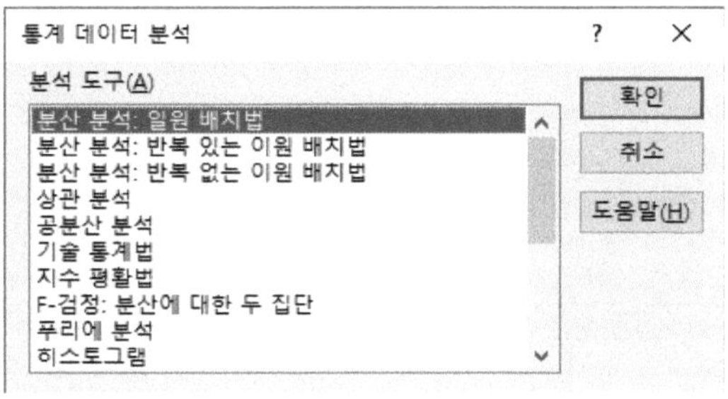

Step 4 [일원 배치법] 대화상자 입력

입력 범위	→	A1:C7
데이터 방향	→	열
첫째 행 이름표 사용	→	선택
유의 수준	→	0.05
출력 범위	→	A9

입력이 완료되었으면 [확인] 단추를 누른다.

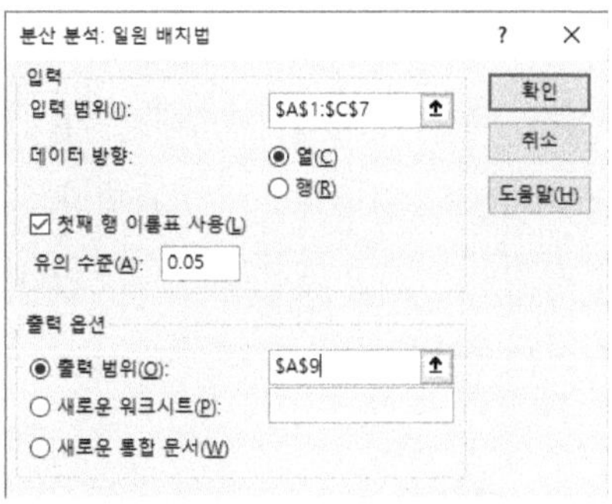

요약표 및 분산분석표가 출력된다.

	A	B	C	D	E	F	G	H
1	A	B	C					
2	86	85	93					
3	83	88	91					
4	85	90	89					
5	93	91	95					
6	81	87	92					
7	88	88	87					
8								
9	분산 분석: 일원 배치법							
10								
11	요약표							
12	인자의 수준	관측수	합	평균	분산			
13	A	6	516	86	17.6			
14	B	6	529	88.166667	4.5666667			
15	C	6	547	91.166667	8.1666667			
16								
17								
18	분산 분석							
19	변동의 요인	제곱합	자유도	제곱 평균	F 비	P-값	F 기각치	
20	처리	80.777778	2	40.388889	3.9945055	0.0406708	3.6823203	
21	잔차	151.66667	15	10.111111				
22								
23	계	232.44444	17					
24								

이제 화면의 결과를 이용해 가설 검정을 수행해보자.

유의확률 p값이 0.04067이고 가설 검정에 사용된 유의수준은 0.05이므로

$$p \text{ 값} < \text{유의수준}$$

이 성립한다. 즉, 강의법이 달라도 성취도가 동일할 것이라는 귀무가설은 기각된다. 이는 F통계량을 통해서도 검정할 수 있다. 즉, 유의수준 0.05에서 기각영역의 임계치가 3.68이고 표본에서 계산된 F값은 3.99이므로 귀무가설이 기각된다. 또한 요약표에서 보듯이 C 방법으로 수강한 학생들의 성취도가 가장 높음을 알 수 있다. 이렇듯 일원분산분석에서 귀무가설이 기각되는 경우 추가적으로 다중 비교법(multiple comparison)을 적용해 분석할 필요가 있다.

2 이원 분산분석

앞 절에서 다루었던 일원 분산분석의 경우에 하나의 인자가 추가 된 경우를 고려해보자. 인자의 수는 두 개(A, B)가 되고 각 인자마다 k, l개의 인자 수준을 가지고 있다

고 하자. 그러면 두 인자들의 수준의 조합은 $k \times l$ 개가 되고 이는 곧 처리가 될 것이며, $k \times l$ 개의 서로 다른 처리에 대해 관측치를 얻을 수 있다. 이러한 $k \times l$ 개의 처리에 대해 한 개의 관측치만이 존재하는 경우(반복이 없는 경우)와 두 개 이상의 관측치가 있는 경우(반복이 있는 경우)로 나누어 알아보도록 하자.

2.1 반복 없는 이원 분산분석

반복 없는 이원 분산분석에서의 자료는 다음과 같은 구조를 가진다.

〈반복 없는 이원 분산분석의 자료 구조〉

B 인자 / A 인자	B_1	$\cdots$	B_j	$\cdots$	B_l	A
A_1	y_{11}	$\cdots$	y_{1j}	$\cdots$	y_{1l}	$\overline{y}_{1\cdot}$
$\vdots$	$\vdots$		$\vdots$		$\vdots$	$\vdots$
A_i	y_{i1}	$\cdots$	y_{ij}	$\cdots$	y_{il}	$\overline{y}_{i\cdot}$
$\vdots$	$\vdots$		$\vdots$		$\vdots$	$\vdots$
A_k	y_{k1}	$\cdots$	y_{kj}	$\cdots$	y_{kl}	$\overline{y}_{k\cdot}$
B 인자 각수준의 평균	$\overline{y}_{\cdot 1}$	$\cdots$	$\overline{y}_{0 \cdot j}$	$\cdots$	$\overline{y}_{\cdot l}$	$\overline{y}$

여기서 모평균을 μ, A 인자의 i 번째 처리효과를 α_i, B 인자의 j 번째 처리효과를 β_j, 오차항을 ϵ_{ij} 라고 하면 반복이 없는 일원 분산분석의 모형은 다음과 같다.

$$y_{ij} = \mu + \alpha_i + \beta_j + \epsilon_{ij} \quad , (i = 1, 2, \cdots, k \quad , \ j = 1, 2, \cdots, l \ )$$

이원 분산분석의 주된 목적은 두 인자의 처리 효과가 있는지를 검정하는 것이므로 가설을 설정할 때 각각 가설을 설정해야 한다. 이러한 분석을 행하기 위해서 앞에서와 마찬가지로 분산분석표를 이용한다.

<반복 없는 이원 분산분석표>

요인	제곱합	자유도	제곱 평균	F 통계량
처리 A	SSA	$k-1$	MSA	$\dfrac{MSA}{MSE}$
처리 B	SSB	$l-1$	MSB	$\dfrac{MSB}{MSE}$
잔차	SSE	$(k-1)(l-1)$	MSE	
합계	$SSTO$	$kl-1$		

예제 12-2

다음은 세 종류의 질병(A, B, C)에 따라 각기 다른 4 종류의 진통제(1, 2, 3, 4)를 투여해 얻은 진통제의 작용시간이다. 진통제의 작용시간과 질병에 따라 차이가 있는가를 유의수준 5%로 검정하시오.

질병 \ 진통제	1	2	3	4
A	6	4	3	7
B	10	5	4	9
C	8	3	2	5

Step 1 가설의 설정

위의 자료는 반복이 없는 경우의 이원 분산분석에 해당하는 자료이므로 두 요인에 대해 각각 검정을 실시해야 한다. 먼저 질병에 따른 차이가 존재하는 가를 검정하고 다음으로 진통제의 종류에 따라 약효의 지속시간이 차이가 있는가를 알아보도록 하자.

① 질병에 따른 차이를 검정하기 위해 다음과 같은 가설을 세운다.

귀무가설 $H_0 : \alpha_A = \alpha_B = \alpha_C = 0$

대립가설 $H_1 :$ α_i 중에서 적어도 하나는 0이 아니다.

② 진통제의 종류에 따른 차이를 검정하기 위해 다음과 같은 가설을 세운다.

귀무가설 $H_0 : \beta_1 = \beta_2 = \beta_3 = \beta_4 = 0$

대립가설 $H_1 :$ β_j 중에서 적어도 하나는 0이 아니다.

Step 2 유의수준 α를 결정

유의수준 $\alpha = 0.05$

Step 3 검정통계량 F값의 계산

$$F_{\alpha} = \frac{MSA}{MSE} = 7$$

$$F_{\beta} = \frac{MSB}{MSE} = 17$$

Step 4 p값의 계산

유의수준 α와 비교할 유의확률 p값을 계산한다.
이 예제에서는 $p_{\alpha} = 0.027$ 과 $p_{\beta} = 0.0024$ 이다.

Step 5 판정

p 값 $<$ 유의수준 α → 귀무가설 H_0를 기각

p 값 $>$ 유의수준 α → 귀무가설 H_0를 채택

유의확률 p_{α}와 p_{β} 값이 유의수준 0.05보다 작으므로 질병의 종류와 진통제의 종류에 따라 각각 지속시간에 차이가 없다는 귀무가설은 기각된다.

● 엑셀 연습 ⋯ [반복 없는 이원 배치법]

Step 1 자료 입력

	A	B	C	D	E	F
1		1	2	3	4	
2	A	6	4	3	7	
3	B	10	5	4	9	
4	C	8	3	2	5	
5						

Step 2 [데이터] → [데이터 분석] 선택

Step 3 [통계 데이터 분석] 대화상자

[분산 분석 : 반복 없는 이원 배치법] 선택

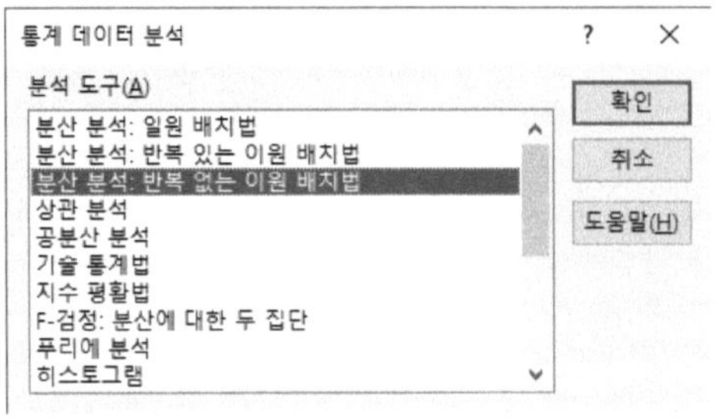

Step 4 [반복 없는 이원 배치법] 대화상자 입력

입력 범위 → A1:E4

이름표 → 선택

유의 수준 → 0.05

출력 범위 → A8

입력이 완료되었으면 [확인] 단추를 누른다.

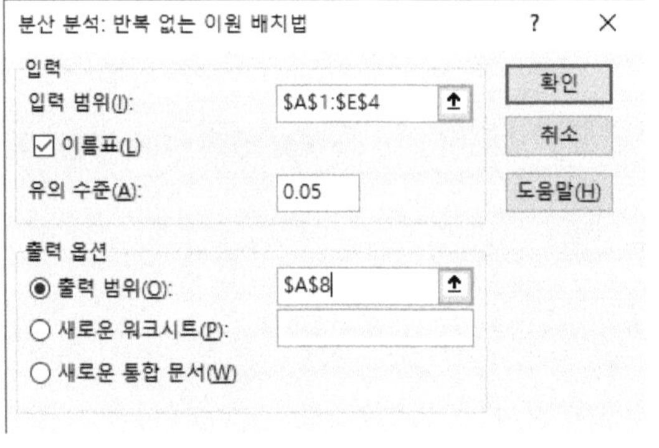

요약표 및 분산분석표가 출력된다.

	A	B	C	D	E	F	G	H
1		1	2	3	4			
2	A	6	4	3	7			
3	B	10	5	4	9			
4	C	8	3	2	5			
5								
6								
7								
8	분산 분석: 반복 없는 이원 배치법							
9								
10	요약표	관측수	합	평균	분산			
11	A	4	20	5	3.3333333			
12	B	4	28	7	8.6666667			
13	C	4	18	4.5	7			
14								
15	1	3	24	8	4			
16	2	3	12	4	1			
17	3	3	9	3	1			
18	4	3	21	7	4			
19								
20								
21	분산 분석							
22	변동의 요인	제곱합	자유도	제곱 평균	F 비	P-값	F 기각치	
23	인자 A(행)	14	2	7	7	0.027	5.1432528	
24	인자 B(열)	51	3	17	17	0.0024485	4.7570627	
25	잔차	6	6	1				
26								
27	계	71	11					
28								

이제 화면의 결과를 이용해 가설 검정을 수행해보자.

[인자 A(행)]에서 F비는 7이고, 이때 유의확률 p값이 0.027이고 가설 검정에 사용된 유의수준은 0.05이므로

$$p\text{값} < \text{유의수준}$$

이다. 따라서, 질병에 따른 약효의 지속시간에는 차이가 있음을 알 수 있다. 또한 [인자 B(열)]에서 F비는 17이고, 이때 유의확률 p값이 0.0024이다. 따라서, 진통제에 따른 약효의 지속시간에도 차이가 있음을 알 수 있다.

2.2 반복 있는 이원 분산분석

교호작용

반복 있는 이원 분산분석에서의 가설검정은 세 가지로 나누어진다. 먼저 인자간의 교호작용(interaction)이 있는지의 여부를 검정해야 한다. 만약 교호작용이 존재한다면 A인자와 B인자의 효과를 따로 검정하는 것은 의미가 없게 되며 처리의 수가 $k \times l$ 인 일

원 분산분석으로 간주하여 $k \times l$ 개의 처리 간 평균의 동일성을 검정하거나 차이를 추정하면 된다.

만약 교호작용이 존재하지 않는다면 A인자의 효과와 B 인자의 효과에 대하여 별도로 검정한다.

이원 분산분석의 모형은 다음과 같다.

$$y_{ijk} = \mu + \alpha_i + \beta_j + (\alpha\beta)_{ij} + \epsilon_{ijk} \ ,$$
$$(i = 1, 2, \cdots, k \ , \ j = 1, 2, \cdots, l \ , \ k = 1, 2, \cdots, m)$$

여기에서 y_{ijk}는 인자 A의 수준이 i 이고 인자 B의 수준이 j 인 처리에서 추출한 k 번째 반복 실험에서 얻은 관측치이고, μ는 전체평균, α_i는 인자 A의 효과, β_j는 인자 B의 효과, $(\alpha\beta)_{ij}$는 인자 A와 인자 B의 교호작용 효과이고 ϵ_{ijk}는 잔차항이다.

먼저 두 인자의 효과를 검정하기에 앞서 두 인자간의 교호작용이 존재하는 지를 검정해야 한다. 이를 검정하기 위한 가설은 다음과 같이 설정된다.

귀무가설 H_0 : 모든 $(\alpha\beta)_{ij} = 0$
대립가설 H_1 : $(\alpha\beta)_{ij}$ 중 적어도 하나는 0이 아니다

귀무가설을 받아들여 모든 $(\alpha\beta)_{ij} = 0$ 이면 두 인자 간에 교호작용이 존재하지 않음을 의미하고 이때는 각각의 인자에 대해 추가적인 분석을 반복이 없는 경우의 이원 분산분석과 마찬가지로 해야 되며, 대립가설을 채택하면 교호작용이 존재함을 의미하고 이 경우에는 자료에 적합한 모형으로 축소시켜 교호작용이 없는 모형으로 재분석한다.

이러한 분석을 행하기 위해서 다음과 같은 반복이 있는 이원 분산분석표를 만들어 이용한다.

〈반복 있는 이원 분산분석표〉

요인	제곱합	자유도	제곱 평균	F 통계량
처리 A	SSA	$k-1$	MSA	$\frac{MSA}{MSE}$
처리 B	SSB	$l-1$	MSB	$\frac{MSB}{MSE}$
교호작용	$SSAB$	$(k-1)(l-1)$	$MSAB$	$\frac{MSAB}{MSE}$
잔차	SSE	$kl(m-1)$	MSE	
합계	$SSTO$	$klm-1$		

여기서는 교호작용의 효과가 있는지를 먼저 검정하도록 한다. 교호작용이 존재하는지는 검정통계량 $F_{\alpha\beta} = \dfrac{MSAB}{MSE}$ 에 판정할 수 있는데 이 값이 기각역에 위치하면 교호작용이 없다는 귀무가설은 기각된다. 또한 유의수준 α 와 비교할 유의확률 p 값을 계산해 비교해도 가능하다. 만일 p 값 〈 유의수준 α 가 성립하면 귀무가설 H_0는 기각되게 된다.

예제 12-3

네 종류의 자동차(A, B, C, D)와 세 명의 운전사(1, 2, 3)가 2회씩 동일한 자동차를 운전하여 얻은 연비 자료이다. 이 자료를 이용해 차종과 운전사의 교호작용 존재유무와 차종 간에 차이, 또 운전사에 따른 연비의 차이가 있는가를 분산분석을 하시오.

A 요인 \ B 요인		운전사		
		1	2	3
자동차	A	12	15	14
		13	13	14
	B	12	13	13
		11	11	12
	C	11	12	14
		13	13	15
	D	12	14	13
		12	15	14

먼저 교호작용이 있는가를 살펴보기 위해 다음과 같은 가설을 세우자.

귀무가설 H_0 : 모든 $(\alpha\beta)_{ij} = 0$ 즉 교호작용이 없다.

대립가설 H_1 : $(\alpha\beta)_{ij}$중 적어도 하나는 0이 아니다.

즉 교호작용이 있다.

● 엑셀 연습…

Step 1 자료 입력

	A	B	C	D	E
1		1	2	3	
2	A	12	15	14	
3		13	13	14	
4	B	12	13	13	
5		11	11	12	
6	C	11	12	14	
7		13	13	15	
8	D	12	14	13	
9		12	15	14	
10					

Step 2 [데이터] → [데이터 분석] 선택

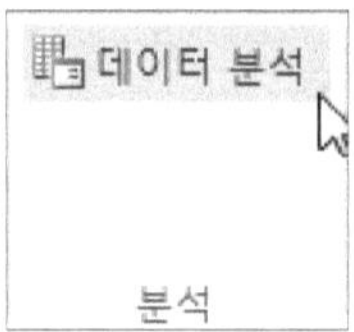

Step 3 [통계 데이터 분석] 대화상자

[분산 분석 : 반복 있는 이원 배치법] 선택

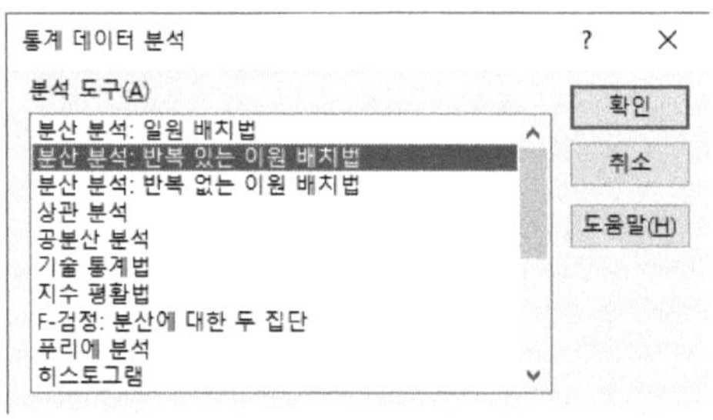

Step 4 [반복 있는 이원 배치법] 대화상자 입력

입력 범위	→ A1:D9
표본당 행수	→ 2
유의 수준	→ 0.05
출력 범위	→ A10

입력이 완료되었으면 [확인] 단추를 누른다.

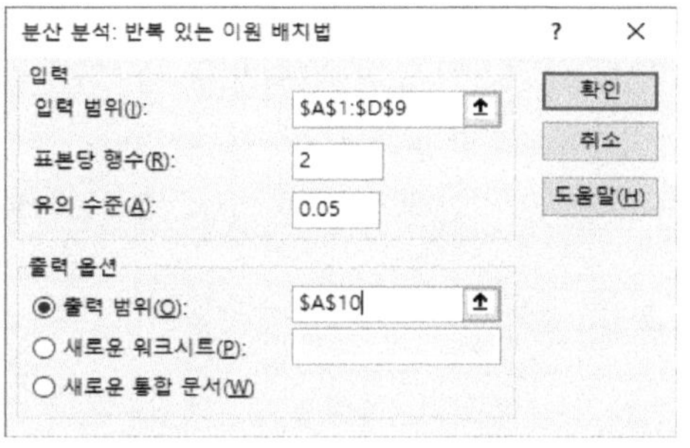

다음과 같이 많은 양의 요약표 및 분산분석표가 출력된다.

	A	B	C	D	E	F	G	H
10	분산 분석: 반복 있는 이원 배치법							
11								
12	요약표	1	2	3	계			
13	A							
14	관측수	2	2	2	6			
15	합	25	28	28	81			
16	평균	12.5	14	14	13.5			
17	분산	0.5	2	0	1.1			
18								
19	B							
20	관측수	2	2	2	6			
21	합	23	24	25	72			
22	평균	11.5	12	12.5	12			
23	분산	0.5	2	0.5	0.8			
24								
25	C							
26	관측수	2	2	2	6			
27	합	24	25	29	78			
28	평균	12	12.5	14.5	13			
29	분산	2	0.5	0.5	2			
30								
31	D							
32	관측수	2	2	2	6			
33	합	24	29	27	80			
34	평균	12	14.5	13.5	13.33333333			
35	분산	0	0.5	0.5	1.466666667			
36								
37	계							
38	관측수	8	8	8				
39	합	96	106	109				
40	평균	12	13.25	13.625				
41	분산	0.571428571	1.928571429	0.839285714				
42								
43								
44	분산 분석							
45	변동의 요인	제곱합	자유도	제곱 평균	F 비	P-값	F 기각치	
46	인자 A(행)	8.125	3	2.708333333	3.421052632	0.052653533	3.490294819	
47	인자 B(열)	11.58333333	2	5.791666667	7.315789474	0.008369625	3.885293835	
48	교호작용	5.75	6	0.958333333	1.210526316	0.365130823	2.996120378	
49	잔차	9.5	12	0.791666667				
50								
51	계	34.95833333	23					
52								

여기에서 우리에게 필요한 부분은 분산분석표이다. 이 부분만을 좀 더 크게 해서 살펴보도록 하자.

44	분산 분석						
45	변동의 요인	제곱합	자유도	제곱 평균	F 비	P-값	F 기각치
46	인자 A(행)	8.125	3	2.708333333	3.421052632	0.052653533	3.490294819
47	인자 B(열)	11.58333333	2	5.791666667	7.315789474	0.008369625	3.885293835
48	교호작용	5.75	6	0.958333333	1.210526316	0.365130823	2.996120378
49	잔차	9.5	12	0.791666667			
50							
51	계	34.95833333	23				
52							

결과를 살펴보면 검정통계량 $F_{\alpha\beta} = \dfrac{MSAB}{MSE} = 1.205$ 이고 이때의 유의확률 p 값은 $p_{\alpha\beta} = 0.365$ 이다. 따라서, 이 값은 유의수준 $\alpha = 0.05$보다 크므로 귀무가설을 기각할 수 없으므로 교호작용이 없는 것으로 판명이 되었다.

이제는 차종 간의 연비의 차이를 보기 위해 다음과 같은 가설을 세우자.

귀무가설 $H_0 : \alpha_A = \alpha_B = \alpha_C = \alpha_D = 0$

대립가설 $H_1 :$ 적어도 하나는 0이 아니다.

결과 화면에서 보듯이 $F_\alpha = \dfrac{MSA}{MSE} = 3.421$ 이고 $p_\alpha = 0.052$ 이다. 따라서, 유의수준 $\alpha = 0.05$ 를 엄격하게 적용한다면 귀무가설을 기각할 수 없다. 즉, 차종 간에는 연비의 차이가 있다고 볼 수 없다.

마지막으로 운전사에 따른 연비의 차이를 검정하기 위해, 검정통계량을 결과에서 보면 $F_\beta = \dfrac{MSB}{MSE} = 7.3157$ 이고 $p_\beta = 0.008$ 이다. 이는 유의수준 $\alpha = 0.05$ 에서 귀무가설을 기각하게 되므로 운전자에 따라 연비에 차이가 있다고 할 수 있다.

Chapter 12

연습문제

01

담배제조회사에서는 동일한 가격의 담배종류에 따라 흡연자의 선호도에 차이가 있는지 알아보고자 6개 지역에 대하여 판매량을 조사한 결과는 다음과 같다. 담배종류에 따라 흡연자의 선호도에는 차이가 있는 것인가? 5%로 유의수준일 때 가설 검정하라.

지역＼종류	A	B	C
1	23	36	32
2	35	28	30
3	26	38	29
4	32	29	33
5	24	40	28
6	34	27	34
평균	$\overline{x_1}=29$	$\overline{x_2}=33$	$\overline{x_3}=31$

02

3종류 자동차를 운전자 3명이 100km의 거리를 2회 반복하여 운전한 후 연료소모량을 조사한 결과는 다음과 같다. 자동차종류와 운전자에 따라 연료소모량에 영향을 미치는 것인지 5%를 유의수준으로 검정하라.

〈자동차 종류와 운전자에 따른 연료소모량〉

B요인 / A요인	운전자 b1	b2	b3	A요인 평균
자동차 a1	12, 13	17, 16	18, 20	$\overline{x_1} = 16$
a2	12, 11	14, 15	16, 16	$\overline{x_2} = 14$
a3	11, 13	10, 12	14, 12	$\overline{x_3} = 12$
B요인 평균	$\overline{x_1} = 12$	$\overline{x_2} = 14$	$\overline{x_3} = 16$	$\overline{\overline{x}} = 14$

03

고가의 자동차들을 저가의 자동차들에 비해 더욱 주의하여 조립하는 것은 아닌가 하는 의심을 가지고 있다. 이 느낌에 대한 근거가 있는지 조사하기 위해, 대형 고급차 A와 중형 세단 B와 소형 자동차 C에 대하여 그들이 상인의 진열실에 도착했을 때 결점을 비교하였다. 모든 차들은 같은 회사에 의하여 제조되었다. 세 모델의 몇몇 대에 대하여 조사된 결점의 수가 기록되어 있다. 평균 결점수가 세 모델에 대하여 같다는 가설을 유의수준 0.05에서 검정하라.

〈자동차 결점의 수〉

모델		
A	B	C
4	5	8
7	1	6
6	3	8
6	5	9
	3	5
	4	
23	21	36

04 휘발유의 옥탄가가 지역에 따라 차이가 있는지 알아보기 위해 전국을 4지역으로 나누었다. 각 지역에서 동일회사 휘발유를 취급하는 주유소들을 임의로 선정하여 조사된 휘발유의 옥탄가가 다음과 같다. 분산분석표를 작성하고 지역별로 옥탄가에 차이가 있는지를 검정하라.

〈4지역의 휘발유의 옥탄가〉

1		2		3		4		
84.0	83.0	81.4	81.0	83.2	83.7	81.6	83.5	81.5
83.5	85.8	82.4	83.2	82.8	83.6	82.9	83.6	81.9
84.0	84.0	83.4	81.1	83.4	83.3	84.6	84.7	81.7
85.0	84.2	83.3	84.5	81.4	85.1	84.2	82.6	82.5
83.1	82.2	84.1		82.7	83.1	82.8	82.4	
83.5	83.6	83.3		83.0	84.2	83.0	83.4	
81.7	84.9	82.4		85.0	81.6	82.9	82.7	
85.4		84.3		83.0	82.3	83.4	82.9	
84.1		82.6		85.0		83.1	83.7	
평균 $\overline{y_1}=83.9$		$\overline{y_2}=82.8$		$\overline{y_3}=83.3$		$\overline{y_4}=83.0$		
제곱합 17.81		16.17		18.42		16.35		

05 한 사진기사는 사진의 선명도에 사진 현상액인 메톨(metol)과 하이드로퀴논(hydroquinone)이 미치는 영향을 조사하고자 실험을 실시하였다. 현상액 1l 당 메톨함량의 수준을 1.5g, 2.5g으로 하고, 하이드로퀴논함량의 수준을 4g, 6g으로 하여 다음과 같은 자료를 얻었다. 분산분석표를 작성하고, 각 인자와 교호작용의 영향을 조사하여라.

〈사진의 선명도〉

하이드로퀴논 메톨	4	6	평균
1.5	28, 30	33, 33	$\overline{y}_{1..} = 31.0$
2.5	42, 38	40, 42	$\overline{y}_{1..} = 31.0$
평균	$\overline{y}_{.1.} = 34.5$	$\overline{y}_{.2.} = 37$	$\overline{y}_{...} = 35.75$

연습문제 해답

01

① 가설을 설정한다.

H_0: $\mu_1 = \mu_2 = \mu_3$

H_1: μ_1, μ_2, μ_3 는 서로 같지 않다.

② 유의수준을 결정한다.

주어진 유의수준 $\alpha = 0.05$

③ $\alpha = 0.05$에서 임계치를 구한다.

표에 나타난 F-분포표로부터 자유도가 (2, 15)인 F-분포 임계치는 다음과 같다.

$F_{0.05} = 3.68$

④ 검정통계량을 구하여 임계치와 비교한다.

표에서 총평균 $\overline{\overline{x}} = 31$이고, $k = 3$, $n = 6$이며 그룹평균은 $\overline{x_1} = 29$, $\overline{x_2} = 33$, $\overline{x_3} = 31$이므로 SSA의 값과 SSE의 값을 구하면 아래와 같다.

$$SSA = \sum_j n_j(\overline{x_j} - \overline{\overline{x}})^2 = 6(29-31)^2 + 6(33-31)^2 + 6(31-31)^2$$

$$= 24 + 24 + 0 = 48$$

$$SSE = \sum_j \sum_i (\overline{x_{ij}} - \overline{x_j})^2 = (23-29)^2 + (35-29)^2 + \cdots + (23-29)^2$$

$$+ (36-33)^2 + (28-33)^2 + \cdots + (27-33)^2$$

$$+ (32-31)^2 + (30-31)^2 + \cdots + (34-31)^2$$

$$= 328$$

$$F = \frac{SSA/(k-1)}{SSE/k(n-1)} = \frac{48/2}{328/15} = \frac{24.0}{21.87} = 1.10\text{이다.}$$

따라서, 검정통계량 $F = 1.10$이고 임계치 $F_{0.05} = 3.68$이므로 검정통계량 값이 임계치보다 작게 나타나기 때문에 귀무가설 H_0를 채택한다.

⑤ 결과를 해석한다.

5%를 유의수준으로 할 때 담배종류에 따라 흡연자의 선호도에 차이가 없다는 귀무가설 H_0을 기각할 만한 타당한 근거가 없다.

02

① 가설을 설정한다.

(a) A요인에 대한 가설

H_0 : $\alpha_1 = \alpha_2 = \alpha_3$

H_1 : 모두 같지는 않다.

(b) B요인에 대한 가설

H_0: $\beta_1 = \beta_2 = \beta_3$

H_1 : 모두 같지는 않다.

(c) A, B두 요인 교호작용에 대한 가설

H_0: $\gamma_{AB} = 0$ (교호작용 없다.)

H_1: $\gamma_{AB} \neq 0$ (교호작용 있다.)

② 유의수준을 결정한다.

$\alpha = 0.05$로 하자.

③ $\alpha = 0.05$에서 임계치를 구한다.

A요인에 대한 임계치 : $F_\alpha(2,9) = 4.26$

B요인에 대한 임계치 : $F_\alpha(2,9) = 4.26$

A, B 교호작용에 대한 임계치 : $F_\alpha(4,9) = 3.63$

④ 검정통계량을 구하여 임계치와 비교한다.

$$SST = \sum_i \sum_j \sum_k (x_{ijk} - \bar{x})^2$$
$$= (12-14)^2 + (13-14)^2 + \cdots + (14-14)^2 + (12-12)^2$$
$$= 117$$

$$SSA = q \cdot n \sum_i^p (\bar{x_i} - \bar{x})^2 = 3(2)\{(16-14)^2 + (14-14)^2 + (12-14)^2\} = 48$$

$$SSB = p \cdot n \sum_j^q (\bar{x_j} - \bar{x})^2 = 3(2)\{(12-14)^2 + (14-14)^2 + (16-14)^2 = 48$$

$$SSAB = n \sum_j \sum_i (\overline{x_{ij}} - \bar{x_i} - \bar{x_j} + \bar{x})^2$$
$$= 2[(12.5-16-12+14)^2 + \cdots + (13-12-16+14)^2] = 10$$

$$SSE = TSS - SSA - SSB - SSAB$$

$= 117 - 48 - 48 - 10$

$= 11$

A요인에 대한 검정통계량 $F_A = 19.64$이고 임계치 $F(2,9) = 4.26$이므로 H_0를 기각한다. B요인에 대한 검정통계량 $F_B(2,9) = 4.26$이므로 H_0를 기각한다. A, B 두 요인의 교호작용에 대한 검정통계량 $F_{AB} = 2.05$이고 임계치 $F(4,9) = 3.63$ 이므로 H_0를 채택한다.

⑤ 결과를 해석한다.

5%를 유의수준으로 할 때 A요인에 대한 귀무가설은 기각되므로 자동차 종류에 따라 연료소모량에 미치는 영향은 다르다. 또한 B요인에 대한 귀무가설 H_0가 기각됨으로 운전자에 따라 연료소모량은 다르다. 그리고, A, B 두 요인의 교호작용에 대한 귀무가설 H_0가 채택됨으로 자동차종류와 운전자 사이에 상호교호작용은 없다.

03

① H_0: $\mu_1 = \mu_2 = \mu_3$.

H_1: 평균들 중 적어도 두 개는 같지 않다.

② $\alpha = 0.05$.

③ 기각역 : $F > 3.89$.

④ 검정통계량 계산 :

$$SST = 4^2 + 7^2 + \ldots + 5^2 - \frac{80^2}{15} = 65.333,$$

$$SSA = \frac{23^2}{4} + \frac{21^2}{6} + \frac{36^2}{5} - \frac{80^2}{15} = 38.283,$$

$$SSE = 65.333 - 38.283 = 27.050.$$

이 결과들과 나머지 계산결과들이 다음 표에 보여져 있다.

[분산분석]

변동요인	제곱합	자유도	평균제곱	계산된 F
열평균	38.283	2	19.142	8.49
오차	27.050	12	2.254	
합계	65.333	14		

H_0를 기각하고, 세 모델에 대한 평균 결점수는 같지 않다고 결론을 내릴 수 있다.

04 분산분석표는 다음과 같다.

[분산분석표 F 비]

요인	제곱합	자유도	평균제곱	F 비
처리	10.14	3	3.38	$\frac{3.38}{1.07} = 3.16$
잔차	68.75	64	1.07	
총계	78.89	67		

분산분석표에서 F 비는 $F_{0.05}(3,\ 64) = 2.76$보다 크므로

귀무가설 H_0: $\alpha_1 = \alpha_2 = \alpha_3 = \alpha_4 (= 0)$을 유의수준 5%에서 기각하게 된다. 즉, 지역별로 옥탄가에는 차이가 있다는 결론을 내릴 수 있다.

05 제곱합의 계산은 다음과 같다.($p = q = 2,\ r = 2$).

$SSA = 2 \times 2[(31 - 35.75)^2 + (40.5 - 35.75)^2] = 180.5$

$SSB = 2 \times 2[(34.5 - 35.75)^2 + (37 - 35.75)^2] = 12.5$

$SSAB = 2[(29 - 31 - 34.5 + 35.75)^2 + ... + (41 - 40.5 - 37 + 35.75)^2] = 4.5$

$$SSE = (28 - 29)^2 + (30 - 29)^2 + (33 - 33)^2 + (33 - 33)^3 + (42 - 40)^2 + (38 - 40)^2 + (40 - 41)^2 + (42 - 41)^2 = 12.0$$

$SST = (28 - 35.75)^2 + (30 - 35.75)^2 + ... + (42 - 35.75)^2 = 209.5$

따라서, 분산분석표는 다음과 같다.

[분산분석표]

요인	제곱합	자유도	평균제곱	F 비
메톨	180.5	1	180.5	60.2
하이드로퀴논	12.5	1	12.5	4.2
교호작용	4.5	1	4.5	1.5
잔차	12.0	4	3.0	
계	209.5	7		

F 분포표에서 $F_{0.05}(1,\ 4) = 7.71$이므로, 메톨의 수준만이 사진의 선명도에 유의한 영향을 준다고 볼 수 있다.

Chapter 12

심화문제

01

어떤 농업시험소에서는 비료와 토양에 따라 무 생산량에 대한 차이가 있는 것인지 알아보기 위하여 3종류의 비료투입과 4종류의 토양에 실험재배 하였다. 실험 재배한 결과는 표와 같다. 이러한 실험결과로부터 비료종류와 토양 종류에 따라 무 생산량에는 차이가 있는지 검정하라.

B요인 / A요인	토양 b1	b2	b3	b4	$\overline{x}_i$
비료 a1	5	4	5	6	5.0
a2	6	2	7	7	5.5
a3	7	6	3	8	6.0
$\overline{x}_j$	6	4	5	7	$\overline{\overline{x}} = 5.5$

02 다음의 자료는 25명의 실험 대상자들에게 투약된 다섯 가지의 서로 다른 상표의 진통제약들에 의하여 제공된 통증 완화의 시간 수를 나타낸다. 25명의 실험 대상자들은 다섯 집단으로 무작위로 분할되었고 각 집단은 한 가지의 상표에 의해 처리되었다.

〈진통제약에 의한 통증 완화 시간〉

	정 제					
	A	B	C	D	E	
	5	9	3	2	7	
	4	7	5	3	6	
	8	8	2	4	9	
	6	6	3	1	4	
	3	9	7	4	7	
합계	26	39	20	14	33	132
평균	5.2	7.8	4.0	2.8	6.6	5.28

분산분석을 행하고, 정제들에 의하여 제공되는 통증 완화의 평균 시간 수는 다섯 가지 상표 모두에 대하여 같다는 가설을 유의수준 0.05에서 검정하라.

03 A, B, C 세 가지 공법에 의하여 생산되는 어떤 금속가공품의 인장강도에 차가 있는지의 여부를 조사하기 위해, 세 공법에 의하여 생산된 제품 가운데 랜덤추출에 의하여 5개씩의 표본을 추출하고 인장강도를 측정한 결과는 다음과 같다. 분산분석표를 작성하고 세 공법에 의한 제품의 인장강도에 차이가 있는지를 검정하라.

〈세 공법에 의한 인장강도(단위 : kg/cm²)〉

	A	B	C	
	56	48	55	
	60	61	60	
	50	48	44	
	65	52	46	
	64	46	55	
평 균	59.0	51.0	52.0	총평균 54.0
제곱합	$\sum_{j=1}^{5}(y_{1j}-\overline{y_1})^2=152$	$\sum_{j=1}^{5}(y_{2j}-\overline{y_2})^2=144$	$\sum_{j=1}^{5}(y_{3j}-\overline{y_3})^2=182$	

04

5종류의 절단기로 4종류의 금속을 절단하게 하여, 절단속도를 측정한 결과가 다음과 같다. 분산분석표를 작성하고, 절단기에 따라 절단속도가 다른 지의 여부와 금속에 따라 절단속도가 다른 지의 여부를 검정하라.

금속(B) 절단기(A)	1	2	3	4	평균
1	12	20	13	11	$\overline{y}_{1\cdot}=14$
2	2	14	7	5	$\overline{y}_{2\cdot}=7$
3	8	17	13	10	$\overline{y}_{3\cdot}=12$
4	1	12	8	3	$\overline{y}_{4\cdot}=6$
5	7	17	14	6	$\overline{y}_{5\cdot}=11$
평균	$\overline{y}_{\cdot 1}=6$	$\overline{y}_{\cdot 2}=16$	$\overline{y}_{\cdot 3}=11$	$\overline{y}_{\cdot 4}=7$	$\overline{y}_{\cdot\cdot}=\frac{200}{20}=10$

Chapter 13

교차분석

1. 교차표
2. 카이제곱 검정

교차분석(Crosstabulation Analysis)은 두 개 혹은 그 이상의 변수의 속성에 대해 집단별로 어떤 연관성이 있는지를 알아보기 위해서 사용하는 분석방법이다. 예를 들면 성별 특정 브랜드에 대한 충성도에 차이가 있는지 등이다. 교차분석은 기대빈도와 실제빈도간의 차이를 비교하며 카이제곱 검정(χ^2 Chi-square test)을 이용한다.

1 교차표

두 변수를 기준으로 자료를 분류하였을 때 행의 변수(독립변수)가 r개의 속성을 가지고 있고 열의 변수(종속변수)가 c개의 속성을 가진다면 r x c의 교차표가 생성된다. 〈표 13-1〉은 표본의 실제빈도(observed frequencies) o_{ij}, 〈표 13-2〉는 표본의 기대빈도(expected frequencies) e_{ij}를 나타내는 교차표이다. **교차표**

〈표 13-1〉 실제빈도 교차표

<table>
<tr><th colspan="2" rowspan="2">열(종속변수)
행(독립변수)</th><th colspan="4">열의 속성</th><th rowspan="2">합계</th></tr>
<tr><th>$j=1$</th><th>$j=2$</th><th></th><th>$j=c$</th></tr>
<tr><td rowspan="4">행의 속성</td><td>$i=1$</td><td>o_{11}</td><td>o_{12}</td><td>$\cdots$</td><td>o_{1c}</td><td>$o_{1.}$</td></tr>
<tr><td>$i=2$</td><td>o_{21}</td><td>o_{22}</td><td>$\cdots$</td><td>o_{2c}</td><td>$o_{2.}$</td></tr>
<tr><td></td><td>$\vdots$</td><td>$\vdots$</td><td></td><td>$\vdots$</td><td>$\vdots$</td></tr>
<tr><td>$i=r$</td><td>o_{r1}</td><td>o_{r2}</td><td>$\cdots$</td><td>o_{rc}</td><td>$o_{r.}$</td></tr>
<tr><td colspan="2">합계</td><td>$o_{.1}$</td><td>$o_{.2}$</td><td>$\cdots$</td><td>$o_{.c}$</td><td>n</td></tr>
</table>

〈표 13-2〉 기대빈도 교차표 $e_{ij} = \frac{e_{i.}e_{.j}}{n}$

<table>
<tr><th colspan="2" rowspan="2">열(종속변수)
행(독립변수)</th><th colspan="4">열의 속성</th><th rowspan="2">합계</th></tr>
<tr><th>$j=1$</th><th>$j=2$</th><th></th><th>$j=c$</th></tr>
<tr><td rowspan="4">행의 속성</td><td>$i=1$</td><td>e_{11}</td><td>e_{12}</td><td>$\cdots$</td><td>e_{1c}</td><td>$e_{1.}$</td></tr>
<tr><td>$i=2$</td><td>e_{21}</td><td>e_{22}</td><td>$\cdots$</td><td>e_{2c}</td><td>$e_{2.}$</td></tr>
<tr><td></td><td>$\vdots$</td><td>$\vdots$</td><td></td><td>$\vdots$</td><td>$\vdots$</td></tr>
<tr><td>$i=r$</td><td>e_{r1}</td><td>e_{r2}</td><td>$\cdots$</td><td>e_{rc}</td><td>$e_{r.}$</td></tr>
<tr><td colspan="2">합계</td><td>$e_{.1}$</td><td>$e_{.2}$</td><td>$\cdots$</td><td>$e_{.c}$</td><td>n</td></tr>
</table>

2 카이제곱 검정

카이제곱 검정 카이제곱 검정 절차는 다음과 같다.

▸ **카이제곱 검정**

귀무가설 H_0 : 두 변수는 서로 독립적이다.
행변수는 열변수와 서로 연관되어 있지 않다.

대립가설 H_1 : 두 변수는 서로 독립적이지 않다.

행변수는 열변수와 서로 연관되어 있다.

검정통계량 : $\chi^2 = \Sigma \frac{(O-E)^2}{E}$

대립가설에 따른 기각역 : $\chi^2 > \chi^2_\alpha(r-1)(c-1)$

예제 13-1

스마트폰 사용자에 대한 스마트폰 제조사의 선호도를 조사하기 위하여 각각 50명의 남녀를 선정하였다. 성별에 의한 스마트폰 제조사의 빈도분석은 다음과 같다.

	A사	B사	C사	합계
남자	20	15	15	50
여자	15	20	15	50
합계	35	35	30	100

남녀 간의 스마트폰 제조사의 선호도에 차이가 있는지 5%의 유의수준에서 검정하시오.

해설 실제빈도를 토대로 구한 기대빈도는 다음과 같다.

	A사	B사	C사	합계
남자	17.5	17.5	15	50
여자	17.5	17.5	15	50
합계	35	35	30	100

Step 1 귀무가설 H_0 과 대립가설 H_1 설정

귀무가설 H_0 : 성별 스마트폰 제조사의 선호도에 차이가 없다.

대립가설 H_1 : 성별 스마트폰 제조사의 선호도에 차이가 있다.

Step 2 유의수준 α 를 결정

$\alpha = 0.05$

Step 3 검정통계량 선택

$$\chi^2 = \Sigma \frac{(O-E)^2}{E}$$

Step 4 기각역을 계산

$$\chi^2 > \chi^2_{0.05}(2) = 5.991$$

Step 5 검정통계량 계산

	O	E	$O-E$	$(O-E)^2$	$(O-E)^2/E$
남자 A	20	17.5	2.5	6.25	0.357
남자 B	15	17.5	-2.5	6.25	0.357
남자 C	15	15	0	0	0
여자 A	15	17.5	-2.5	6.25	0.357
여자 B	20	17.5	2.5	6.25	0.357
여자 C	15	15	0	0	0
합계	100	100			1.428

Step 6 판정

$\chi^2 = 1.428 < 5.991$ 이기 때문에, 유의수준 5%에서 귀무가설이 채택된다. 즉, 성별 스마트폰 제조사의 선호도에는 차이가 없다.

● 엑셀 연습…

Step 1 자료 입력

스마트폰 제조사의 남녀 간 선호도에 대한 자료(실제빈도)를 다음과 같이 입력한다.

	A	B	C	D	E	F
1		A사	B사	C사	합계	
2	남	20	15	15	50	
3	여	15	20	15	50	
4	합계	35	35	30	100	
5						
6						
7						
8						

Step 2 기대빈도 계산

	A	B	C	D	E	F
1		A사	B사	C사	합계	
2	남(실제)	20	15	15	50	
3	여(실제)	15	20	15	50	
4	남(기대)	17.5	17.5	15	50	
5	여(기대)	17.5	17.5	15	50	
6	합계	35	35	30	100	
7						
8						

Step 3 [함수 마법사] 대화상자

[CHITEST]를 선택한다.

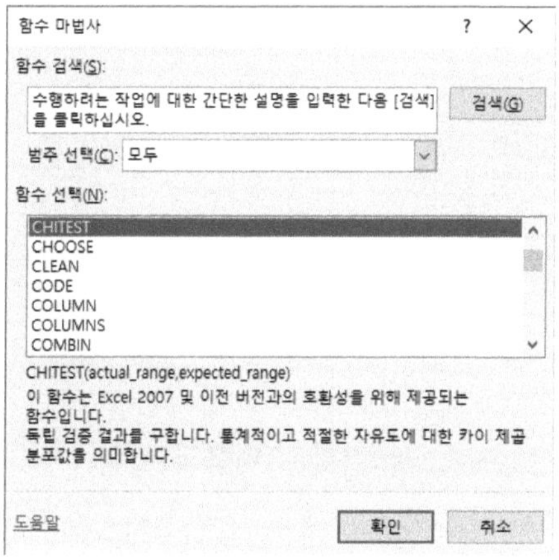

Step 4 [CHITEST] → 대화상자 입력

실제빈도 → B2:D3

기대빈도 → B4:D5

입력이 완료되었으면 [확인] 단추를 누른다.

다음과 같이 출력된다.

	A	B	C	D	E	F
1		A사	B사	C사	합계	
2	남(실제)	20	15	15	50	
3	여(실제)	15	20	15	50	
4	합계	35	35	30	100	
5	남(기대)	17.5	17.5	15	50	
6	여(기대)	17.5	17.5	15	50	
7	합계	35	35	30	100	
8						
9	0.4895417					

$p = 0.4895 \rangle \alpha = 0.05$ 이므로 귀무가설이 채택된다.

Chapter 13

연습문제

01

남녀 대학생 20명씩을 대상으로 음식 선호도를 조사한 결과는 다음과 같다. 유의수준 5%에서 남녀 대학생 간의 음식 선호도에 차이가 있는지 검정하시오.

	튀김	절임	구이	볶음	조림	합계
남	3	2	3	6	6	20
여	3	6	6	2	3	20
합계	6	8	9	8	9	40

02

대학 구내식당의 개선사항에 대한 설문조사 결과는 다음과 같다. 유의수준 5%에서 남녀 대학생 간의 구내식당 개선사항에 차이가 있는지 검정하시오.

	가격	맛	위생	메뉴	기타	합계
남	13	27	11	14	2	67
여	20	41	20	17	1	99
합계	33	68	31	31	3	166

연습문제 해답

01

실제빈도를 토대로 구한 기대빈도는 다음과 같다.

	튀김	절임	구이	볶음	조림	합계
남	3	4	4.5	4	4.5	20
여	3	4	4.5	4	4.5	20
합계	6	8	9	8	9	40

Step 1 귀무가설 H_0 과 대립가설 H_1 설정

귀무가설 H_0 : 성별 음식 선호도에 차이가 없다.

대립가설 H_1 : 성별 음식 선호도에 차이가 있다.

Step 2 유의수준 α를 결정

$\alpha = 0.05$

Step 3 검정통계량 선택

$$\chi^2 = \Sigma \frac{(O-E)^2}{E}$$

Step 4 기각역을 계산

$\chi^2 > \chi^2_{0.05}(4) = 9.488$

Step 5 검정통계량 계산

	O	E	$O-E$	$(O-E)^2$	$(O-E)^2/E$
남 튀김	3	3	0	0	0
남 절임	2	4	-2	4	1
남 구이	3	4.5	-1.5	2.25	0.5
남 볶음	3	4	2	4	1
남 조림	6	4.5	1.5	2.25	0.5
여 튀김	3	3	0	0	0
여 절임	6	4	-2	4	1
여 구이	6	4.5	-1.5	2.25	0.5
여 볶음	2	4	2	4	1
여 조림	3	4.5	1.5	2.25	0.5
합계	40	40			6

Step 6 판정

$\chi^2 - 6 < 9.488$ 이기 때문에, 유의수준 5%에서 귀무가설이 채택된다. 즉, 성별 음식 선호도에는 차이가 없다.

02

실제빈도를 토대로 구한 기대빈도는 다음과 같다.

	가격	맛	위생	메뉴	기타	합계
남	13.3	27.4	12.5	12.5	1.2	67
여	19.7	40.6	18.5	18.5	1.8	99
합계	33	68	31	31	3	166

Step 1 귀무가설 H_0 과 대립가설 H_1 설정

귀무가설 H_0 : 구내식당 개선사항에 차이가 없다.

대립가설 H_1 : 성별 구내식당 개선사항에 차이가 있다.

Step 2 유의수준 α를 결정

$\alpha = 0.05$

Step 3 검정통계량 선택

$$\chi^2 = \Sigma \frac{(O - E)^2}{E}$$

Step 4 기각역을 계산

$\chi^2 > \chi^2_{0.05}(4) = 9.488$

Step 5 검정통계량 계산

	O	E	$O-E$	$(O-E)^2$	$(O-E)^2/E$
남 가격	13	13.3	-0.3	0.09	0.007
남 양과맛	27	27.4	-0.4	0.16	0.006
남 위생	11	12.5	-1.5	2.25	0.180
남 메뉴	14	12.5	1.5	2.25	0.180
남 기타	2	1.2	0.8	0.64	0.533
여 가격	20	19.7	0.3	0.09	0.005
여 양과맛	41	40.6	0.4	0.16	0.004
여 위생	20	18.5	1.5	2.25	0.122
여 메뉴	17	18.5	-1.5	2.25	0.122
여 기타	1	1.8	-0.8	0.64	0.356
합계	166				1.513

Step 6 판정

$\chi^2 = 1.513 < 9.488$ 이기 때문에, 유의수준 5%에서 귀무가설이 채택된다. 즉, 성별 구내식당 개성사항에 대해 차이가 없다.

Chapter 14

상관분석

1. 산포도에 의한 시각적 파악
2. 상관계수에 의한 수치적 파악

상관계수(correlation coefficient)란 피어슨 상관계수(Pearson correlation coefficient)를 간단히 지칭한 것으로, 등간 또는 비율척도를 이용해 측정한 두 변수간의 밀접도를 나타내는 계수이며, 이런 상관관계의 강도를 분석하는 것이 상관분석이라 할 수 있다. 상관분석은 일반적으로 두 변수간의 결합도 또는 함수관계의 강도를 측정하는 일종의 지수를 산출하는 개념이 된다. 하지만 상관분석은 두 변수가 선형관계를 가지고 있는지의 여부와 그 강도를 측정하는 방법에 제한된다.

1 산포도에 의한 시각적 파악

산포도

두 개의 양적인 변수(x, y)가 있을 때, 이 두 개의 변수 관계를 시각적으로 표현하기 위해 산포도(scatter plot)를 이용한다. 산포도는 두 변수 중 하나를 가로축으로 하고 나머지 다른 한쪽을 세로축으로 하여, 각각 대응되는 자료를 하나의 점으로 표시하여 작성한다.

다음은 어느 도시의 최고 기온과 아이스크림 판매량의 자료이다.

온도(x)	23	25	26	27	28	29	30	32	33
판매량(y)	27	23	25	28	35	36	38	33	30

이 자료에서 온도를 x 축으로 판매량을 y 축으로 정하면 두 값이 만나는 곳에 하나의 관측점이 생긴다. 이를 모든 점에 적용시켜 만든 그래프가 산포도이다.

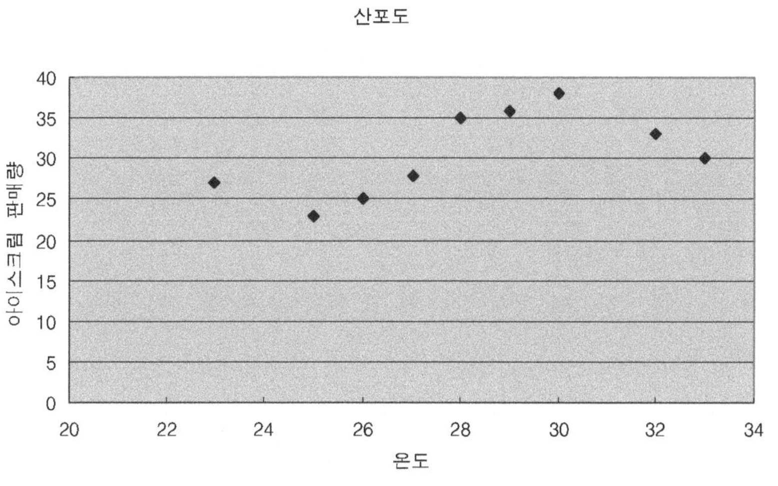

● 엑셀 연습 ⋯

Step 1 자료입력

	A	B	C
1	온도	아이스크림판매량	
2	23	27	
3	25	23	
4	26	25	
5	27	28	
6	28	35	
7	29	36	
8	30	38	
9	32	33	
10	33	30	
11			

Step 2 차트 삽입

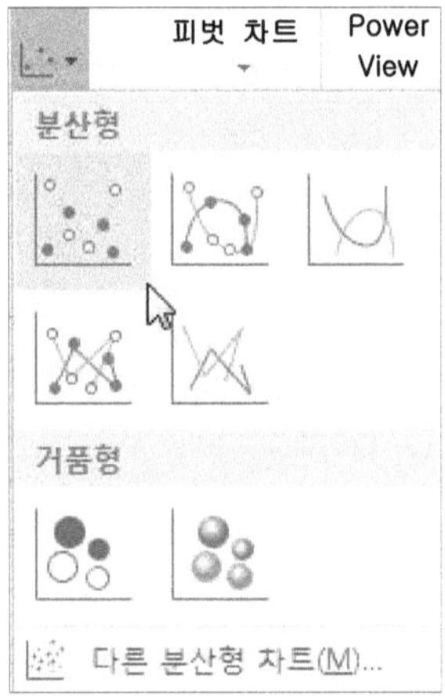

이러한 산포도를 관찰할 때 유심히 보아야 할 점은 다음과 같다.

① 어긋난 값 또는 이상치의 존재 유무
② 두 변수 x와 y사이에 존재하는 어떠한 관계(직선관계, 곡선관계, 무관계) 유무
③ 그룹의 형성유무

다음과 같이 도시의 최고 기온과 전력 사용량 자료가 있다고 하자.

온도(x)	23	25	26	27	28	29	30	32	33
전력사용량(y)	31	40	47	58	66	75	78	80	83

최고 기온과 전력 사용량의 관계 및 아이스크림 판매량을 동시에 알아보고자 한다면 어떻게 해야 할까? 여기서 최고 기온은 서로 공통이고 각기 다른 변수와 대응되어 있다. 이런 경우에 두 개의 산포도를 작성하는 방법과 한 개의 산포도 위에 종류마다 각기 다른 모양의 점을 표시하는 방법을 생각할 수도 있다. 이와 같이 하나의 산포도 위에 동시에 두 개 이상의 모양의 표시로 나타내는 산포도를 층별산포도라 하고, 동시에 종류에 따른 차이를 비교하는 것이 목적이라면 층별산포도를 이용하는 쪽이 좋다.

층별산포도

● 엑셀 연습 ···

Step 1 자료입력

다음과 같이 자료를 입력한다.

	A	B	C
1	온도	판매량	전력사용량
2	23	27	
3	25	23	
4	26	25	
5	27	28	
6	28	35	
7	29	36	
8	30	38	
9	32	33	
10	33	30	
11	23		31
12	25		40
13	26		47
14	27		58
15	28		66
16	29		75
17	30		78
18	32		80
19	33		83

Step 2 차트 삽입

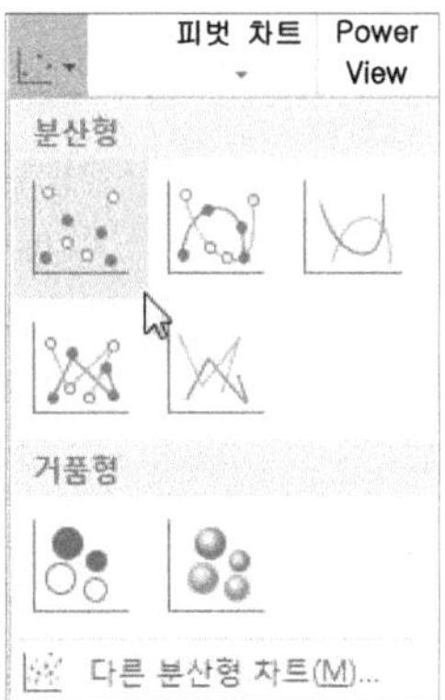

다음과 같은 출력화면이 나타난다.

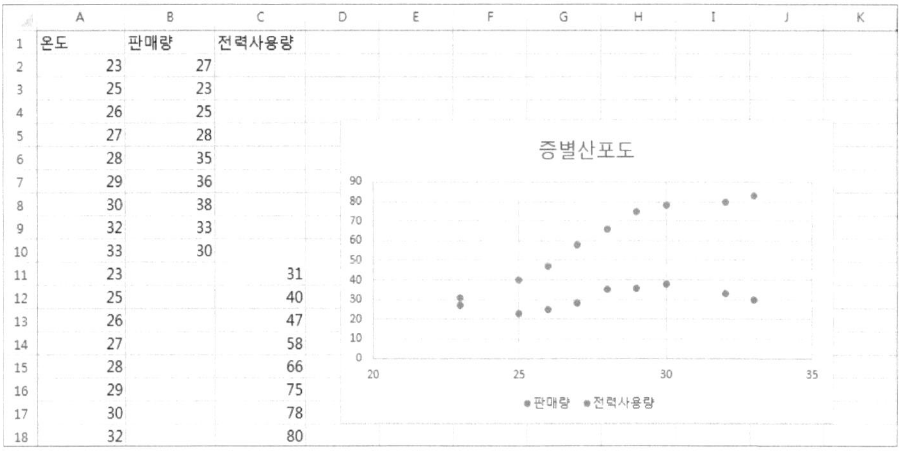

	A	B	C
1	온도	판매량	전력사용량
2	23	27	
3	25	23	
4	26	25	
5	27	28	
6	28	35	
7	29	36	
8	30	38	
9	32	33	
10	33	30	
11	23		31
12	25		40
13	26		47
14	27		58
15	28		66
16	29		75
17	30		78
18	32		80

상관관계와 인과관계는 각기 다른 개념이다. 인과관계란 원인과 결과의 관계이며, 이것은 자료의 통계적 검토만으로는 입증할 수가 없다. 자료에 근거하여 검토할 수 있는 것은 상관관계이며, 인과관계는 자료의 배후에 있는 이론적 또는 기술적 지식에 의해서 설명이 될 수가 있다.

2 상관계수에 의한 수치적 파악

상관계수

두 변수 사이에 상관관계의 존재 유무를 수치적으로 표현하는 상관계수는 일반적으로 r이라는 기호로 표시되고, -1에서 1사이의 값을 범위로 취한다. 즉, $|r| \leq 1$ 이다.

상관계수가 $r > 0$ 인 경우에는 양의 상관관계가 있다고 하며 이때는 x가 증가하면 y도 같이 증가하고, 반대로 $r < 0$ 인 경우에는 음의 상관관계가 있다고 하며 x가 증가하면 y는 감소한다. 또한 양과 음 어느 쪽에도 관계가 나타나지 않는 경우를 무상관이라 한다. 상관관계의 강도는 상관계수의 절대값 $|r|$ 또는 상관계수의 자승값(R-square) r^2으로 평가한다. 어느 쪽도 1에 가까울수록 상관이 강하다는 것을 의미한다.

상관계수로부터 상관의 정도를 판단하는 일반적인 기준은 다음과 같다.

$0.8 \leq |r|$ → 강한 상관 있음

$0.6 \leq |r| < 0.8$ → 상관 있음

$0.4 \leq |r| < 0.6$ → 약한 상관 있음

$|r| \leq 0.4$ → 거의 상관 없음

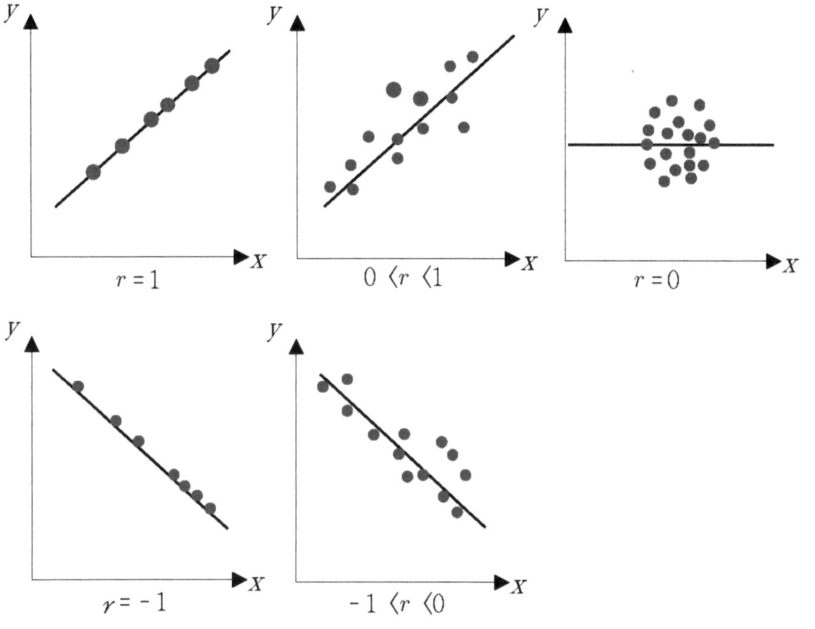

[그림 14-1] 상관계수와 산포도

그러나 이것은 어디까지나 일반적인 평가 기준이고, 상관계수는 자료의 수와 관계가 있을 수 있으므로 살펴볼 필요가 있다.

두 변수 x와 y의 상관계수는 다음과 같이 계산한다.

① x의 편차제곱의 합 $S(xx)$를 계산한다.

$$S(xx) = \sum_{i=1}^{n}(x_i - \bar{x})^2 = \sum_{i=1}^{n} x_i^2 - (\sum_{i=1}^{n} x_i)^2/n$$

② y의 편차제곱의 합 $S(yy)$를 계산한다.

$$S(yy) = \sum_{i=1}^{n}(y_i - \bar{y})^2 = \sum_{i=1}^{n} y_i^2 - (\sum_{i=1}^{n} y_i)^2/n$$

③ x와 y의 편차곱의 합 $S(xy)$를 계산한다.

$$S(xy) = \sum_{i=1}^{n}(x_i - \bar{x})(y_i - \bar{y}) = \sum_{i=1}^{n} x_i y_i - (\sum_{i=1}^{n} x_i)(\sum_{i=1}^{n} y_i)/n$$

④ 상관계수 r을 계산한다.

$$r = \frac{S(xy)}{\sqrt{S(xx)S(yy)}}$$

엑셀에서 상관계수를 계산하기 위해서는 엑셀에서 기본적으로 제공하는 함수 CORREL을 사용하며 그 형식은 다음과 같다.

CORREL(변수 x의 자료 범위, 변수 y의 자료 범위)

변수 x의 자료 범위와 변수 y의 자료 범위에 포함되는 자료의 수가 다른 경우, 에러 값 "#N/A"이 출력된다. 변수 x의 자료 범위 또는 변수 y의 자료 범위의 한쪽 혹은 양쪽 자료의 표준편차가 0인 경우에는, 에러 값 "#DIV/0!"가 출력된다.

● 엑셀 연습 ··· [상관분석]

Step 1 자료 입력

온도와 아이스크림 판매량 자료를 이용하자. 자료를 다음과 같이 입력한다.

	A	B	C
1	온도	아이스크림판매량	
2	23	27	
3	25	23	
4	26	25	
5	27	28	
6	28	35	
7	29	36	
8	30	38	
9	32	33	
10	33	30	
11			

Step 2 [데이터] → [데이터 분석] 선택

Step 3 [통계 데이터 분석] 대화상자

[상관 분석]을 선택한다.

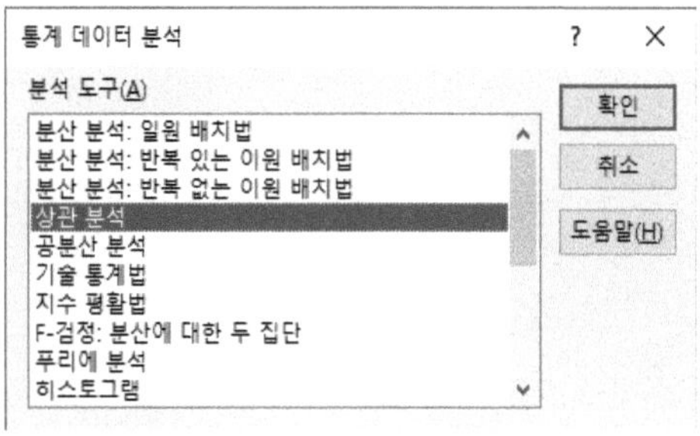

Step 4 [상관 분석] 대화상자 입력

입력 범위 → A1:B10

첫째 행 이름표 사용 → 선택

입력이 완료되면 [확인] 단추를 누른다.

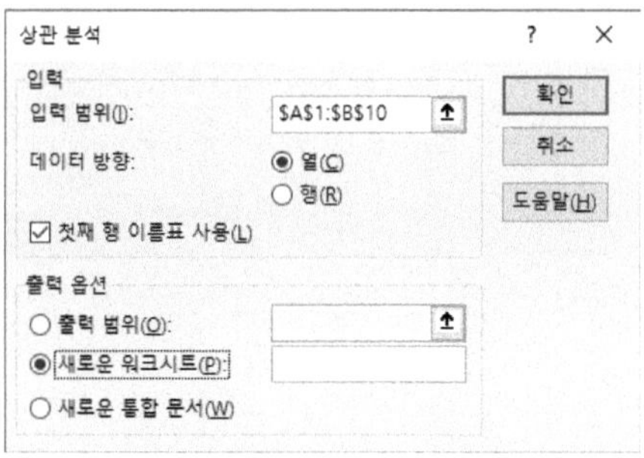

다음과 같은 출력이 나타난다.

	A	B	C
1		온도	아이스크림판매량
2	온도	1	
3	아이스크림	0.598393	1
4			

두 변수 온도와 판매량은 상관계수 $r = 0.5983$ 로 나타났다.

Chapter 14

연습문제

01

다음 자료의 상관계수를 구하고 해석하라.

x (키)	12	10	14	11	12	9
y (몸무게)	18	17	23	19	20	15

02

$(X_{i,}\ Y_i)(i=1,\ 2,\ \ldots,5)$ 관측값이 다음과 같을 때, 표본상관계수 r 을 구하라.

x	2	3	4	5	6
y	4	7	6	8	10

연습문제 해답

01 자료로부터

$$\sum_{i=1}^{6} x_i = 68, \quad \sum_{i=1}^{6} y_i = 112, \quad \sum_{i=1}^{6} x_i y_i = 1292,$$

$$\sum_{i=1}^{6} x_i^2 = 786, \quad \sum_{i=1}^{12} y_i^2 = 2128 \text{이다.}$$

따라서,

$$r = \frac{(6)(1292) - (68)(112)}{\sqrt{[(6)(786) - (68)^2][(6)(2128) - (112)^2]}} = 0.947 \text{ 이다.}$$

상관계수 0.947은 X, Y 사이에 좋은 선형관계가 있다는 것을 의미한다. 또한 $r^2 = 0.90$은 Y 값의 총 변동 중 90%가 X와 Y 사이의 선형관계에 의해 설명될 수 있다는 것을 의미한다.

02 표본상관계수 r을 구하기 위하여 다음과 같이 표를 작성하자. 위 자료에서

$$\sum_{i=1}^{n} X_i = 20, \sum_{i=1}^{n} Y_i = 35, \sum_{i=1}^{n} X_i^2 = 90, \sum_{i=1}^{n} Y_i^2 = 265, \sum_{i=1}^{n} X_i Y_i = 153 \text{이므로}$$

X	Y	X^2	Y^2	XY
2	4	4	16	8
3	7	9	49	21
4	6	16	36	24
5	8	25	64	40
6	10	36	100	60
20	35	90	256	153

$$S_{XX} = \sum_{i=1}^{n} (X_i - \overline{X})^2 = \sum_{i=1}^{n} X_i^2 - n\overline{X}^2 = 90 - (5)\left(\frac{20}{5}\right)^2 = 10$$

$$S_{YY} = \sum_{i=1}^{n} (Y_i - \overline{Y})^2 = \sum_{i=1}^{n} Y_i^2 - n\overline{Y}^2 = 265 - (5)\left(\frac{35}{5}\right)^2 = 20$$

$$S_{XY} = \sum_{i-1}^{n}(X_i - \overline{X})(Y_i - \overline{Y}) = \sum_{i=1}^{n} X_i Y_i - n\overline{X}\,\overline{Y} = 153 - (5)\left(\frac{20}{5}\right)\left(\frac{35}{5}\right) = 13 \text{ 이다.}$$

따라서, 표본상관계수 r은 다음과 같이 계산된다.

$$r = \frac{S_{XY}}{\sqrt{S_{XX}}\,\sqrt{S_{YY}}} = \frac{13}{\sqrt{10}\,\sqrt{20}} = 0.92$$

Chapter 15

회귀분석

1 회귀분석의 기초지식

1.1 회귀분석의 개요

회귀분석

회귀분석(regression analysis)을 설명하기 전에 회귀현상에 대해 알아보면, 회귀현상은 1886년 Francis Galton에 의해 최초로 관측되었다. 그는 동일 종자의 완두콩이지만 크기가 다른 씨앗들의 생산에 관한 연구를 하던 중, 제1대의 크기가 크면 제2대의 씨앗은 크기가 대체로 작아지고, 반대로 제1대의 크기가 작으면 제2대의 씨앗의 크기가 커지는 현상을 발견하고, 이 현상을 평범 쪽으로 회귀(regression toward mediocrity)한다고 기술하였다. 그리고 후에 이 말을 수정하여 평범 대신에 평균 쪽으로 회귀(regression toward mean)한다고 바꿔 말했다. 즉, 평균을 향해 돌아가려고 하는 현상을 의미한다. 좀 더 나아가 이런 자식대의 회귀현상은 부모 대에서의 평균에 대한 편차값에 비례함을 발견하였다. 이 사실을 수학적으로 표현하면 다음과 같다. X를 부모 대의 완두콩의 크기라 하고, Y를 자식 대의 완두콩의 크기라 하자. μ_X를 X의 평균이라 하면, X가 주어졌을 때의 Y의 조건부 기대값은 $(X+\mu_X)$에 비례한다는 것이다. 즉,

$$E(Y \mid X) = c(X + \mu_X) \quad \text{(여기서 } c \text{는 적당한 상수)}$$

이다.

회귀분석은 바로 Galton이 관찰한 현상을 정량화하여 통계적 모형을 도입하고 여기에 체계적인 통계적 분석절차가 추가된 것이다. 위의 식을 다음과 같이 나타낼 수 있다.

$$E(Y \mid X) = \beta_0 + \beta_1 X$$

여기서, $\beta_0 = c\mu_x$, $\beta_1 = c$ 이다.

회귀분석은 다음과 같이 정의할 수 있다. 두 개 이상의 양적 변수(quantitative variable)들 간의 관계를 이용하여 하나의 변수가 다른 변수들로부터 예측이 가능하게 하는 통계적 기법이다. 또는 회귀분석은 한 변수가 다른 여러 변수들에 의해 어떻게 설명(explanation) 또는 예측(predicted)되는지를 알아보기 위한 통계적 방법이다.

예측하고 싶은 변수를 종속변수(dependent variable : 목적변수 또는 반응변수라고도 함)라 부르고, 예측에 사용되는 변수를 독립변수(independent variable : 설명변수 또는 요인)라고 부른다. 종속변수는 결과로서 나타나는 변수이고 독립변수는 이를 설명해주는 변수이다. 예를 들어 최고 기온과 전력 사용량의 문제에서 기온의 변화에 따라 전력 사용량의 변화를 알고 싶은 경우, 독립변수는 최고 기온이고, 종속변수는 전력 사용량이 된다.

단순회귀분석
다중회귀분석

회귀분석은 단순회귀분석(simple regression analysis)과 다중회귀분석(multiple regression analysis)으로 나누어 설명할 수 있는데, 나누어지는 기준은 모형에 사용되는 독립변수의 수이다. 독립변수가 하나인 경우를 단순회귀분석이라 하고, 두 개 이상인 경우를 다중회귀분석이라 한다.

회귀분석을 적용할 수 있는 자료의 형태는, 종속변수의 경우에는 등간 또는 비율 척도로 측정된 양적변수일 때이고 이때 설명변수의 척도는 양적변수 또는 질적변수가 모두 사용될 수 있다. 다만 질적변수를 쓸 경우에는 자료 값이 0 또는 1 밖에 취하지 않는 더미변수(dummy variable)라고 불리는 변수를 도입하여 질적인 자료를 변환하여야 적용이 가능하다.

먼저, 단순회귀분석에 사용되는 단순회귀모형에 대해 살펴보자. 앞에서도 언급했지만 단순회귀모형은 독립변수가 하나인 회귀모형을 말한다. 이모형은 다음과 같이 나타낸다.

$$Y = \beta_0 + \beta_1 X + \epsilon_i \ , \ i = 1, 2, \cdots , n$$

여기서 $Y=\begin{pmatrix} y_1 \\ y_2 \\ \vdots \\ y_n \end{pmatrix}$, $X=\begin{pmatrix} x_1 \\ x_2 \\ \vdots \\ x_n \end{pmatrix}$ 이다.

이는 종속변수 Y를 독립변수 X에 대한 일차식으로 설명하려는 회귀모형이며, ϵ_i은 측정오차(잔차)이다. 독립변수 X는 실험자가 오차 없이 그 값을 정확하게 조절할 수 있는 변수인 것에 비해 종속변수 Y의 값을 측정하는 데는 항상 오차가 존재하며 이 오차를 ϵ_i로 표기한 것이다. 그리고 β_0, β_1은 미지의 값으로 자료 분석을 통해 주정하려는 상수이며, β_0를 절편(intercept)이라 하고, β_1을 회귀계수(regression coefficient)라고 한다. **회귀계수**

이제, 관심의 대상이 되는 변수 X와 Y의 표본을 n개 취하여 그 표본을 바탕으로 X와 Y의 관계식을 추정하도록 하자. b_0, b_1을 각각 β_0, β_1의 추정량이라고 하였을 때 X에 대한 Y의 추정식은

$$\widehat{Y}_i = b_0 + b_1 X_i \quad , i = 1, 2, \cdots, n$$

이 되며

$$e_i = Y_i - \widehat{Y}_i \quad , i = 1, 2, \cdots, n$$

를 잔차항이라 부르고 그림으로 나타내면 아래와 같다. **잔차항**

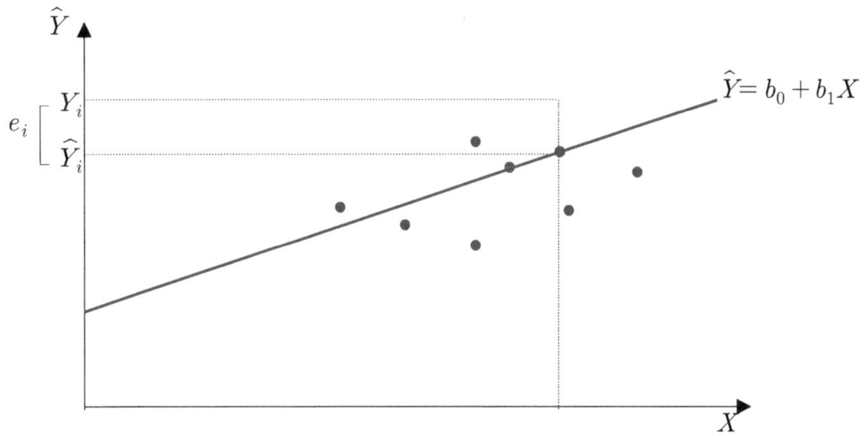

[그림 15-1] 잔차

추정량 b_0, b_1 을 구하기 위해서는 잔차항을 최소화하여야 하는데 그 방법으로는 다음과 같이 세 가지가 있다.

$$L_1 : \min \sum_{i=1}^{n} | e_i |$$
$$L_2 : \min \sum_{i=1}^{n} e_i^2$$
$$L_\infty : \min(\max | e_i |)$$

위의 방법 중에서 통계적으로 좋은 특성을 가지고 있으며, 수학적 편리성 때문에 두 번째 방법이 주로 사용된다. 이 방법을 최소자승법(least square method)이라 하고 다음절에서 살펴보기로 한다.

1.2 이론적 배경

최소자승법

$\sum_{i=1}^{n} e_i^2$을 최소화하는 b_0, b_1 에 대하여 편미분하여 0으로 놓으면 다음과 같다.

$$\frac{\partial}{\partial b_0} \sum_{i=1}^{n} (Y_i - b_0 - b_1 X_i)^2 = 0$$

$$\frac{\partial}{\partial b_1} \sum_{i=1}^{n} (Y_i - b_0 - b_1 X_i)^2 = 0$$

정규방정식

그러면 두 식은 다음과 같이 정리되고, 이를 정규방정식(normal equation)이라 한다.

$$nb_0 + b_1 \sum_{i=1}^{n} X_i = \sum_{i=1}^{n} Y_i$$

$$b_0 \sum_{i=1}^{n} X_i + b_1 \sum_{i=1}^{n} X^2 = \sum_{i=1}^{n} X_i Y_i i$$

위 연립방정식을 b_0, b_1 에 대하여 해를 구하면

$$b_1 = \frac{\sum(X_i - \overline{X})(Y_i - \overline{Y})}{\sum(X_i - \overline{X})^2}$$

$$b_0 = \overline{Y} - b_1\overline{X}$$

가 되며 추정회귀선은 다음과 같다.

$$\hat{Y_i} = b_0 + b_1 X_i$$

따라서, 실제의 관측값 Y와 Y의 예측치 $\hat{Y}$의 차 e는

$$e_i = Y_i - \hat{Y_i}$$

$$= Y_i - (b_0 + b_1 x_i)$$

로 나타낼 수 있다.

실제의 관측값 Y_i 값이 예측치 $\hat{Y_i}$ 보다 클 때에는 잔차 e_i는 양(+)이 되고, 작을 때에는 잔차 e_i는 음(-)이 된다.

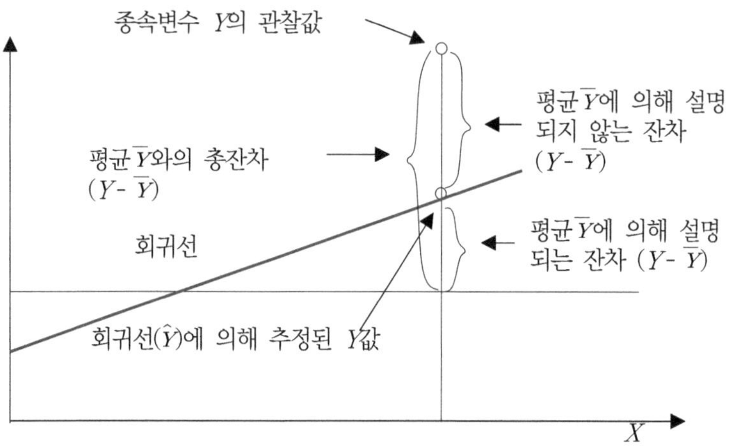

[그림 15-2] 회귀선과 잔차

1.3 회귀분석과 엑셀

회귀분석으로 들어가기 전에 그래프를 이용해 자료에 대한 충분한 사전 정보를 확보

해 놓을 필요가 있다. 이와 같은 해석의 단계를 예비적 해석이라고 부른다. 이 단계에서는 각 변수의 분포, 두 변수간의 관계, 이상치의 존재 등을 시각적으로 검토한다.

회귀분석과 같은 다변수분석은 이상치의 영향을 받기 쉽고 또 변수간의 관계에서 직선관계를 가정하고 있는 경우가 많다. 따라서, 예비적 해석의 단계에서 이상치의 유무를 살펴보거나 두 변수 간에 존재하는 관계를 검토하는 것은 매우 중요한 일이다.

예비적 해석의 단계에서 첫 번째 해야 할 일은 각각의 변수에 대한 검토이다. 다변수자료를 구성하는 각 변수의 자료의 특징을 파악하기 위해서 모든 변수마다 기본통계량(평균이나 표준편차)을 계산해 보고 그래프로 표현해 본다.

우리가 사용하고 있는 엑셀에서는 이전에 보았듯이 기본통계량의 계산은 통계함수를 이용하면 매우 간단히 구할 수 있다. 또 분석 도구에서 [기본통계량]을 사용해 쉽게 얻을 수도 있다.

이상치

표본에서 얻은 표본평균 $\overline{X}$과 표준편차 s의 값을 알면, 각각의 자료가 이상치인가의 여부를 판단할 수 있다. 즉, 각각의 자료가

$$(\overline{X} - 2.5 \times s,\ \overline{X} + 2.5 \times s)$$

의 범위에 포함되지 않는다면 이 자료는 이상치라고 판단할 수 있다.

이외에도 이상치의 존재 여부를 알아 보고자할 때 이용할 수 있는 방법이 그래프를 이용해 자료를 표현하는 것이다. 이때에 유용한 그래프의 종류로는 히스토그램이나 산포도 등이 있다.

엑셀에서 히스토그램을 작성하는 방법으로는, 우선 통계함수 FREQUENCY를 이용해서 도수를 구하고 그 결과를 그래프 기능을 사용해서 막대그래프로 표현하는 방법이 있고 분석 도구에서 [히스토그램]을 사용하는 두 가지 방법이 있는데 어느 방법을 택하는가는 전적으로 사용자의 결정에 의한다.

엑셀에서 회귀분석을 하고자 한다면 다음 세 가지 방법 중 하나를 택하여 실행하면 된다.

① 회귀분석을 지원하는 통계함수를 선택해 사용한다.
② 분석 도구에서 [회귀분석]을 선택해 사용한다.
③ 산포도작성 기능에 같이 있는 [추세선]을 이용한다.

참고로 회귀분석을 지원하는 통계함수로는 LINEST와 TREND 등이 있다.

2 단순회귀분석

회귀식이 얻어지게 되면 먼저 그 식이 통계적으로 의미가 있는지를 검토할 필요가 있다. 크기가 n인 표본에 의해 얻어진 회귀식을

회귀식

$$Y = b_0 + b_1 X$$

이라 하고, 모집단 전체를 회귀모형에 투입해 얻어질 회귀식을

$$Y = \beta_0 + \beta_1 X$$

라고 하면, 이 회귀식을 모회귀식이라고 한다.

여기서 b_0는 β_0의, b_1는 β_1의 추정치이다. 여기서 회귀식이 통계적으로 유의하지 않다고 하는 것은, "β_1의 추정치인 b_1이 0이다"와 같다고 하는 것이다. 즉, 회귀계수 β_1이 0이라면 종속변수 Y가 독립변수 X의 영향을 전혀 받지 않는다고 볼 수 있으므로, 두 변수 사이에는 아무런 관계가 존재하지 않음을 의미한다. 이를 통계적 의미로 설명하자면 "β_1의 추정치인 b_1이 0이 아닌 이유는 우연이 오차에 의한 것으로, β_1은 0이라고 생각해야 한다"라는 것이다. 반대로, 통계적으로 유의하다고 하는 것은, "b_1이 0이 아닌 본질적인 이유는, β_1은 원래 0이 아니라고 생각해야 한다"는 것이다.

이와 같이 회귀계수 β_1에 대해 통계적인 유의성을 판단하기 위해 다음의 순서에 의해 통계적 가설검정을 실시해야 한다.

Step 1 가설의 설정

귀무가설 $H_0 : \beta_1 = 0$ (즉, 회귀 관계가 없다)

대립가설 $H_0 : \beta_1 \neq 0$ (즉, 회귀 관계가 있다)

Step 2 유의 수준 α 를 결정

유의 수준 $\alpha = 0.05$

Step 3 검정통계량 F 의 계산

$$F = \frac{MSR}{MSE}$$

Step 4 p 값의 계산

유의수준 α과 비교할 유의확률 p 값을 계산한다. p 값은 분자와 분모의 자유도가 $(1, n-2)$인 F 분포에서 $|F|$ 이상의 값이 발생할 확률이다.

Step 5 판정

p 값 < 유의수준 α → 귀무가설 H_0를 기각.

p 값 > 유의수준 α → 귀무가설 H_0를 채택.

만일 유의 확률이 0.01보다 작으면 '극히 유의한(highly significant) 회귀 관계가 있다'고 하며, 유의 확률이 0.05보다는 크나 0.1보다는 작다면 단순히 '유의한(significant) 회귀 관계가 있다'고 표현한다.

여기서 (순서 3)에서 검정통계량을 구하기 위해서는 다음과 같은 분산분석표를 이용한다.

요인	자유도	제곱합	평균제곱	F
모형	1	SSR	$MSR=\dfrac{SSR}{1}$	$\dfrac{MSR}{MSE}$
잔차	$n-2$	SSE	$MSE=\dfrac{SSE}{n-2}$	
총합	$n-1$	$SSCT$		

$SSR=\sum_{i=1}^{n}(\widehat{Y}_i-\overline{Y})^2$ 은 회귀선에 의해 설명되는 부분을 나타내며,

$SSE=\sum_{i=1}^{n}(Y_i-\widehat{Y}_i)^2$ 은 회귀선에 의해 설명되지 않는 부분을 나타내며,

$SSCT= SSR+SSE$ 는 총변동을 의미한다.

추정량 b_1의 분포 형태는

$$b_1 \sim N\left(\beta_1,\ \frac{\sigma^2}{\sum(X_i-\overline{X})^2}\right)$$

이며, β_1에 대한 $(1-\alpha)100\%$ 신뢰구간은 다음과 같다.

$$(b_1 \pm t_{\alpha/2}(n-2)\sqrt{MSE/\sum(X_i-\overline{X})^2})$$

β_1의 신뢰구간에 0이 포함되면 귀무가설은 채택된다.

추정량 b_0의 분포 형태는

$$b_0 \sim N\left(\beta_0, \sigma^2\left(\frac{1}{N} + \frac{\overline{X}^2}{\sum(X_i-\overline{X})^2}\right)\right)$$

이며, 이 분포를 이용하여 β_0에 대한 $(1-\alpha)100\%$ 신뢰구간을 추정하면 다음과 같다.

$$b_0 \pm t_{\alpha/2}(n-2)\sqrt{MSE\left(\frac{1}{n} + \frac{\overline{X}^2}{\sum(X_i-\overline{X})^2}\right)}$$

절편 β_0가 어느 특정한 값을 갖고 있는가를 검정하기 위해 가설을 세우면

귀무가설 H_0: $\beta_0 = c$

대립가설 H_1: $\beta_0 \neq c$

이고, 이를 검정하기 위한 검정통계량은 자유도가 $n-2$ 인 t 분포를 따르는 통계량으로

$$t = \frac{b_0 - c}{\sqrt{MSE\left(\frac{1}{n} + \frac{\overline{X^2}}{\sum(X_i-\overline{X})^2}\right)}}$$

으로 정의되며, 이를 이용해 가설 검정을 한다.

또한 분자의 자유도가 1인 F 통계량의 값은 자유도가 F 분포의 분모인 t 통계량의 제곱과 일치한다. 따라서, 다음이 성립한다.

$$F_{(1,\,n-2)} = \frac{MSR}{MSE} = (t_{n-2})^2$$

오차에 대한 평균 제곱을 흔히 평균 제곱 오차(Mean Squared Error)라 하며, MSE로 표기한다. MSE는 모형에서 오차의 분산 σ^2에 대한 추정량이다. 또한 총변동에서 회귀선이 설명할 수 있는 부분은 SSR을 $SSCT$으로 나눈 값으로 표시하며, 이 값을 R^2로 표기하며 다음과 같이 정의한다.

$$R^2 = \frac{SSR}{SSCT}$$

결정계수 R^2를 결정계수(coefficient of determination 또는 기여율)라 하며, 이 값은 언제나 0이상 1이하이다. 회귀선이 잘 적합되면 결정계수의 값은 1에 가까워지고, 그렇지 않으면 0에 가깝게 된다. Pearson의 상관계수를 r이라 하면, 이 값을 제곱하면 결정계수가 된다. 따라서, 회귀선이 자료에 잘 적합되었다는 것은 결정계수의 값이 크다는 것을 의미하고, 이는 Pearson의 상관계수의 절대값이 크다는 것과 동일한 의미이다. 이를 정리하면 다음과 같이 요약할 수 있다.

▸ 결정계수의 성질

① $0 \leq R^2 \leq 1$
② $SSE = 0$ 이면 $R^2 = 1$ 이다. 즉, 모든 관측값이 추정회귀선 위에 존재한다.
③ $b_1 = 0$ 이면 $R^2 = 0$ 이다.

예제 15-1

화학약품을 제조하는 공장에서 제품을 생산하는데 온도의 변화가 생산량에 미치는 영향을 알아보고자 한다. 14회의 다른 온도에서 동일한 과정을 거쳐 생산되는 제품의 생산량을 조사한 결과가 다음과 같다. 온도와 생산량의 관계를 회귀분석 하시오.

온도	20	26	23	30	29	22	25	24	27	25	28	27	26	21
생산량	16	18	15	20	17	14	18	18	18	16	19	21	17	15

해설 엑셀로 이 문제를 연습해보자.

● 엑셀 연습 ··· [회귀분석]

Step 1 자료 입력

다음과 같이 자료를 입력한다.

	A	B	C
1	온도	생산량	
2	20	16	
3	26	18	
4	23	15	
5	30	20	
6	29	17	
7	22	14	
8	25	18	
9	24	18	
10	27	18	
11	25	16	
12	28	19	
13	27	21	
14	26	17	
15	21	15	

Step 2 [데이터] → [데이터 분석] 선택

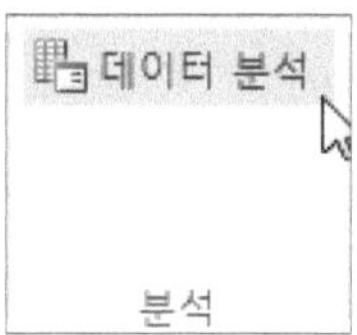

Step 3 [통계 데이터 분석] 대화상자

[회귀분석]을 선택한다.

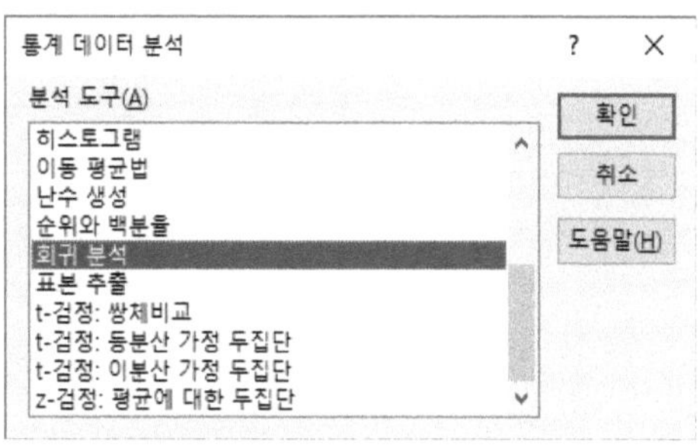

Step 4 [회귀분석] 대화상자 입력

Y축 입력 범위	→ B1:B15 (종속변수)
X축 입력 범위	→ A1:A15 (독립변수)
이름표	→ 선택
잔차	→ 선택
잔차도	→ 선택
표준잔차	→ 선택
선적합도	→ 선택

입력이 완료되면 [확인] 단추를 누른다.

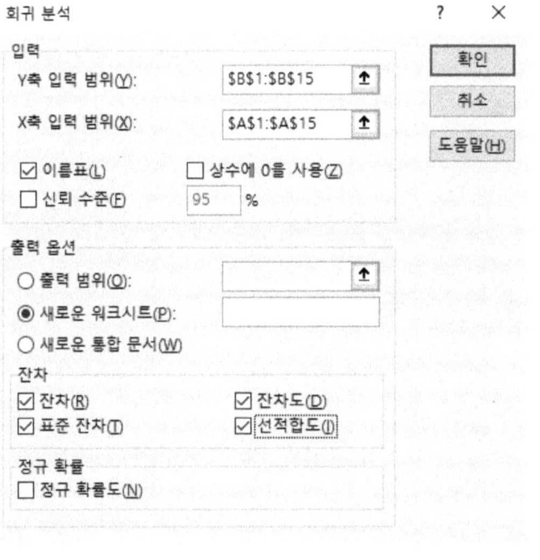

다음과 같은 출력이 나타난다.

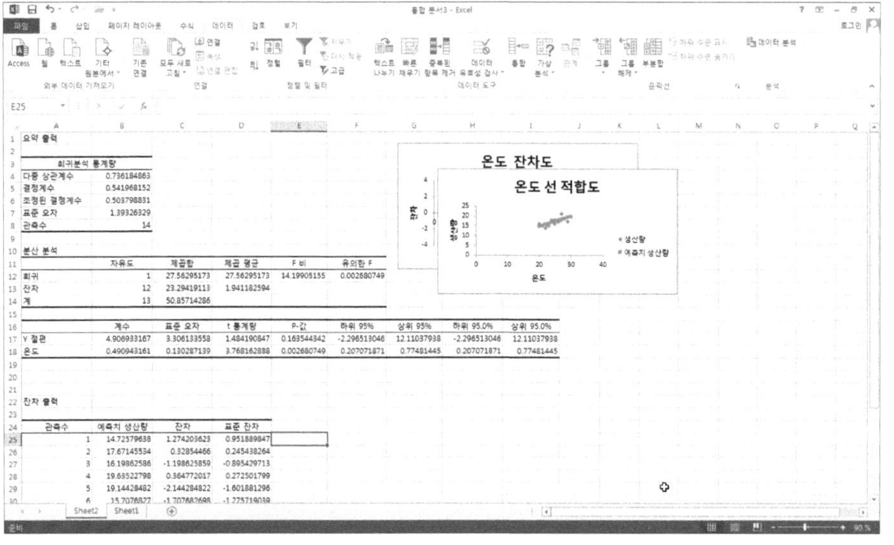

두 변수 온도와 생산량은 상관계수 $r = 0.736$ 로 나타났다. 또한 실행 결과에서 다음과 같은 분산분석표가 얻어진다.

	자유도	제곱합	제곱 평균	F 비	유의한 F
회귀	1.000	27.563	27.563	14.199	0.003
잔차	12.000	23.294	1.941		
계	13.000	50.857			

위의 결과를 보면 F비가 14.199이고 이때 p값은 0.003으로 두 변수 온도와 생산량은 유의수준 $\alpha = 0.05$ 에서 회귀관계가 있다고 볼 수 있다. 그렇다면 회귀모형의 계수는 어떻게 되는가를 살펴보도록 하자. 다시 엑셀의 결과를 이용하자.

	계수	표준오차	t 통계량	p 값	하위 95%	상위 95%
Y 절편	4.907	3.306	1.484	0.164	-2.297	12.110
온도	0.491	0.130	3.768	0.003	0.207	0.775

위의 결과를 이용하면 회귀계수의 추정값은 다음과 같다. 회귀계수 β_1의 추정치인 b_1은 0.491이고 절편 β_0의 추정치인 b_0은 4.907이다. 이를 이용해 다음과 같은 회귀식을 만들 수 있다.

$$Y = 4.907 + 0.491X$$

하지만 여기서 유심히 보아야 할 것이 있는데 절편 b_0의 p값이 0.164라는 점이다. 이는 절편이 0이라는 귀무가설을 유의수준 0.05에서 기각할 수 없다. 따라서, 위의 모형은 절편이 없는 다음과 같은 모형으로 축소시킬 수 있다.

$$Y = \beta_1 X$$

이러한 모형을 분석하기 위해서는 엑셀에서는 (Step 4)에서 [상수에 0을 사용]에 선택을 해야 한다.

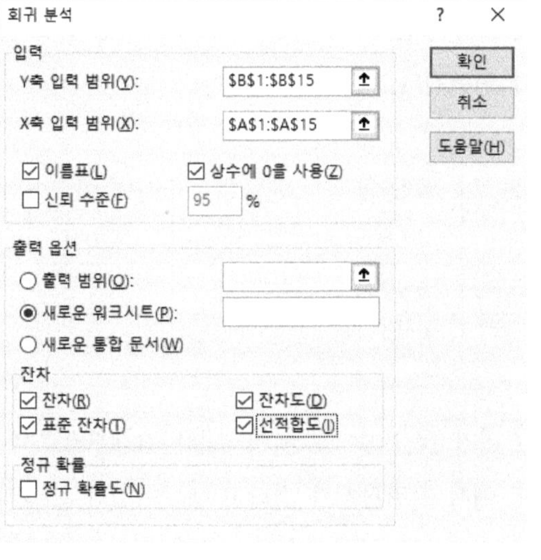

그 결과 이전의 출력과는 다른 값을 나타낸다.

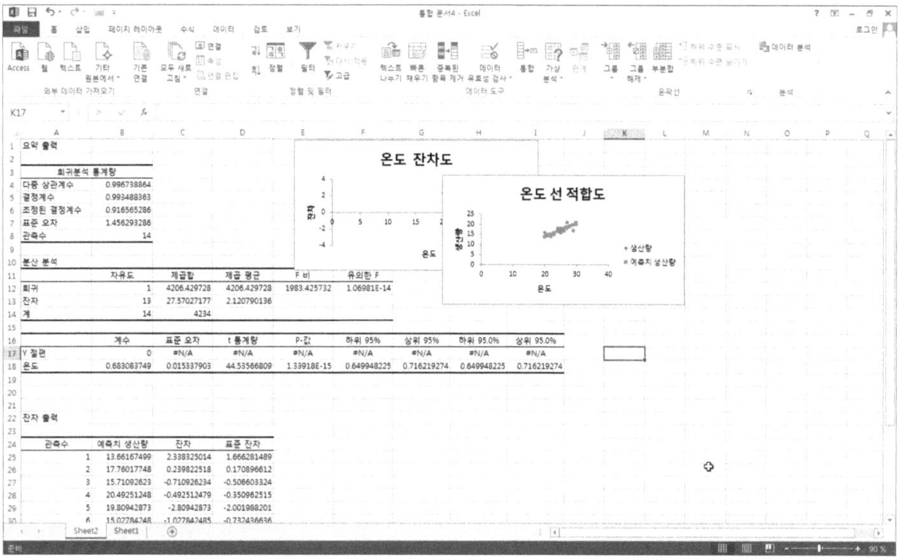

분산분석표는 다음과 같이 바뀌어 출력되었다.

	자유도	제곱합	제곱 평균	F 비	유의한 F
회귀	1.000	4206.43	23.287	10.980	0.000
잔차	13.000	27.570	2.121		
계	14.000	50.857			

여기서도 p 값이 0.000으로 유의하게 나타났고 우리는 계속해서 회귀분석을 진행할 수 있다. 이때 회귀계수 β_1 의 추정값은 $b = 0.683$ 이고 이때의 p 값이 0.000이므로 회귀모형의 추정식은 다음과 같다.

$$Y = 0.683X$$

	계수	표준 오차	t 통계량	P-값	하위 95%	상위 95%
온도	0.683	0.015	44.536	0.000	0.650	0.716

또한 이때의 결정계수는 0.993이다. 이는 추정 회귀선이 자료의 99.3%를 설명하고 있다고 해석할 수 있다.

이제 추정 회귀식이 적합한 가를 보기 위해 잔차에 대해 살펴보자. 잔차를 관찰하는

데 다음 사항을 고려해야 한다.

① 잔차들이 정규분포를 따르는가?
② 잔차의 +, - 기호의 수는 비슷한가?
③ 잔차의 중앙값은 0에 가까운가?
④ 잔차와 종속변수 사이에 어떠한 관계가 존재하는가?
⑤ 잔차와 독립변수 사이에 어떠한 관계가 존재하는가?

엑셀의 분석도구를 이용하면 잔차에 대한 정보를 얻을 수 있는데, 여기서 잔차 보다는 잔차를 표준오차로 나눈 표준잔차를 검토하는 것이 원자료의 값에 영향을 받지 않으므로 더 효율적이다. 잔차와 독립변수 사이에는 아무런 관계나 경향을 보이지 않는 것이 이상적이다. 만일 그렇지 않다면 모형의 타당성을 의심해야 한다.

3 다중회귀분석

앞 절에서 다룬 단순회귀모형에서는 독립변수의 수가 하나였지만 여기서는 독립변수의 수가 두 개 이상인 다중회귀모형에 대해 살펴보기로 하자. 현실적으로 단순회귀모형보다는 다중회귀모형이 더 빈번히 사용된다. 그 이유는 일반적인 사회현상에서 종속변수가 단 하나의 독립변수로 충분히 설명되는 경우는 드물고 대부분 여러 개의 독립변수와 연관되어 있기 때문이다. 예를 들어, 어떤 작물의 생산량은 오직 비료에 의해서만 결정되는 것이 아니고 온도 및 강수량 또는 토양의 ph 지수 등과도 관련이 있기 때문이다.

다중회귀모형

m 개의 독립변수 $X_1, X_2, \cdots, X_m$ 들이 하나의 종속변수 Y를 설명하는 다중회귀모형의 식은 다음과 같다.

$$Y = \beta_0 + \beta_1 X_1 + \beta_2 X_2 + \cdots + \beta_m X_m + \epsilon_i \quad ,$$
$$i = 1, 2, \cdots, n \ .$$

여기서 $Y = \begin{pmatrix} y_1 \\ y_2 \\ \vdots \\ y_n \end{pmatrix}$, $X_k = \begin{pmatrix} x_{k1} \\ x_{k2} \\ \vdots \\ x_{kn} \end{pmatrix}$, $k = 1, 2, \cdots, m$ 이고, 각각의 의미는 다음과 같다.

y_i : i 번째 관측된 독립변수 Y의 값

x_{ki} : k 번째 독립변수 X_k의 i 번째 값

β_0 : 절편

β_k : 독립변수 X_k와 종속변수 Y의 기울기를 나타내는 미지의 회귀계수

ϵ_i : i 번째 오차항으로 $N(0, \sigma^2)$ 을 따르는 확률변수이다.

다중회귀분석을 단순회귀분석에서 사용한 검정방법의 반복으로 생각해서는 안된다. 독립변수가 증가함에 따라 고려해야 할 것이 그 이상으로 늘어나게 된다.

먼저 m 개의 독립변수를 가지고 각 독립변수의 관측치가 n 개인 다중회귀분석에서 검정의 절차에 대해 살펴보자.

Step 1 가설의 설정

귀무가설 $H_0 : \beta_1 = \beta_2 = \cdots = \beta_m = 0$ → 회귀관계가 없다.

대립가설 H_1 : 적어도 회귀계수 하나는 0이 아니다. → 회귀관계가 있다.

Step 2 유의수준 α를 결정

유의 수준 $\alpha = 0.05$

Step 3 검정통계량 F의 계산

$$F = \frac{MSR}{MSE}$$

Step 4 p 값의 계산

유의수준 α와 비교할 유의확률 p 값을 계산한다. p 값은 분자와 분모의 자유도가 $(m-1,\ n-m-1)$ 인 F 분포에서 $|F|$ 이상의 값이 발생할 확률이다.

Step 5 판정

p 값 〈 유의수준 α → 귀무가설 H_0를 기각

p 값 〉 유의수준 α → 귀무가설 H_0를 채택

여기서 (순서 3)의 검정통계량을 구하기 위해서는 다음과 같은 분산분석표를 이용한다.

요인	제곱합	자유도	평균제곱	F
모형	$m-1$	SSR	$MSR=\dfrac{SSR}{m-1}$	$\dfrac{MSR}{MSE}$
잔차	$n-m-1$	SSE	$MSE=\dfrac{SSE}{n-m-1}$	
총합	$n-1$	$SSCT$		

이 단계에서 귀무가설이 기각되어 회귀관계가 있다고 판단이 되면 각각의 회귀계수에 대해 추론을 하게 된다. 위에서 다중회귀모형에서 고려해야 할 것이 추가적으로 있다고 언급했는데 그 중 대표적인 것이 다중공선성(multicollinearity)이다.

다중공선성

종속변수에 영향을 미칠 수 있는 많은 독립변수들을 회귀모형에 포함시킬 경우에 독립변수들 사이에 강한 선형관계가 있는 경우가 빈번히 발생한다. 여기서 강한 선형관계란 독립변수들간의 높은 상관관계를 의미하며 상관관계가 높은 변수들 사이에는 서로 공통적인 정보를 공유하고 있다는 의미이다. 이렇게 독립변수 사이에 강한 선형관계가 존재하는 경우 다중공선성이 존재한다고 한다.

다중공선성이 존재하면 다중회귀분석에서 추정과 검정을 할 때 다음과 같은 문제가 발생한다.

① 특정한 독립변수를 추가하거나 삭제하는 경우에 다른 독립변수의 회귀계수의 추정치가 크게 변한다.

② 추정된 회귀계수의 분산이 팽창하여 추정치의 신뢰도가 감소한다.

③ 전체적인 회귀모형은 유의하게 나타나지만 중요한 독립변수에 대한 개별 회귀계수의 t 검정은 유의하지 않게 나타난다.

④ 추정된 회귀계수의 부호가 이론적 또는 경험적인 부호와 반대로 나타난다.

다중공선성이 발생하면 그 원인을 찾아 다중공선성의 영향을 줄일 수 있는 방안을 고려해야 한다. 다중공선성의 원인으로는 자료 수집방법의 문제와 모형의 구조적 문제로 나눌 수 있는데, 만일 제한된 범위 내에서 얻어진 자료 수집의 문제는 추가적인 자료 수집을 통해 어느 정도 감소시킬 수도 있다. 하지만 구조적 문제에서 기인한 다중공선성의 문제는 변수를 제거해 해결할 수 있다. 중복된 정보를 가지고 있는 변수들에서 변수를 제거하는 것은 다중공선성을 줄이는데 도움이 된다.

분산팽창계수

다중공선성의 존재여부를 알아보기 위해 분산팽창계수(VIF : Variance Inflation Factor)를 계산한다. j 번째 독립변수 X_j 에 대한 분산팽창계수는 다음과 같이 정의된다.

$$VIF_j = \frac{1}{(1-R_j^2)}$$

여기서, R_j^2 은 X_j 를 종속변수로 하고 나머지 $m-1$ 개의 독립변수에 대해 회귀방정식을 적합시킬 때 얻어지는 결정계수를 의미한다. 만일 심각한 다중공선성이 존재하면 결정계수가 $R_j^2 \to 1$ 로 접근하기 때문에 VIF_j 는 커지게 된다. 반대로 다중공선성이 거의 없다면 결정계수는 $R_j^2 \to 0$ 로 접근하기 때문에 VIF_j 는 1에 가까워진다.

일반적으로 다중공선성의 정도를 정하는 기준으로는 $VIF_j > 10$ 이면 X_j 는 다른 독립변수와 다중공선성이 존재해 회귀계수 추정에 문제를 야기한다고 할 수 있다. 또한

$$VIF = \frac{\sum_{j=1}^{p} VIF_j}{p}$$

이 1보다 큰 값을 갖는 경우에도 심각한 다중공선성이 존재한다고 할 수 있다.

[데이터 분석] → [회귀 분석]을 실행하였을 때 결정계수 아래에 수정된 결정계수(adjusted Rsquare)가 출력되어 있음을 볼 수 있다. 결정계수 R^2 값은 모형의 설명 정도를 계산하는 좋은 계수이기는 하지만, 모형에 사용된 독립변수가 증가함에 따라 항상 점점 증가하는 단점이 있다. 하지만 독립변수를 많이 포함하는 모형이 반드시 좋은 것은 아니다. 수정된 결정계수는 독립변수가 모형에 추가되어도 반드시 그 값이 증가하지 않게끔 변형된 R^2로 생각하면 된다. 절편이 있는 회귀모형에서 수정된 결정계수의 공식은 다음과 같다.

$$Adjusted\ R^2 = 1 - \frac{(n-1)(1-R^2)}{n-p}$$

여기서, p 는 현재 고려 중인 회귀모형에 사용되고 있는 독립변수의 개수이다. 수정된 결정계수를 따지는 편이 원래의 R^2값만을 고려하는 것보다 더 나으나, 수정된 결정계수 역시 모형에 들어와 있는 독립변수의 개수가 많아지면, 증감량이 보잘것없어지는 단점이 있다. **수정결정계수**

예제 15-2

다음의 자료는 어느 지역에서 15그루의 나무를 임의 추출하여 얻은 지름(X_1 : 단위 cm), 길이(X_2 : 단위 m), 부피(Y : 단위 m^3)를 측정한 자료이다. 이 자료를 이용해 유의수준 $\alpha = 0.05$ 에서 회귀계수들의 유의성을 알아보고 회귀계수의 95% 신뢰구간을 추정하시오.

지름	길이	부피
21.0	21.33	0.291
21.8	19.81	0.291
22.3	19.20	0.288
26.6	21.94	0.464
27.1	24.68	0.532
27.4	25.29	0.557
27.9	20.11	0.441
27.9	22.86	0.515
29.7	21.03	0.603
32.7	22.55	0.628
32.7	25.90	0.956
33.7	26.21	0.775
34.7	21.64	0.727
35.0	19.50	0.704
40.6	21.94	1.084

해설 엑셀을 이용해 이 문제를 풀어보도록 하자.

● 엑셀 연습 ···

Step 1 자료 입력

다음과 같이 자료를 입력한다.

	A	B	C	D
1	지름	길이	부피	
2	21.0	21.33	0.291	
3	21.8	19.81	0.291	
4	22.3	19.20	0.288	
5	26.6	21.94	0.464	
6	27.1	24.68	0.532	
7	27.4	25.29	0.557	
8	27.9	20.11	0.441	
9	27.9	22.86	0.515	
10	29.7	21.03	0.603	
11	32.7	22.55	0.628	
12	32.7	25.90	0.956	
13	33.7	26.21	0.775	
14	34.7	21.64	0.727	
15	35.0	19.50	0.704	
16	40.6	21.94	1.084	

Step 2 [데이터] → [데이터 분석] 선택

Step 3 [통계 데이터 분석] 대화상자

[회귀분석]을 선택한다.

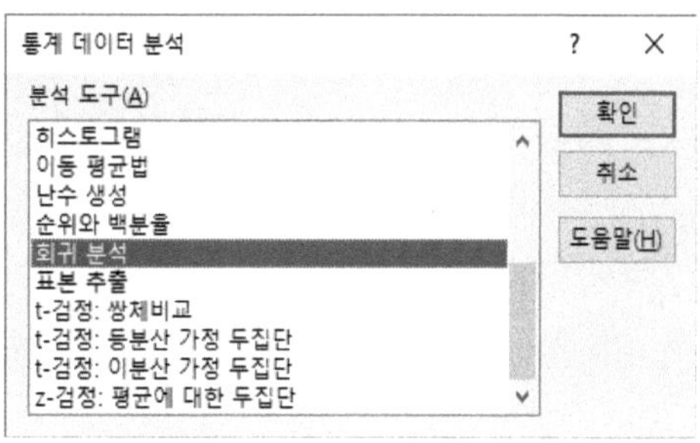

Step 4 [회귀분석] 대화상자 입력

Y축 입력 범위 → C1:C16 (종속변수)

X축 입력 범위 → A1:B16 (독립변수)

이름표 → 선택

잔차 → 선택

잔차도 → 선택

표준잔차 → 선택

선적합도 → 선택

입력이 완료되면 **[확인]** 단추를 누른다.

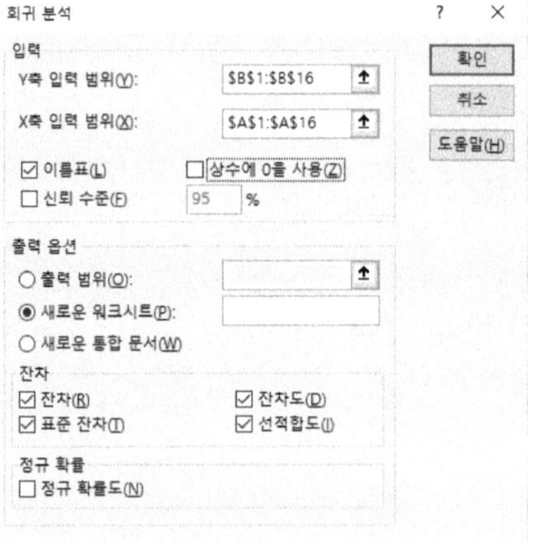

다음과 같은 출력이 나타난다.

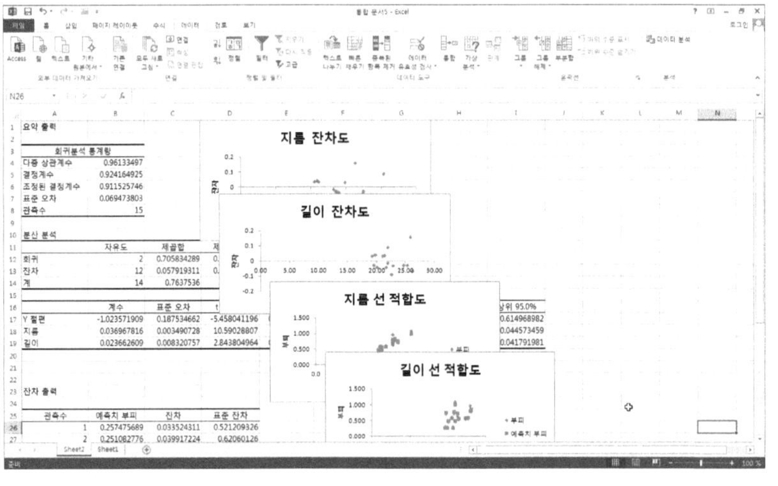

엑셀의 [데이터 분석] → [회귀 분석]을 이용해 얻은 결과에서 분산분석표는

	자유도	제곱합	제곱 평균	F 비	유의한 F
회귀	2.000	0.706	0.353	73.119	0.000
잔차	12.000	0.058	0.005		
계	14.000	0.764			

이고 여기서 검정통계량 F의 값은 73.119이고, 이때의 p값은 0.000이므로 유의수준을 0.01로 정해도 귀무가설은 기각되어 회귀관계가 있음을 알 수 있다.

	계수	표준 오차	t 통계량	P-값	하위 95%	상위 95%
Y 절편	-1.024	0.188	-5.458	0.000	-1.432	-0.615
지름	0.037	0.003	10.590	0.000	0.029	0.045
길이	0.024	0.008	2.844	0.015	0.006	0.042

또한 β_0, β_1, β_2의 추정치인 b_0, b_1, b_2 역시 모두 유의하게(모두 p값이 0.05보다 작음) 나타났음으로 추정된 회귀식은 다음과 같다.

$$\hat{Y} = -1.024 + 0.037X_1 + 0.024X_2$$

위의 표에서 보듯이 β_1의 95% 신뢰구간은 (0.029, 0.045)이고 β_2의 95% 신뢰구간은 (.0.006, 0.042)으로 구해졌다. 이 구간에 0이 포함되어 있지 않음을 유의해서 보아야 한다.

다중 상관계수	0.961
결정계수	0.924
수정된 결정계수	0.912
표준 오차	0.069
관측수	15.000

결정계수 R^2가 0.924라 추정된 회귀모형이 부피 변동의 92.4%를 설명하고 있다. 이는 매우 높은 값으로 회귀직선에 잘 적합 되었다고 볼 수 있다.

Chapter 15

연습문제

01

두 변수 X, Y에 대하여 다음과 같은 5개의 관측값을 얻었다. 표본회귀선을 최소자승법에 의하여 구하라.

X	2	3	4	5	6
Y	4	7	6	8	10

02

문제 1의 자료에 근거하여 다음을 구하라.

(1) 추정의 표준오차 S_e를 구하라.

(2) 표본회귀선 $\widehat{Y}_i = 1.8 + 1.3X_i$을 구했을 때 결정계수 r^2을 구하라.

(3) 표본회귀선을 적합 시켰을 때의 분산분석표를 작성하고 유의수준 5%로 표본회귀선의 유의여부를 판정하라.

03

문제 1의 자료가 얻어진 모집단에 대하여 $E(Y) = \beta_0 + \beta_1$가 성립된다고 가정하고 β_0, β_1, $E(Y)$ 의 90% 신뢰구간을 각각 구하라.

04 다음의 자료를 이용하여 회귀직선을 구하라.

학생	지능검사 점수 x	화학성적 y
1	65	85
2	50	74
3	55	76
4	65	90
5	55	85
6	70	87
7	65	94
8	70	98
9	55	81
10	70	91
11	50	76
12	55	74

05 문제 4에서 s_e^2 을 계산하라.

06 문제 4의 자료를 기초로 하여, 회귀직선 $\mu_{Y|x} = \beta_0 + \beta_1$의 α 에 대한 95% 신뢰구간을 구하라.

07 문제 4에서의 추정값 $\beta_0 = 30.056$을 이용하여 유의수준 0.05에서 H_0: $\beta_0 = 35$ 를 검정하라.

08 문제 4의 자료를 이용하여 회귀직선 $\mu_{Y|x} = \beta_0 + \beta_1$의 β 에 대한 95% 신뢰구간을 구하라.

09 문제 4의 추정값 $b = 0.897$을 사용하여 유의수준 0.01에서 대립가설 H_1: $\beta_1 > 0$ 에 대비하여 H_0: $\beta_1 = 0$ 을 검정하라.

10 문제 4의 자료를 이용하여, $x = 60$일 때의 y_0에 대한 95% 신뢰구간을 구하라.

11

어떤 공장에서 생산되는 제품의 로트 크기(lot size)에 따라서, 생산에 소요되는 시간을 측정하였더니 다음과 같은 자료를 얻었다.

로트의 크기(x)	30	20	60	80	40	50	60	30	70	60
생산소요기간(y)	73	50	128	170	87	108	135	69	148	132

x 와 y 간의 회귀관계를 알기 위하여 산점도를 그려보니 직선관계로 판명되었다.

(1) 단순회귀모형을 적합시켜라.

(2) 기울기 β_1 의 95%신뢰구간을 구하고, 그 의미를 설명하라.

12

문제 11의 자료에서 단순회귀모형을 가정하고 다음 가설을 유의수준 $\alpha = 0.05$에서 검정하라.

(1) $H_0 \; : \beta_1 = 1.5 \qquad H_1 : \beta_1 \neq 1.5$

(2) $H_0 \; : \beta_1 \geq 2.4 \qquad H_1 : \beta_1 < 2.4$

13

문제 11의 자료에서 단순회귀모형을 가정하고 가설

$$H_0 : \beta_0 = 9 \qquad H_1 : \beta_1 \neq 9$$

을 유의수준 $\alpha = 0.05$에서 검정하라.

14 문제 11의 자료에 대하여 변수들간에 단순회귀관계가 있다고 가정하자. 구하여진 직선회귀식을 사용하여 로트의 크기가 각각 $x = 20, 35, 50, 65, 80$일 때에 생산소요시간의 기대값$E(Y)$의 95%신뢰구간을 각각 구하라.

15 어떤 화학반응에서 생성되는 반응량(y)이 이 반응에 첨가되는 어떤 촉진제의 양(x)에 따라 어떻게 변화하는가를 실험을 통하여 측정하였더니 다음의 자료를 얻게 되었다.

실 험 번 호	1	2	3	4	5	6	7	8	9	10
촉진제의 양(x)	1	1	2	3	4	4	5	6	6	7
반 응 량(y)	2.1	2.5	3.1	3.0	3.8	3.2	4.3	3.9	4.4	4.8

위의 자료에 대하여 단순회귀모형을 적합시킬 때 분산분석표를 작성하고 유의수준 $\alpha = 0.05$에서 회귀직선의 유의성검정을 하여라. 또한, 결정계수 r^2을 구하라.

16

다음 표에서 $\mu_{Y \mid x_1, x_2} = \beta_0 + \beta_1 x_1 + \beta_2 x_2$ 형태의 회귀방정식을 적합시켜라.

학생	화학성적(y)	지능검사점수(x_1)	결석 수(x_2)
1	85	65	1
2	74	50	7
3	76	55	5
4	90	65	2
5	85	55	6
6	87	70	3
7	94	65	2
8	98	70	5
9	81	55	4
10	91	70	3
11	76	50	1
12	74	55	4

17

어떤 제품의 강도(y ; kg/cm^2)가 그 제품을 생산하는 과정 중의 공정온도(x_1 ; ℃)와 공정시간(x_2 ; 분)에 따라서, 어떻게 변화하는가를 알아보기 위하여 다음의 실험자료를 얻었다.

공정온도(x_1)	152	183	171	165	158	161	149	158	170	153	164	190	185
공정시간(x_2)	50	20	20	30	30	50	60	50	40	55	40	40	20
강 도(y)	120	141	124	126	117	129	123	125	132	123	132	155	147

독립변수 x_1, x_2와 종속변수 y간에 중회귀식을 가정하고 최소자승법에 의하여 추정하라.

18 문제 17에서 중회귀모형을 가정하고, 유의수준 $\alpha = 0.05$에서 중회귀식의 유의성검정을 하고 결정계수 R^2을 구하라.

연습문제 해답

01

표본회귀선을 최소제곱법에 의하여 구하기 위하여 다음과 같이 표를 작성하자.

X	Y	XY	X^2
2	4	8	4
3	7	21	9
4	6	24	16
5	8	40	25
6	10	60	36
20	35	153	90

위 자료에서 $\sum_{i=1}^{n} X_i = 20, \sum_{i=1}^{n} X_i^2 = 90, \overline{X} = \frac{20}{5} = 4, \sum_{i=1}^{n} Y_i = 35,$

$\sum_{i=1}^{n} X_i Y_i = 153, \overline{Y} = \frac{35}{5} = 7$이므로 구하고자 하는 표본회귀선의 기울기 b와 절편 a는 다음과 같다.

$$b = \frac{S_{XY}}{S_{XX}} = \frac{\sum_{i=1}^{n}(X_i - \overline{X})(Y_i - \overline{Y})}{\sum_{i=1}^{n}(X_i - \overline{X})^2} = \frac{\sum_{i=1}^{n} X_i Y_i - n\overline{X}\overline{Y}}{\sum_{i=1}^{n} X_i^2 - n\overline{X}^2}$$

$$= \frac{153 - (5)(4)(7)}{90 - (5)(4)^2} = \frac{13}{10} = 1.3$$

$a = \overline{Y} - b\overline{X} = \frac{35}{5} - (1.3)(\frac{20}{5}) = 7 - (1.3)(4) = 1.8$이다.

그러므로, 표본회귀선은

$\widehat{Y}_i = a + bX_i = 1.8 + 1.3X_i$ 로 나타내진다.

02

(1) $\sum_{i=1}^{n} e_i^2 = \sum_{i=1}^{n}(Y_i - \widehat{Y}_i)^2$

$$= (4-4.4)^2 + (7-5.7)^2 + (6-7.0)^2 + (8-8.3)^2 + (10-9.6)^2$$

$$= 0.16 + 1.69 + 1 + 0.09 + 0.16 = 3.1$$

X	Y	$\widehat{Y}_i = 1.8 + 1.3X_i$	$e_i = Y_i - \widehat{Y}_i$
2	4	4.4	-0.4
3	7	5.7	1.3
4	6	7.0	-1.0
5	8	8.3	-0.3
6	10	9.6	0.4
20	35	35.0	0.0

이고 $n = 5$이므로 구하려는 S_e는 다음과 같다.

$$S_e = \sqrt{MSE} = \sqrt{\frac{1}{n-2}\sum_{i=1}^{n} e_i^2} = \sqrt{\frac{1}{n-2}\sum_{i=1}(Y_i - \widehat{Y}_i)^2} = \sqrt{\frac{3.1}{5-2}} = 1.016$$

(2) 문제 1과 문제 2(a)의 계산 결과를 이용하여 SSE와 SST를 구하면 다음과 같다. 즉,

$$SSE = \sum_{i=1}^{n}(Y_i - \widehat{Y}_i)^2$$

$$= (4-4.4)^2 + (7-5.7)^2 + (6-7.0)^2 + (8-8.3)^2 + (10-9.6)^2$$

$$= 0.16 + 1.69 + 1 + 0.09 + 0.16 = 3.1$$

$$SST = \sum_{i=1}^{n}(Y_i - \overline{Y})^2 = (4-7)^2 + (7-7)^2 + (6-7)^2 + (10-9.6)^2$$

$= 9 + 0 + 1 + 1 + 9 = 20$이므로 결정계수는 다음과 같다.

$$r^2 = 1 - \frac{SSE}{SST} = 1 - \frac{3.1}{20} = 0.845$$

즉, 총변동 중에서 표본회귀선에 의하여 설명되는 부분(즉, 설명변수 X의 설명력)이 84.5%이고, 나머지 15.5%에 대해서는 설명하지 못하고 있음을 알 수 있다. 따라서, 표본회귀선의 정도(precision)는 비교적 높은 편이다.

(3) 문제 1에서 구한 표본회귀선은 $\widehat{Y} = 1.8 + 1.3X$이었다. 총변동, 회귀변동을 구하면 다음과 같다.

$$SST = S_{YY} = \sum_{i=1}^{n}(Y_i - \overline{Y})^2 = \sum_{i=1}^{n} Y_i^2 - n\overline{Y}^2 = 265 - (5)\left(\frac{35}{5}\right)^2 = 20$$

$$SSR = \frac{(S_{XY})^2}{S_{XX}} = \frac{(13)^2}{10} = 16.9$$

$SSE - SST - SSR = 20 - 16.9 = 3.1$

따라서, 분산분석표를 작성하면 다음과 같다.

요 인	제곱합	자유도	평균제곱합	F-비
회 귀 잔 차	16.9 3.1	1 3	16.9 1.033	16.36
합 계	20.0	4		

이 표에서 검정통계량 $F_0 = MSR/MSE = 16.36$ 은 임계값 $F_{0.05}(1.3) = 10.13$보다 크므로 유의수준 5%하에서 "귀무가설 H_0 : 회귀선은 유의하지 못하다." 는 기각되며, 따라서, 표본회귀선 $\hat{Y} = 1.8 + 1.3X$는 유의하다고 결론을 내릴 수 있다.

03 문제 1에서 얻어진 자료들을 사용하면 다음과 같다.

$$b = 1.3,\ a = 1.8,\ \overline{X} = 4,\ s_{XX} = \sum_{i=1}^{n}(X_i - \overline{X})^2 = 10,\ MSE = 1.033$$

① β_1의 90% 신뢰구간은 다음과 같다.

$$b \pm t_{\alpha/2}(n-2)\sqrt{MSE/s_{XX}} = 1.3 \pm (2.353)\sqrt{1.033/10}$$

이므로 (0.545, 2.055)이다.

② β_0의 90% 신뢰구간은 다음과 같다.

$$a \pm t_{\alpha/2}(n-2)\sqrt{MSE/\left(\frac{1}{n} + \frac{\overline{X^2}}{s_{XX}}\right)} = 1.8 \pm (2.353)\sqrt{(1.033)\left(\frac{1}{5} + \frac{4^2}{10}\right)}$$

이므로 (-1.407, 5.007)이다. 이 구간이 넓게 나온 이유는 $\overline{X}$의 값이 0보다 커서 $\overline{X}/s_{XX}$의 값이 크게 나왔기 때문이다.

③ 주어진 X에서 E(Y)의 90% 신뢰구간은

$$\hat{Y} \pm t_{\alpha/2}\sqrt{MSE\left(\frac{1}{n} + \frac{(X - \overline{X})^2}{s_{XX}}\right)}$$

이므로 $2 \le \overline{X} \le 6$에서 각각의 신뢰구간을 구하면 다음과 같다.

$X=2$에서 $\hat{Y}=1.8+(1.3)(2)=4.4$이므로 신뢰구간은 (2.5, 6.3)

$X=3$에서 $\hat{Y}=1.8+(1.3)(3)=5.7$이므로 신뢰구간은 (4.4, 7.0)

$X=4$에서 $\hat{Y}=1.8+(1.3)(4)=7.0$이므로 신뢰구간은 (5.9, 8.1)

$X=5$에서 $\hat{Y}=1.8+(1.3)(5)=8.3$이므로 신뢰구간은 (7.0, 9.6)

$X=6$에서 $\hat{Y}=1.8+(1.3)(6)=9.6$이므로 신뢰구간은 (7.7, 11.5)

04

$\sum_{i=1}^{12} x_i = 725,\quad \sum_{i=1}^{12} y_i = 1011,\quad \sum_{i=1}^{12} x_i y_i = 61{,}685,$

$\sum_{i=1}^{12} x_i^2 = 44{,}475,\ \bar{x}=60.417,\ \bar{y}=84.250$ 이므로

$$b=\frac{(12)(61{,}685)-(725)(1011)}{(12)(44{,}475)-(725)^2}=0.897,$$

$a=84.250-(0.897)(60.417)=30.056$이다.

그러므로, 회귀직선은

$\hat{y}=30.056+0.897x$로 주어진다.

05

$\sum_{i=1}^{12} x_i = 725,\quad \sum_{i=1}^{12} x_i^2 = 44{,}475,\quad \sum_{i=1}^{12} y_i = 1011$

을 구하였다. 문제 4의 자료를 참조하면 $\sum_{i=1}^{12} y_i^2 = 85{,}905$를 얻을 수 있다. 그러므로,

$$s_x^2=\frac{(12)(44{,}475)-(725)^2}{(12)(11)}=61.174,$$

$$s_y^2=\frac{(12)(85{,}905)-(1011)^2}{(12)(11)}=66.205$$ 이다.

또한, $b=0.897$이므로,

$$s_e^2=\frac{11}{10}[66.205-(0.805)(61.174)]=18.656$$ 이다.

06

$s_x^2 = 61.174, s_e^2 = 18.656$ 이므로 $s_x = 7.8, s_e = 4.3$이다. 또한, 문제 4에서의

$\sum_{i=1}^{12} x_i^2 = 44{,}475$, $a = 30.056$과 부록에서 자유도 10에 대해 $t_{0.025} = 2.228$을 구하여

α에 대한 95% 신뢰구간을 구하면

$$30.056 - \frac{(2.228)(4.3)\sqrt{44{,}475}}{7.8\sqrt{(12)(11)}} < \alpha < 30.056 + \frac{(2.228)(4.3)\sqrt{44{,}475}}{7.8\sqrt{(12)(11)}}$$ 이고,

이를 정리하면

$7.510 < \alpha < 52.602$ 이다.

귀무가설 H_0: $\alpha = \alpha_0$ 를 검정하기 위해 자유도가 $n-2$ 인 t분포를 사용하여 기각역을 정하고

$$t = \frac{(a-\alpha_0)s_x\sqrt{n(n-1)}}{s_e\sqrt{\sum_{i=1}^{n} x_i^2}}$$ 의 값을 판정의 근거로 삼는다.

07

1. H_0: $\beta_0 = 35$. H_1: $\beta_0 \neq 35$.
2. 유의수준 0.05를 선택한다.
3. 기각역 : $t < -2.228$ 과 $t > 2.228$.
4. 검정통계량 계산 : $t = \frac{(30.056-35)(7.8)\sqrt{(12)(11)}}{4.3\sqrt{44{,}475}} = -0.498$.

H_0를 채택한다.

08

$s_x = 7.8, s_e = 4.3$, $n = 10$ 에 대하여 $t_{0.025} = 2.2278$이다. 또한 $b = 0.897$이므로,

β_1에 대한 95% 신뢰구간은

$$0.897 - \frac{(2.228)(4.3)}{7.8\sqrt{11}} < \beta_1 < 0.897 + \frac{(2.228)(4.3)}{7.8\sqrt{11}}$$ 이고,

이를 정리하면 $0.527 < \beta_1 < 1.267$ 이다.

09

1. H_0: $\beta_1 = 0$ H_1: $\beta_1 > 0$
2. 유의수준 0.01을 선택한다.
3. 기각역 : $t > 2.764$
4. 검정통계량 계산 : $t = \dfrac{(7.8)\sqrt{11}(0.897-0)}{4.3} = 5.396.$

H_0를 기각하고, $\beta_1 > 0$ 이라고 결론을 내릴 수 있다.

10

$n=12$, $x_0=60$, $\bar{x}=60.417$, $\hat{y_0}=83.876$, $s_x^2=61.174$, $s_e=4.3$, 자유도가 10일 때

$t_{0.025}=2.228$이므로, $x=60$일 때 y_0에 대한 95% 신뢰구간은

$$83.876-(2.228)(4.3)\sqrt{1+\frac{1}{12}+\frac{(60-60.417)^2}{(11)(61.174)}}$$

$$< \quad y_0 \quad <$$

$$83.876+(2.228)(4.3)\sqrt{1+\frac{1}{12}+\frac{(60-60.417)^2}{(11)(61.174)}}$$ 이고,

이를 간단히 하면 $73.903 < y_0 < 93.849$ 이다.

11

x	y	x^2	y^2	xy
30	73	900	5,329	2,190
20	50	400	2,500	1,000
60	128	3,600	16,384	7,680
80	170	6,400	28,900	13,600
40	87	1,600	7,569	3,480
50	108	2,500	11,664	5,400
60	135	3,600	18,225	8,100
30	69	900	4,761	2,070
70	148	4,900	21,904	10,360
60	132	3,600	17,424	7,920
500	1,100	28,400	134,660	61,800

$$S_{(xx)} = \sum_{i=1}^{n} x_i^2 - \frac{(\sum_{i=1}^{n} x_i)^2}{n} = 28,400 - \frac{(500)^2}{10} = 3,400$$

$$S_{(xy)} = \sum_{i=1}^{n} x_i y_i - \frac{(\sum_{i=1}^{n} x_i)(\sum_{i=1}^{n} y_i)}{n} = 61,800 - \frac{(500)(1,100)}{10} = 6,800$$

$$\hat{\beta} = \frac{S_{(xy)}}{S_{(xx)}} = \frac{6,800}{3,400} = 2.0$$

$$\hat{\alpha} = \bar{y} - \hat{\beta}x = \frac{1,100}{10} - (2.0)\left(\frac{500}{10}\right) = 10.0$$

$$S_{(yy)} = \sum_{i=1}^{n} y - \frac{(\sum_{i=1}^{n} y_i)^2}{n} = 134,660 - \frac{(1,100)^2}{10} = 13,660i^2$$

$$SSE = S_{(yy)} - \frac{[S_{(xy)}]^2}{S_{(xx)}} = 13,660 - \frac{(6,800)^2}{3,400} = 60$$

$$MSE = \frac{SSE}{n-2} = \frac{60}{8} = 7.5$$

따라서, β_1 의 95% 신뢰구간은 다음과 같다.

$$\hat{\beta} \pm t_{\alpha/2}(n-2)\sqrt{\frac{MSE}{S_{(xy)}}}$$

$$= 2.0 \pm t_{0.025}(8)\sqrt{\frac{7.5}{3,400}}$$

$$= 2.0 \pm 2.306\sqrt{0.002206}$$

$$= 2.0 \pm 0.11 \text{ 또는 } (1.89,\ 2.11)$$

기울기 β의 의미는 로트의 크기가 한 단위 증가함에 따라서, 증가되는 평균 생산소요시간이다. 따라서, 제품을 하나 더 만드는 데 소요되는 평균시간은 1.89시간 이상 2.11시간 이하가 걸린다고 신뢰수준 95%에서 말할 수 있다.

12

문제 11에서 $\hat{\beta}=2.0, S_{(xx)}=3,400, MSE=7.5$이므로, 검정통계량의 값은

$$t=\frac{2.0-2.4}{\sqrt{\frac{7.5}{3,400}}}=-8.52$$이고,

$t<-t_{0.025}(8)=-1.860$이므로 귀무가설 $H_0: \beta \geq 2.4$ 를 기각한다.

13

문제 11에서 $\hat{\alpha}=10.0,\ S_{(xx)}=3,400,\ MSE=7.5,\ \overline{x}=50, n=10$이므로, 검정통계량의 값은

$$t=\frac{10.0-9}{\sqrt{\left[\frac{1}{10}+\frac{(50)^2}{3,400}\right]\cdot 7.5}}=0.339$$

따라서, $n=10$이고 $|T|<t_{0.025}(8)=2.306$이 성립되므로 귀무가설 $H_0: \beta_0=9$ 를 기각할 수 없다.

14

$\hat{y}=10.0+2.0x$

$MSE=7.5$

$S_{(xx)}=3,400$

$\overline{x}=50$이므로,

$x=20$에서 $E(Y)$의 추정값은

$\hat{y}=10.0+2.0(20)=50.0$이고,

$E(Y)$의 95%신뢰구간은

$$50 \pm t_{0.025}(8)\sqrt{(7.5)\left[\frac{1}{10}+\frac{(20-50)^2}{3,400}\right]}$$

$=50 \pm (2.306)\sqrt{(7.5)(0.3647)}$

$=50 \pm 3.81$으로 주어진다.

같은 방법으로 $x=35,\ 50,\ 65,\ 80$에서의 95%신뢰구간은 다음과 같이 얻어진다.

$x=35$에서 80.0 ± 2.57

$x=50$에서 110.0 ± 2.00

$x=65$에서 40.0 ± 2.57

$x=80$에서 170.0 ± 3.81

15

$$SSR=\frac{[S_{(xy)}]^2}{S_{(xx)}}=\frac{(15.81)^2}{40.9}=6.11$$

$SST=S_{(yy)}=6.85$

$SSE=SST-SSR=0.74$

$MSE=\frac{SSE}{n-2}=\frac{0.74}{8}=0.0925$이므로,

분산분석표는 아래와 같다.

요인	제곱합	자유도	평균제곱	F	F(0.05)
회귀	6.11	1	6.11	66.05	$F_{0.05}(1,\ 8)=5.32$
잔차	0.74	8	0.0925		
계	6.85	9			

가설 $H_0: \beta_1=0$, $H_1: \beta_1 \neq 0$ 에 대한 검정통계량의 값은

$F=66.05$이고,

$F \geq F_{0.05}(1,\ 8)=5.32$이므로 귀무가설 $H_0: \beta_1=0$ 을 기각한다. 즉, 회귀직선은 유의

하다.

결정계수 r^2의 값은

$r^2=\frac{SSR}{SST}=\frac{6.11}{6.85}=0.89$이므로,

총변동 중에서 회귀직선에 의하여 설명되는 부분이 89%이다.

16

$$\sum_{i=1}^{12} x_{1i}=725,\quad \sum_{i=1}^{12} x_{2i}=43,\quad \sum_{i=1}^{12} x_{1i}x_{2i}=2540,$$

$$\sum_{i=1}^{12} x_{1i}^2=44,475,\quad \sum_{i=1}^{12} x_{2i}^2=195,\quad \sum_{i=1}^{12} y_i=1011,$$

$$\sum_{i=1}^{12} x_{1i}y_i = 61{,}685, \quad \sum_{i=1}^{12} x_{2i}y_i = 3581$$

이 계산된다. 이러한 값들을 선형 연립방정식에 대입하면 다음과 같다.

$12b_0 + 725b_1 + 43b_2 = 1011,$

$725b_0 + 44{,}475b_1 + 2540b_2 = 61{,}685,$

$43b_0 + 2540b_1 + 195b_2 = 3581$

위의 연립방정식을 풀면,

$b_0 = 27.547, b_1 = 0.922, b_2 = 0.248$ 이다.

따라서, 구하려는 회귀방정식은 $\hat{y} = 27.547 + 0.992x_1 + 0.284x_2$ 이다.

17 정규방정식을 구하기 위하여 다음과 같은 표를 작성하면 편리하다.

$$S_{(11)} = \sum_{i=1}^{n} x_{1i}^2 - \frac{(\sum_{i=1}^{n} x_{1i})^2}{n} = 360{,}639 - \frac{(2{,}159)^2}{13} = 2{,}178.9$$

$$S_{(22)} = \sum_{i=1}^{n} x_{2i}^2 - \frac{(\sum_{i=1}^{n} x_{2i})^2}{n} = 21{,}925 - \frac{(505)^2}{13} = 2{,}307.7$$

$$S_{(12)} = \sum_{i=1}^{n} x_{1i}\, x_{2i} - \frac{(\sum_{i=1}^{n} x_{1i})(\sum_{i=1}^{n} x_{2i})}{n} = 82{,}335 - \frac{(2{,}159)(505)}{13} = -1{,}533.8$$

$$S_{(1y)} = \sum_{i=1}^{n} x_{1i}\, y_i - \frac{(\sum_{i=1}^{n} x_{1i})(\sum_{i=1}^{n} y_i)}{n} = 282{,}921 - \frac{(2{,}159)(1{,}694)}{13} = -1{,}586.7$$

[중회귀식의 중간계산 결과]

x_{1i}	x_{2i}	y_i	x_{1i}^2	x_{2i}^2	$x_{1i}x_{2i}$	$x_{1i}y_i$	$x_{2i}y_i$	$\hat{y_i}$
152	50	120	23,104	2,500	7,600	18,240	6,000	119.89
183	20	141	33,489	400	3,660	25,803	2,820	140.52
171	20	124	29,241	400	3,420	21,204	2,480	127.59
165	30	126	27,225	900	4,950	20,790	3,780	125.38
158	30	117	24,964	900	4,740	18,486	3,510	117.84
161	50	129	25,921	2,500	8,050	20,769	6,450	129.53
149	60	123	22,201	3,600	8,940	18,327	7,380	120.91
158	50	125	24,964	2,500	7,900	19,750	6,250	126.35
170	40	132	28,900	1,600	6,800	22,440	5,280	135.02
153	55	123	23,409	3,025	8,415	18,819	6,765	123.09
164	40	132	26,896	1,600	6,560	21,648	5,280	128.56
190	40	155	36,100	1,600	7,600	29,450	6,200	156.57
185	20	147	34,225	400	3,700	27,195	2,940	142.67
2,159	505	1,694	360,639	21,925	82,335	282,921	65,135	합 계

$$S_{(2y)} = \sum_{i=1}^{n} x_{2i}y_i - \frac{(\sum_{i=1}^{n} x_{2i})(\sum_{i=1}^{n} y_i)}{n} = 65,135 - \frac{(505)(1,694)}{13} = -670.38$$

$\overline{y} = \sum_{i=1}^{n} y_i/n = 130.308$, $\overline{x_1} = 166.077$, $\overline{x_2} = 38.846$이므로

정규방정식은 다음과 같이 주어진다.

$2,078.9\widehat{\beta_1} - 1,533.8\widehat{\beta_2} = 1,586.7$

$-1,533.8\widehat{\beta_1} + 2,307.7\widehat{\beta_2} = -670.38$

$\hat{\alpha} = 130.308 - 166.077\widehat{\beta_1} - 38.846\widehat{\beta_2}$

따라서, α, β_1, β_2의 최소자승추정값은

$\hat{\alpha} = -65.10$, $\widehat{\beta_1} = 1.077$, $\widehat{\beta_2} = 0.425$이고,

추정된 회귀식은

$\hat{y} = -65.10 + 1.077x_1 + 0.425x_2$

로 주어진다. 이 회귀식의 의미를 살펴보자. 먼저, x_1의 기울기 $\widehat{\beta_1}$이 1.077이므로, 공정시간(x_2)을 일정하게 고정시켰을 때에는 공정온도(x_1)가 1℃증가함에 따라서, 제품의 강도는 평균 1.077kg/cm^2 증가함을 알 수 있다. 또한 x_2의 기울기 $\widehat{\beta_2}$가 0.425이므로, 공정온도(x_1)를 일정하게 고정시켰을 때에는, 공정시간(x_2)이 1분 증가함에 따라서, 강도는 평균 0.425kg/cm^2 증가한다는 뜻이다. 또한 이 추정식을 이용하여 공정온도와 공정시간이 주어지면 강도를 예측할 수 있다.

18 분산분석표를 작성하기 위하여 다음과 같이 중간계산을 하는 것이 편리하다.

y_i	y_i^2	$\hat{y_i}$	$y_i - \hat{y_i}$	$(y_i - \hat{y_i})^2$
120	14,400	119.89	0.11	0.0121
141	19,881	140.52	0.48	0.2304
124	15,376	127.59	-3.59	12.8881
126	15,876	125.38	0.62	0.3844
117	13,689	117.84	-0.84	0.7056
129	16,641	129.58	-0.58	0.3364
123	15,129	120.91	2.09	4.3681
125	15,625	126.35	-1.35	1.8225
132	17,424	135.02	-3.02	9.1204
123	15,129	123.09	-0.09	0.0081
132	17,424	128.56	3.44	11.8336
155	24,025	156.57	-1.57	2.4649
147	21,609	142.67	4.33	18.7489
$\sum_{i=1}^{n} y_i = 1,694$	$\sum_{i=1}^{n} y_i^2 = 222,228$			$\sum_{i=1}^{n} (y_i - \hat{y_i})^2 = 62.9235$

표의 계산결과로부터

$$SST = \sum_{i=1}^{n}(y_i - \overline{y})^2 = \sum_{i=1}^{n} y_i^2 - \frac{(\sum_{i=1}^{n} y_i)^2}{n}$$

$$= 222,228 - \frac{(1,694)^2}{13} = 1,486.7693$$

$$SSE = \sum_{i=1}^{n}(y_i - \hat{y_i})^2 = 62.9235$$

$$SSR = SST - SSE = 1,423.8458$$

이므로 분산분석표는 다음과 같다.

요인	제곱합	자유도	평균제곱	F	F(0.05)
회귀	1,423.8458	2	711.9229	113.14	4.10
잔차	62.9235	10	6.2924		
계	1,486.7693	12			

위의 분산분석표에서 $F = 113.14 > F_{0.05}(2,\ 10) = 4.10$ 이므로 유의수준 $\alpha = 0.05$에서 중회귀식은 유의하다.

결정계수 R^2의 값은

$$R^2 = \frac{SSR}{SST} = \frac{1,423.8458}{1,486.7693} \fallingdotseq 0.96$$

으로, 총변동 중에서 약 96%가 회귀방정식에 의하여 설명되어지는 변동으로 매우 높은 비율이라고 하겠다.

Chapter 16

시계열 분석

1 시계열의 개요

이제까지 우리가 다루었던 통계적 분석 방법이나 기법은 시간의 흐름과는 무관한 즉 시간의 변화에 따른 영향을 고려하지 않은 것이었다. 하지만 연도별 수출액, 특정 상품의 월별판매량, 물가지수, 일별 주가지수 등과 같이 연도별, 월별 또는 일별과 같이 시간의 흐름에 따라 값이 변하는 자료가 있다. 이와 같이 시간의 영향을 받는 형태의 자료를 시계열(time series) 자료라고 한다.

시계열 분석은 과거의 변동(variation)이 미래에도 계속된다는 가정하에서 현재까지 수집된 자료를 분석하여 미래에 대한 예측(forecating)을 하는 것이다.

시계열 분석 기법에는 이동 평균법, 지수 평활법이 있다. 시계열 자료는 추세변동, 순환변동, 계절변동, 불규칙변동으로 구분되며 〈표16-1〉에 시계열 자료의 특징이 설명되어 있다.

〈표 16-1〉 시계열 자료

특징 \ 변동	추세변동 (trend)	순환변동 (cycle)	계절변동 (seasonality)	불규칙변동 (irregular fluctuation)
관측 기간	10년 이상의 장기간	1년 이상	12개월	단기간
패턴	동일 방향으로 상승 또는 하강	상승 하강이 반복	상승 하강이 반복	무작위한 상승 또는 하강
주기	없음	있음	있음(12개월)	없음
예제 자료	경제 성장, 인구 증가	경기 변동	기후(강우량, 기온 등)	천재지변, 전쟁, 파업으로 인한 변동

2 이동 평균법

가장 간단한 형태의 시계열 예측 기법으로 이동 평균법(moving average)이 있다. 이 방법은 가장 최근에 얻어진 몇 개의 관측치들의 산술평균을 다음 기간의 예측치로 사용하는 방법이다.

이 예측 기법은 변화하는 정도가 크지 않아 시계열의 장기적인 추세를 쉽게 구할 수 있는 장점이 있으므로 단기적인 변동을 제거하여 장기적인 추세를 예측하는데 이용된다.

예제 16-1

다음의 자료는 어느 회사의 최근 12주간의 판매액 자료이다. 이 자료에서 3주간의 평균을 이용하는 이동평균을 구하시오.

주	판매액(천만 원)
1	125
2	130
3	142
4	145
5	138
6	151
7	148
8	155

주	판매액(천만 원)
9	160
10	158
11	159
12	163

해설 엑셀을 이용해 이 문제를 풀어보도록 하자.

● 엑셀 연습 ···

Step 1 자료 입력

다음과 같이 자료를 입력한다.

	A	B
1	주	판매액
2	1	125
3	2	130
4	3	142
5	4	145
6	5	138
7	6	151
8	7	148
9	8	155
10	9	160
11	10	158
12	11	159
13	12	163

Step 2 [데이터] → [데이터 분석] 선택

Step 3 [통계 데이터 분석] 대화상자

[이동 평균법]을 선택한다.

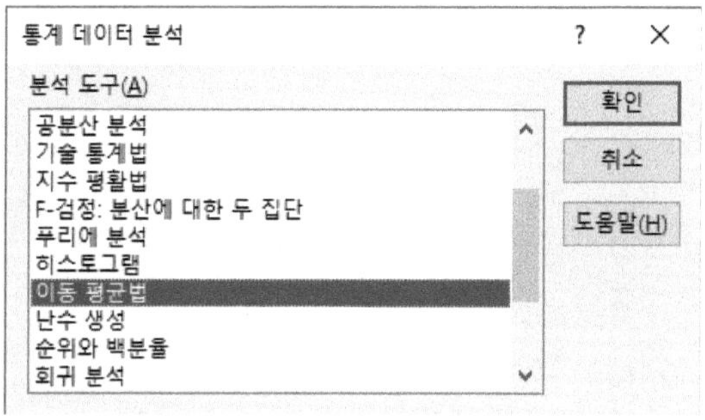

Step 4 [이동 평균법] 대화상자 입력

입력 범위 → $B:$1:$B$13 (시계열 자료)

첫째 행 이름표 사용 → 선택

구간 → 3 (3주간의 평균을 이용)

출력 범위 → $C$2

차트 출력 → 선택

입력이 완료되면 [확인] 단추를 누른다.

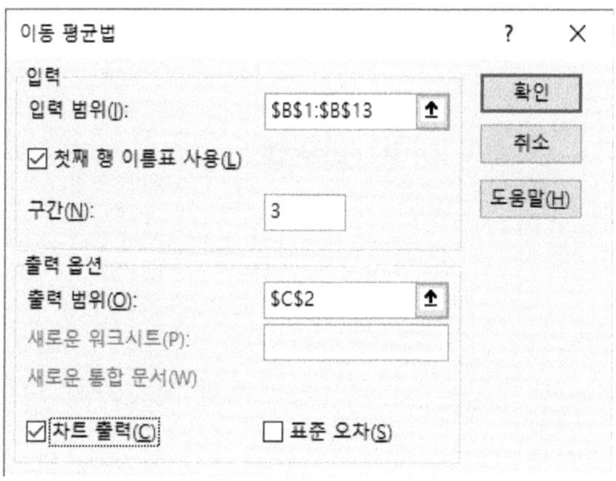

다음과 같은 출력이 나타난다.

	A	B	C
1	주	판매액	
2	1	125	#N/A
3	2	130	#N/A
4	3	142	132.3333333
5	4	145	139
6	5	138	141.6666667
7	6	151	144.6666667
8	7	148	145.6666667
9	8	155	151.3333333
10	9	160	154.3333333
11	10	158	157.6666667
12	11	159	159
13	12	163	160
14			

1주와 2주에서는 결과가 #N/A로 표시되는데 그 이유는 계산할 누적값이 부족하기 때문이다. 즉 3주부터 결과가 132.333으로 출력되는데 이는 1주, 2주, 3주의 판매액의 합이 397이고 이를 3으로 나눈 값이다. 또한 4주의 예측값 139는 2주, 3주, 4주의 판매액의 합이 417을 3으로 나눈 값이다.

Step 4에서 차트 출력을 선택했으므로 다음과 같은 차트가 출력되었다. 여기서 Y축은 판매액이고 X축은 주를 나타낸다. 차트에서 보듯이 실제값은 급격히 변하지만 예측값은 3주간의 평균을 이용하므로 변화의 값이 상대적으로 적게 나타나고 있다.

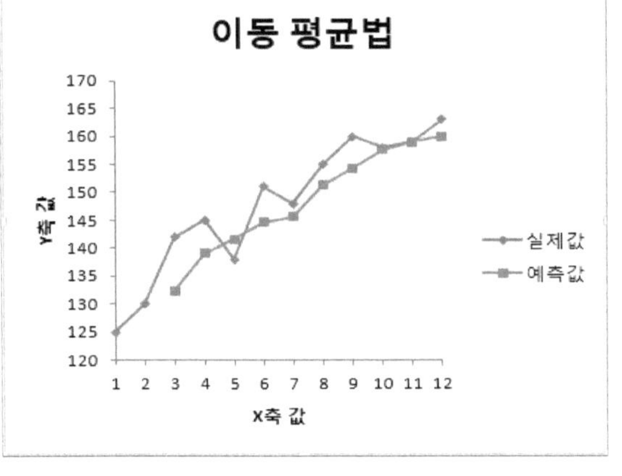

다음은 위의 예제에서 Step 4의 구간의 값을 3에서 5로 바꾸어 분석을 수행한 결과이다.

	A	B	C
1	주	판매액	
2	1	125	#N/A
3	2	130	#N/A
4	3	142	#N/A
5	4	145	#N/A
6	5	138	136
7	6	151	141.2
8	7	148	144.8
9	8	155	147.4
10	9	160	150.4
11	10	158	154.4
12	11	159	156
13	12	163	159
14			
15			

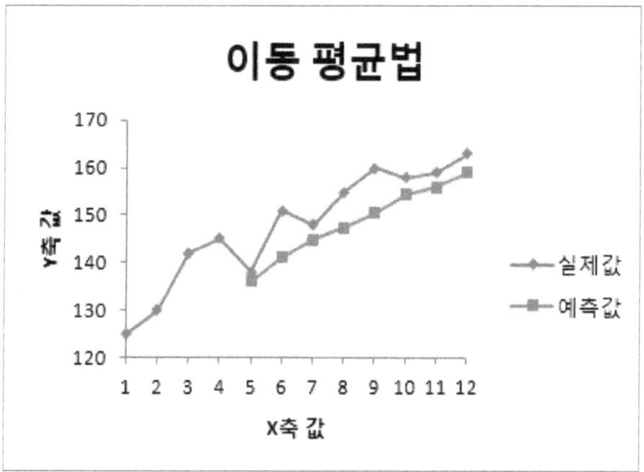

위의 출력을 보면 3주간의 이동 평균을 사용한 것과는 차이가 있음을 볼 수 있는데 그 이유는 이동 평균을 계산하기 위해 사용한 입력값의 수가 다르기 때문이다.

위의 결과들을 비교하면 3주 이상 평균이 5주 이동 평균보다 실제 매출액과 차이가 적은 예측치를 보여 주고 있음을 알 수 있다.

3 지수 평활법

지수 평활법(exponetial smoothing)은 일정한 과거의 자료만을 이용하는 이동 평균법과는 달리 과거의 모든 자료를 이용하며, 특히 최근의 자료에 높은 가중치를 부여하는 방법을 사용하고 있다.

지수 평활법에서는 최근 자료에 높은 가중치를 주기위해 평활상수 $\alpha(0 \le \alpha \le 1)$ 를 사용하게 되는데 이 값이 0에 가까우면 과거 자료와 최근에 대한 가중치가 비슷하여 평활되는 정도가 크며, 값이 커짐에 따라 최근의 값에 더 큰 가중치를 주게 되어 평활되는 정도가 작아진다. 즉, $\alpha = 1$ 이면 원래의 계열과 평활된 계열은 일치하게 된다. 엑셀에서는 감쇠 인수를 사용하는데 이 값은 $1-\alpha$ 로 계산한다.

예제 16-2

예제 16-1에서 사용한 12주간의 판매액 자료를 지수 평활법을 이용해 계산하시오. 단 $\alpha = 0.3$ 이다.

해설 엑셀을 이용해 이 문제를 풀어보도록 하자.

● 엑셀 연습 ···

Step 1 다음과 같이 자료를 입력한다.

	A	B
1	주	판매액
2	1	125
3	2	130
4	3	142
5	4	145
6	5	138
7	6	151
8	7	148
9	8	155
10	9	160
11	10	158
12	11	159
13	12	163

Step 2 [데이터] → [데이터 분석] 선택

Step 3 [통계 데이터 분석] 대화상자

[지수 평활법]을 선택한다.

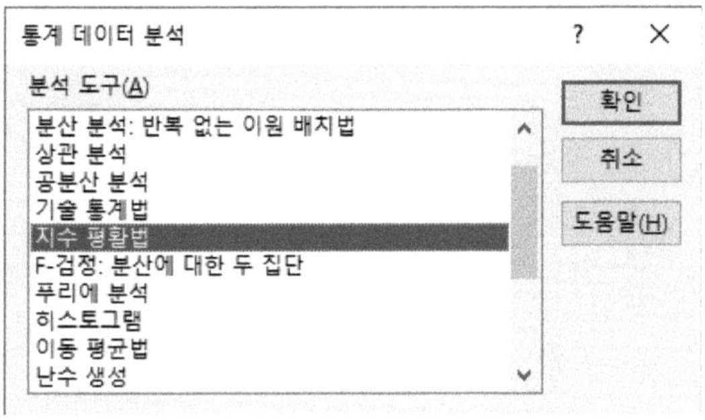

Step 4 [지수 평활법] 대화상자 입력

입력 범위 → \$B\$2:\$B\$13 (시계열 자료)

감쇠 인수 → 0.7(=1 − α)

출력 범위 → \$C\$2

차트 출력 → 선택

입력이 완료되면 [확인] 단추를 누른다.

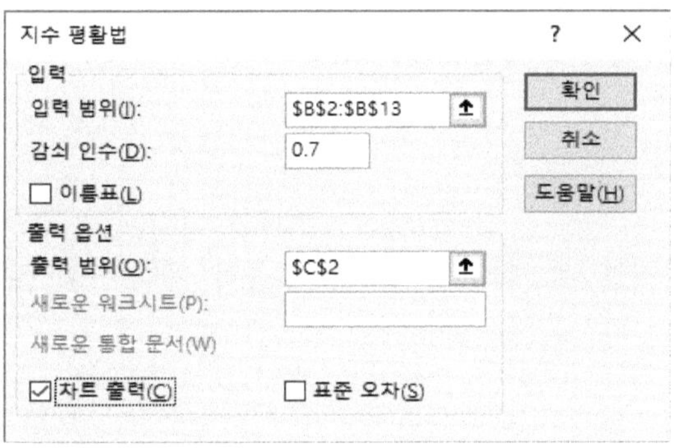

다음과 같은 출력이 나타난다.

	A	B	C	D
1	주	판매액	a=0.3	
2	1	125	#N/A	
3	2	130	125.000	
4	3	142	126.500	
5	4	145	131.150	
6	5	138	135.305	
7	6	151	136.114	
8	7	148	140.579	
9	8	155	142.806	
10	9	160	146.464	
11	10	158	150.525	
12	11	159	152.767	
13	12	163	154.637	
14				

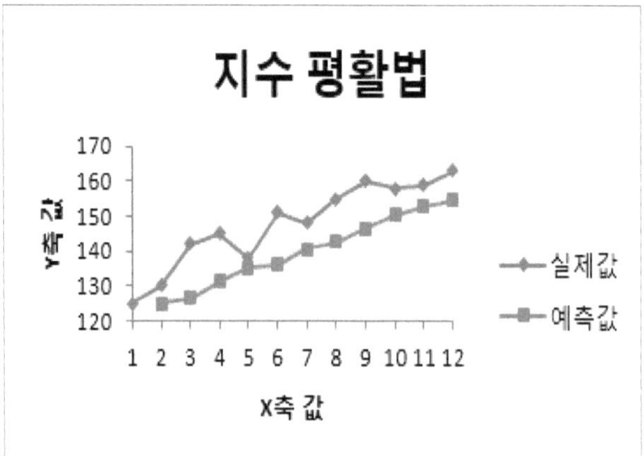

지수 평활법에서 예측치를 계산하기 위해서는 다음의 식을 사용한다.

$$A_t = \alpha D_t + (1-\alpha)A_{t-1} = S_{t1} \ (\text{단 } 0 \leq \alpha \leq 1)$$

여기서 D_t는 t번째 주의 실제값이고, A_t는 t-1주에 예측한 t번째 주의 예측값이다.

이 예제에서는 A_0 = 125이고 α=0.3이므로 위의 식에 대입하면

A_1 = 0.3(125)+0.7(125) = 125

A_2 = 0.3(130)+0.7(125) = 126.5

A_3 = 0.3(142)+0.7(126.5) = 131.15

……

A_{11} = 0.3(163)+0.7(152.767) = 155.837

와 같이 계산된다.

다음은 위의 예제에서 α=0.9로 바꾸어 계산한 결과이다.

	A	B	C	D
1	주	판매액	a=0.9	
2	1	125	#N/A	
3	2	130	125.000	
4	3	142	129.500	
5	4	145	140.750	
6	5	138	144.575	
7	6	151	138.658	
8	7	148	149.766	
9	8	155	148.177	
10	9	160	154.318	
11	10	158	159.432	
12	11	159	158.143	
13	12	163	158.914	
14				

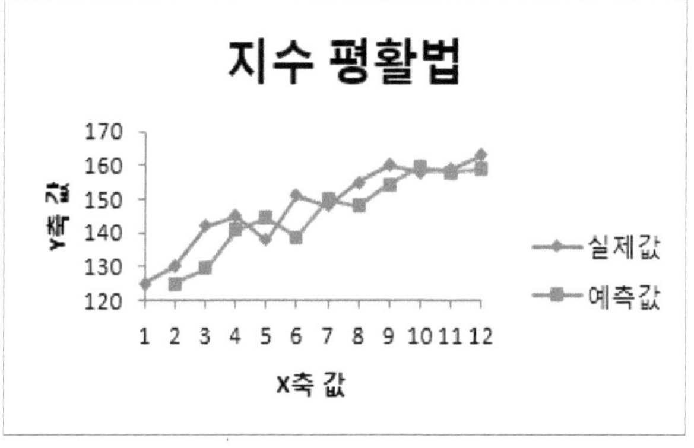

여기에서도

A_1 = 0.9(125)+0.1(125) = 125

A_2 = 0.9(130)+0.1(125) = 129.5

A_3 = 0.9(142)+0.1(129.5) = 140.75

……

A_{11} = 0.9(163)+0.1(158.153) = 158.914

와 같이 계산된다.

그래프를 보면 α=0.9인 경우가 α=0.3인 경우보다도 실제 매출액에 더 가까운 예측값을 도출하고 있음을 알 수 있는데, 이는 시계열이 전반적으로 상승하고 있으며 값이 커짐에 따라 최근의 실제값에 더 많은 가중치를 부여해 반영의 정도를 높게하였으므로 이러한 결과가 나타나게 된다.

부록

부록 1. 엑셀 통계 함수
부록 2. 확률 분포표

1 엑셀 통계 함수

- AVEDEV　데이터 요소 평균으로부터 절대 편차의 평균을 구한다.
- AVERAGE　인수의 산술 평균을 구한다.
- AVERAG　숫자, 문자열, 논리값 등을 포함하여 인수의 평균을 구한다.
- BETADIST　누적 베타 확률 밀도 함수 값을 구한다.
- BETAINV　누적 베타 확률 밀도 함수의 역함수의 값을 구한다.
- BINOMDIS　개별항 이항 분포의 확률 값을 구한다.
- CHIDIST　카이 제곱 분포의 단측 검정 확률을 구한다.
- CHIINV　카이 제곱 분포의 단측 검정 확률의 역을 구한다.
- CHITEST　적합도 검정, 독립성 검정을 시행한다.
- CONFIDENCE　모집단 평균의 신뢰 구간을 구한다.
- CORREL　두 데이터 집합 사이의 상관 계수를 구한다.
- COUNT　인수 목록에서 숫자의 개수를 구한다.
- COUNTA　인수 목록에서 자료의 개수를 구한다.

- COVAR　쌍으로 된 편차 곱의 평균(공분산)을 구한다.
- CRITBINOM　누적 이항 분포 확률 값이 조건 값보다 작거나 같은 변량의 최소값을 구한다.
- DEVSQ　편차의 제곱의 합을 구한다.
- EXPONDIST　지수 분포값를 구한다.
- FDIST　F-확률 분포 값을 구한다.
- FINV　F-확률 분포의 역함수 값을 구한다.
- FISHER　피셔 변환값을 구한다.
- FISHERINV　피셔 변환의 역함수값을 구한다.
- FORECAST　선형 추세의 값을 구한다.
- FREQUENCY　수직 배열의 도수 분포를 구한다.
- FTEST　F-검정 결과를 구한다.
- GAMMADIST　감마 분포값을 구한다.
- GAMMAINV　감마 누적 분포의 역함수 값을 구한다.
- GAMMALN　감마 함수 G(x)의 자연 로그를 구한다.
- GEOMEAN　기하 평균을 구한다.
- GROWTH　지수 추세선의 값을 구한다.
- HARMEAN　조화 평균을 구한다.
- HYPGEOMDIST　초기하 분포값을 구한다.
- INTERCEPT　선형 회귀선의 절편을 구한다.
- KURT　자료의 첨도를 구한다.
- LARGE　자료 집합에서 k 번째로 큰 값을 구한다.
- LINEST　선형 추세의 매개 변수를 구한다.
- LOGEST　지수 추세의 매개 변수를 구한다.
- LOGINV　로그 정규 누적 분포의 역을 구한다.
- LOGNORMDIST　로그 정규 누적 분포값을 구한다.
- MAX　인수 목록에서 최대값을 구한다.
- MAXA　숫자, 문자열, 논리값을 포함한 인수 목록에서 최대값을 구한다.
- MEDIAN　주어진 수들의 중앙값을 구한다.
- MIN　인수 목록에서 최소값을 구한다.
- MINA　숫자, 문자열, 논리값을 포함한 인수 목록에서 최소값을 구한다.

- MODE 데이터 집합에서 빈도수가 가장 높은 값을 구한다.
- NEGBINOMDIST 음의 이항 분포값을 구한다.
- NORMDIST 누적 정규 분포값을 구한다.
- NORMINV 정규 누적 분포의 역함수값을 구한다.
- NORMSDIST 표준 정규 누적 분포값을 구한다.
- NORMSINV 표준 정규 누적 분포의 역함수값을 구한다.
- PEARSON 피어슨의 곱 모멘트 상관 계수를 구한다.
- PERCENTILE 범위에서 k 번째 백분위수 값을 구한다.
- PERCENTRANK 자료 집합에서 값의 백분율 순위를 구한다.
- PERMUT 개체의 주어진 수로 만들 수 있는 순열 수를 구한다.
- POISSON 푸아송 분포값을 구한다.
- PROB 두 한계값 사이에 값이 들어갈 확률을 구한다.
- QUARTILE 자료 집합의 사분위수를 구한다.
- RANK 목록에서 수의 순위를 구한다.
- RSQ 피어슨의 곱 모멘트 상관 계수의 제곱을 구한다.
- SKEW 분포의 왜도를 구한다.
- SLOPE 선형 회귀선의 기울기를 구한다.
- SMALL 데이터 집합에서 k 번째로 작은 값을 구한다.
- STANDARDIZE 표준화 변수의 값을 구한다.
- STDEV 표본의 표준 편차를 구한다.
- STDEVA 숫자, 문자열, 논리값을 포함한 표본의 표준 편차를 구한다.
- STDEVP 모집단 전체의 표준 편차를 구한다.
- STDEVPA 숫자, 문자열, 논리값을 포함한 모집단 전체의 표준편차를 구한다.
- STEYX 회귀 분석시 각각의 x에 대하여 예측한 y 값의 표준오차를 구한다.
- TDIST 스튜던트 t-분포값을 구한다.
- TINV 스튜던트 t-분포의 역함수값을 구한다.
- TREND 선형 추세 위에 있는 값을 구한다.
- TRIMMEAN 데이터 집합의 내부 평균을 구한다.
- TTEST 스튜던트 t-검정과 관련된 확률값을 구한다.

- VAR 표본의 분산을 구한다.
- VARA 숫자, 문자열, 논리값을 포함한 표본의 분산을 구한다.
- VARP 모집단 전체의 분산을 구한다.
- VARPA 숫자, 문자열, 논리값을 포함한 모집단 전체의 분산을 구한다.
- WEIBULL 와이블 분포값을 구한다.
- ZTEST z-검정의 양측 P-값을 구한다.

A

AVEDEV

데이터 평균으로부터 절대 편차의 평균을 구한다. AVEDEV는 데이터 집합의 가변성의 척도이다.

| 구문 | AVEDEV(number1, number2, …, number30)

Number1, number2, … 절대 편차의 평균을 구할 인수로 30개까지 사용할 수 있다. 콤마로 구분된 인수 대신에 단일 배열이나 배열의 참조 영역을 사용할 수 있다.

- 인수는 숫자나 숫자가 들어 있는 이름, 배열, 참조 영역이어야 한다.
- 배열이나 참조 영역에 문자열, 논리값, 빈 셀 등이 있으면 이 값들은 무시된다. 그러나 0값을 가진 셀은 포함된다.
- 평균 편차의 수식은 다음과 같다.

$$\frac{1}{n}\sum_{i=1}^{n} | x_i - \overline{X} |$$

AVEDEV는 입력 데이터의 측정 단위에 따라 영향을 받는다.

| 예제 | AVEDEV(4, 5, 6, 7, 5, 4, 3) = 1.020408

AVERAGE

인수의 산술 평균을 구한다.

| 구문 |

AVERAGE(number1, number2, …, number30)

Number1, number2, … 산술 평균을 구할 수치 인수로 30개까지 사용할 수 있다.

- 인수는 숫자나 숫자가 들어 있는 이름, 배열, 참조 영역이어야 한다.
- 배열이나 참조 영역에 문자열, 논리값, 빈 셀 등이 있으면 이 값들은 무시된다. 그러나 0값을 가진 셀은 포함된다.
- 산술 평균의 수식은 다음과 같다.

$$\frac{1}{n}\sum_{i=1}^{n} x_i$$

[도구] 메뉴 [옵션] 명령의 [화면 표시] 탭에서 [0값] 확인란에 선택되어 있지 않으면, 셀의 평균을 구할 때 빈 셀과 0값이 들어 있는 셀은 다르게 인식된다. 즉 빈 셀은 계산되지 않지만 0값은 계산된다.

| 예제 |

A1 : A5의 이름이 Scores이고 10, 7, 9, 27, 2가 들어 있으면 다음과 같다.

AVERAGE(A1 : A5) = 11

AVERAGE(Scores) = 11

AVERAGE(A1 : A5, 5) = 10

AVERAGE(A1 : A5) = SUM(A1 : A5)/COUNT(A1 : A5) = 11

C1 : C3의 이름이 OtherScores이고 4, 18, 7이 들어 있으면 다음과 같다.

AVERAGE(Scores, OtherScores) = 10.5

AVERAGEA

인수의 산술 평균을 구한다. 숫자와 함께 문자열, TRUE와 FALSE 같은 논리값도 계산에 포함된다.

| 구문 | AVERAGEA(value1, value2, …, value30)

Value1, value2, … 산술 평균을 구할 수치 인수로 30개까지 사용할 수 있다.

- 인수는 숫자, 이름, 배열, 참조 영역 등이 될 수 있다.
- 문자열이 들어 있는 배열이나 참조 영역 인수는 0으로 인식된다.
- 빈 문자열("")은 0으로 인식된다.
- 인수에 문자열이 없으면 AVERAGE 함수를 사용한다.
- 인수가 TRUE면 1이 되고 FALSE면 0이 된다.

[도구] 메뉴 [옵션] 명령의 [화면 표시] 탭에서 [0값] 확인란에 선택되어 있지 않으면, 셀의 평균을 구할 때 빈 셀과 0값이 들어 있는 셀은 다르게 인식된다. 즉 빈 셀은 계산되지 않지만 0값은 계산된다.

| 예제 | A1 : A5의 이름이 Scores이고 10, 7, 9, 2, "사용 불가"가 들어 있으면

AVERAGEA(A1 : A5) = 5.6이고

AVERAGEA(Scores) = 5.6이며

AVERAGEA(A1 : A5) = SUM(A1 : A5)/COUNTA(A1 : A5) = 5.6이다.

A1 : A4에 10, 7, 9, 2가 들어 있고 A5가 비어 있으면

AVERAGEA(A1 : A5) = 7이다.

B

BETADIST

누적 베타 확률 밀도 함수 값을 구한다. 누적 베타 확률 밀도 함수는 하루 중 음악을 듣는 시간을 백분율로 나타내는 것과 같이 표본의 백분율 분포를 알아볼 때 사용한다.

| 구문 | BETADIST(x, alpha, beta, A, B)

X	함수값을 구하려는 A와 B 사이의 변량값
Alpha	분포 매개 변수
Beta	분포 매개 변수
A	변량 x의 하한값
B	변량 x의 상한값

- 인수가 숫자가 아니면 #VALUE! 오류
- alpha 〈 0 또는 beta 〈 0이면 #NUM! 오류
- x 〈 A 이거나 x 〉 B 또는 A = B이면 #NUM! 오류
- A, B를 생략하면 A = 0, B = 1인 표준 누적 베타 분포를 적용한다.

| 예제 | BETADIST(2,8,10,1,3) = 0.685470581

BETAINV

누적 베타 확률 밀도 함수의 역함수의 값을 구한다. 즉, probability = BETADIST(x, ...)이면 BETAINV(probability, ...) = x이다. 누적 베타 분포는 프로젝트 계획에서 예산 완료 시간과 분산이 주어지고 완료 시간을 예측하는 모델을 만들 때 사용한다.

| 구문 | BETAINV(probability, alpha, beta, A, B)

Probability	베타 분포 변량의 확률
Alpha	분포의 매개 변수
Beta	분포의 매개 변수
A	변량 x의 하한값
B	변량 x의 상한값

- 인수가 숫자가 아니면 #VALUE! 오류
- alpha 〈 0 또는 beta 〈 0이면 #NUM! 오류
- probability 〈 0 또는 probability 〉 1이면 #NUM! 오류
- A와 B를 생략하면 A = 0, B = 1인 표준 누적 베타 분포를 사용한다.

- 확률 값이 주어지면 결과값이 $\pm3\times10^{-7}$의 숫자 범위 내에 들어갈 때까지 반복 계산한다. 100번의 반복 계산 후에도 값이 수렴하지 않으면 #N/A 오류.

| 예제 | BETAINV(0.685470581,8,10,1,3) = 2

BINOMDIST

이항 분포의 확률 값을 구한다. 이항분포는 각 시행의 결과가 오직 2개("성공"과 "실패", "합격"과 "불합격")일 뿐이고, 독립 시행이며, 성공 확률이 일정할 때 정해진 검정이나 시행 횟수에서 이 함수를 사용한다.
예를 들어, 동전을 5번 던져 그 중 앞면이 2번 나타날 확률을 계산할 때 이 함수를 사용한다.

| 구문 | BINOMDIST(number_s, trials, probability_s, cumulative)

Number_s	성공할 횟수
Trials	독립 시행 횟수
Probability_s	각 시행에서 성공할 확률
Cumulative	함수 형태를 결정하는 논리값으로 cumulative가 TRUE이면 누적 분포 함수의 값, FALSE이면 확률 밀도 함수의 값

- Number_s와 trials는 정수로 변환
- number_s, trials 또는 probability_s가 숫자가 아니면 #VALUE! 오류
- number_s 〈 0이거나 number_s 〉 trials이면 #NUM! 오류
- probability_s 〈 0이거나 probability_s 〉 1이면 #NUM! 오류
- 이항 확률 밀도 함수식은 다음과 같다.

$$B(x,n,p) = \binom{n}{x} p^x (1-p)^{n-x}$$

• 이항 누적 분포 함수식은 다음과 같다.

$$B(x,n,p)=\sum_{y=0}^{n} b(y,n,p)$$

| 예제 | 동전 던지기의 결과는 앞면 또는 뒷면이다. 처음 던져서 앞면이 나올 확률이 0.5일 때 10번 던져서 6번 앞면이 나올 확률은 다음과 같다.
BINOMDIST(6, 10, 0.5, FALSE) = 0.205078

C

CHIDIST

카이 제곱(χ^2) 분포의 단측 검정 확률을 구한다. χ^2분포는 χ^2검정과 관련되어 있다. 관측값과 기대값을 비교하기 위하여 χ^2검정을 사용한다.

| 구문 | CHIDIST(x, degrees_freedom)

X	분포 확률을 구하려는 변량 값
Degrees_freedom	자유도

- 인수가 숫자가 아니면 #VALUE! 오류
- x가 음수면 #NUM! 오류
- degrees_freedom이 정수가 아니면 정수로 변환
- degrees_freedom 〈 1이거나 degrees_freedom 〉 10^{10}이면 #NUM! 오류
- CHIDIST = $P(X>x)$와 같이 계산하며 이 때 X는 χ^2분포의 변량

| 예제 | CHIDIST(18.307, 10) = 0.050001

CHIINV

카이 제곱(χ^2) 분포 단측 검정 확률의 역함수 값을 구한다. 즉, probability = CHIDIST(x, degrees_freedom)이면 CHIINV (probability, degrees_freedom) = x이다. 관측값과 기대값을 비교하여 원래의 가설이 유효한지 검정하려면 이 함수를 사용한다.

| 구문 |

CHIINV(probability, degrees_freedom)

Probability	카이 제곱 분포의 확률
Degrees_freedom	자유도

- 인수가 숫자가 아니면 #VALUE! 오류
- probability 〈 0이거나 probability 〉 1이면 #NUM! 오류
- degrees_freedom이 정수가 아니면 정수로 변환
- degrees_freedom 〈 1이거나 degrees_freedom 〉 10^{10}이면 #NUM! 오류
- 확률 값이 주어지면 결과 값이 $\pm 3 \times 10^{-7}$의 숫자 범위 내에 들어갈 때까지 반복 계산한다. 100번의 반복 계산 후에도 값이 수렴하지 않으면 #N/A 오류

| 예제 |

CHIINV(0.05, 10) = 18.30703

CHITEST

적합도 검정과 독립성 검정을 위한 χ^2 통계량의 단측검정확률을 구한다.

| 구문 |

CHITEST(actual_range, expected_range)

Actual_range	검정할 관측 데이터가 들어 있는 자료 범위
Expected_range	행 합계와 열 합계의 곱의 총합계에 대한 비율로 계산된 기대도수가 들어있는 자료 범위

- actual_range와 expected_range의 데이터 수가 다르면 #N/A 오류

- χ^2 검정은 먼저 기대값과 실제값과의 편차제곱합으로 χ^2 통계를 구하고 함수식 CHIDIST = p(X 〉 χ^2)에 의하여 단측검정확률을 구한다.

$$\chi^2 = \sum_{i=1}^{r}\sum_{j=1}^{c}\frac{(A_{ij} - E_{ij})^2}{E_{ij}}$$

여기서

A_{ij} = i-번째 행, j-번째 열의 실제 빈도

E_{ij} = i-번째 행, j-번째 열의 기대 빈도

r = 숫자 또는 행

c = 숫자 또는 열

CHITEST 함수는 χ^2 확률과 자유도(df)를 구한다.

자유도 함수식은 $df = (r-1)(c-1)$이다.

CONFIDENCE

모집단 평균의 신뢰구간을 구한다. 신뢰 구간은 표본 평균이 가운데 있는 표준 정규 곡선 양쪽의 일정 범위를 말한다.

예를 들어 우편으로 물품을 주문했을 때 물품이 도착할 최단 시간과 최장 시간을 특정 신뢰도 수준에서 결정할 수 있다.

| 구문 | CONFIDENCE(alpha, standard_dev, size)

Alpha	신뢰도 계산에 사용하는 유의 수준으로 신뢰도는 100*(1 - alpha)%로 alpha가 0.05이면 신뢰도는 95%가 된다.
Standard_dev	데이터 범위의 모집단 표준 편차로서 그 값을 알고 있다고 가정한다.
Size	표본 크기

- 인수가 숫자가 아니면 #VALUE! 오류
- alpha 〈 0 또는 alpha 〉 1이면 #NUM! 오류

- standard_dev 〈 0이면 #NUM! 오류
- size가 정수가 아니면 정수로 변환
- size 〈 1이면 #NUM! 오류
- alpha를 0.05로 가정하면 표준 정규 곡선 아래의 면적이 (1 - alpha) 또는 95%가 되는 구간을 계산해야 한다. 이 값은 ±1.96으로 신뢰 구간은 다음과 같다.

$$\bar{x} \pm 1.96\left(\frac{\sigma}{\sqrt{n}}\right)$$

| 예제 | 50명의 교외 통근자들을 대상으로 조사한 결과 평균 통근 시간은 30분, 표준 편차는 2.5라고 할 때 모집단 평균값이 다음 구간 내에 있는 것을 95%의 신뢰도로 예측할 수 있다.
또는 CONFIDENCE(0.05, 2.5, 50) = 0.692951. 다시 말해, 95% 신뢰 수준에서 평균 통근 시간 은 30±0.692951분 또는 29.3 내지 30.7분이다.

CORREL

array1과 array2 셀 범위 사이의 상관 계수를 구한다. 둘 사이의 관계를 알려면 상관 계수를 사용한다. 예를 들어 어떤 지역의 평균 기온과 보일러 가동율의 관계를 분석 할 수 있다.

| 구문 | CORREL(array1, array2)

Array1	값을 원소로 하는 셀 범위
Array2	값을 원소로 하는 이차 셀 범위

- 인수는 반드시 숫자이거나 숫자를 포함하는 이름, 배열, 참조 영역 등이어야 한다.
- 배열 또는 참조 영역 인수에서 문자열이나 논리값을 갖는 셀 또는 빈 셀은 모두 무시되지만 0값을 갖는 셀은 포함된다.
- array1과 array2의 데이터 요소 개수가 다르면 #N/A 오류

- array1 또는 array2가 비어 있거나 그 값의 S(표준 편차)가 0이면 #DIV/0! 오류
- 상관 계수식은 다음과 같다.

$$\rho_{xy} = \frac{Cov(X, Y)}{\sigma_x \cdot \sigma_y}$$

여기서

$$-1 \leqq \rho_{xy} \leqq 1$$

그리고

$$Cov(X, Y) = \frac{1}{n}\sum_{i=1}^{n}(x_i - \mu_x)(y_i - \mu_y)$$

| 예제 | CORREL({3, 2, 4, 5, 6}, {9, 7, 12, 15, 17}) = 0.997054

COUNT

인수 목록에서 숫자를 포함한 셀과 숫자의 개수를 구한다. COUNT를 사용하여 숫자 범위나 배열에서 숫자 필드의 항목 수를 구한다.

| 구문 | COUNT(value1, value2, …, value30)

Value1, value2, … 여러 데이터 종류를 포함하거나 참조하는 인수로서, 30개까지 사용할 수 있으나 개수 계산에는 숫자만 포함된다.

- 숫자나 날짜, 또는 숫자를 나타내는 문자열 인수는 개수 계산에 포함된다.
- 오류값이나 숫자로 바꿀 수 없는 문자열은 무시된다.
- 인수가 배열이나 참조 영역이면 배열이나 참조 영역의 숫자만 개수 계산에 포함된다. 배열이나 참조 영역에 있는 빈 셀, 논리값, 문자열, 오류값은 무시된다. 필요하면 논리값, 문자열, 오류값은 COUNTA 함수를 사용하여 계산할 수 있다.

COUNTA

인수 목록에서 공백이 아닌 셀과 값의 개수를 계산한다. COUNTA를 사용하여 범위나 배열에서 데이터를 가진 셀의 개수를 계산한다.

| 구문 | COUNTA(value1, value2, …, value30)

Value1, value2, … 계산할 값을 나타내는 인수로 30개까지 사용할 수 있다. 이 경우에 값은 빈 문자열(" ")을 포함하여 모든 유형의 정보가 가능하나 빈 셀은 무시된다. 논리값, 문자열, 오류값의 개수가 필요하지 않은 경우는 COUNT 함수를 사용한다.

COVAR

각 데이터 요소 쌍에 대한 편차 곱의 평균(공분산)을 계산한다. 공분산을 사용하여 두 데이터 집합 사이의 관계를 알아본다.

예를 들어, 수입이 높을수록 교육 수준이 높은지를 알아볼 수 있다.

| 구문 | COVAR(array1, array2)

Array1 숫자로 이루어진 첫째 셀 범위

Array2 숫자로 이루어진 둘째 셀 범위

- 인수는 숫자이거나 숫자가 들어 있는 이름, 배열, 참조 영역이어야 한다.
- 배열이나 참조 영역 인수에 들어 있는 문자열, 논리값, 빈 셀은 무시된다. 그러나 0 값을 가진 셀은 포함된다.
- Array1과 Array2에 들어 있는 데이터 요소의 수가 다르면 #N/A 오류
- Array1과 Array2가 비어 있으면 #DIV/0! 오류
- 공분산 식은 다음과 같다.

$$Cov(X, Y) = \frac{1}{n}\sum_{i=1}^{n}(x_i - \mu_x)(y_i - \mu_y)$$

| 예제 | COVAR({3, 2, 4, 5, 6}, {9, 7, 12, 15, 17}) = 5.2

CRITBINOM

누적 이항 분포 확률값이 기준치 이상인 변량의 최소값을 구한다. 품질 보증이 필요한 분야에서 이 함수를 사용한다.
예를 들어 조립 라인을 가동 중에 발생할 결함 부품의 최대 허용 개수를 결정할 때 이 함수를 사용한다.

| 구문 | CRITBINOM(trials,probability_s,alpha)

Trials	베르누이 시행 횟수
Probability_s	각 시행에서 성공 확률
Alpha	기준치

- 인수가 숫자가 아니면 #VALUE! 오류
- trials가 정수가 아니면 정수로 변환
- trials 〈 0이면 #NUM! 오류
- probability_s 〈 0이거나 probability_s 〉 1이면 #NUM! 오류
- alpha 〈 0이거나 alpha 〉 1이면 #NUM! 오류

| 예제 | CRITBINOM(6,0.5,0.75) = 4

D

DEVSQ

관측치와 표본 평균과의 편차 제곱의 합을 구한다.

| 구문 | DEVSQ(number1, number2, ⋯, number30)
편차 제곱의 합을 구하는데 사용하는 인수로서 30개까지 가능하며 Number1, number2, ⋯ 처럼 인수를 일일이 쓰는 대신 배열이나 배

열의 참조 영역을 사용할 수 있다.

- 인수는 반드시 숫자나 숫자를 포함하는 이름, 배열, 참조 영역이어야 한다.
- 배열 또는 참조 영역 인수에서 문자열이나 논리값을 갖는 셀 또는 빈 셀은 모두 무시되지만 0값을 갖는 셀은 포함된다.
- 편차 제곱의 합을 구하는 식은 다음과 같다.

$$DEVSQ = \sum_{i=1}^{n}(x_i - \overline{x})^2$$

| 예제 | DEVSQ(4,5,8,7,11,4,3) = 48

E

EXPONDIST

지수 분포의 확률값을 구한다. 이 함수를 사용하여 현금 출납기가 현금을 내주는데 걸리는 시간과 같이 사건들 사이의 시간을 모델화할 수 있다. 예를 들어 그 과정이 1분 이내일 확률을 구할 수 있다.

| 구문 | EXPONDIST(x, lambda, cumulative)

X	함수의 변량이다.
Lambda	계수값이다.
Cumulative	지수 함수의 형식을 나타내는 논리 값으로서 cumulative가 TRUE면 누적 분포 함수값을 FALSE면 확률 밀도 함수값을 구한다.

- x 또는 lambda가 숫자가 아니면 #VALUE! 오류
- x 〈 0이면 #NUM! 오류
- lambda 〈 0이면 #NUM! 오류
- 확률 밀도 함수식은 다음과 같다.

$$f(x,\lambda) = \lambda e^{-\lambda x}$$

- 누적 분포 함수식은 다음과 같다.

$$F(x,\lambda) = 1 - e^{-\lambda x}$$

| 예제 | EXPONDIST(0.2, 10, TRUE) = 0.864665

EXPONDIST(0.2, 10, FALSE) = 1.353353

F

FDIST

F-확률 분포 값을 구한다. 이 함수를 사용하여 두 데이터 집합이 서로 다른 산포도를 갖는지를 알아볼 수 있다. 예를 들어 고등학교에 입학하는 남녀 학생의 성적을 조사하여 남녀 학생들의 산포도가 서로 다른지를 알아볼 수 있다.

| 구문 | FDIST(x, degrees_freedom1, degrees_freedom2)

X	함수를 평가하는 변량값
Degrees_freedom1	분모의 자유도
Degrees_freedom2	분자의 자유도

- 인수가 숫자가 아니면 #VALUE! 오류
- x가 음수면 #NUM! 오류
- degrees_freedom1 또는 degrees_freedom2가 정수가 아니면 정수로 변환
- degrees_freedom1 〈 1이거나 degrees_freedom1 〉 10^{10}이면 #NUM! 오류
- degrees_freedom2 〈 1이거나 degrees_freedom2 〉 10^{10}이면 #NUM! 오류
- FDIST = P(F 〉 x)로써 계산되며, 여기서 F는 F 분포를 갖는 임의의 변량

| 예제 | FDIST(15.20675, 6, 4) = 0.01

FINV

F-확률 분포의 역함수 값을 구한다. p = FDIST(x, ...)이면 FINV(p, ...) = x이다. F-분포는 두 데이터 집합의 산포도를 비교하는 F-검정에 사용된다.
예를 들어 미국과 캐나다의 소득 분포를 분석하여 두 나라의 산포도가 비슷한지 알아볼 수 있다.

| 구문 | FINV(probability, degrees_freedom1, degrees_freedom2)

Probability　　F-누적 분포 관련 확률값

Degrees_freedom1　　분모의 자유도

Degrees_freedom2　　분자의 자유도

- 인수가 숫자가 아니면 #VALUE! 오류
- probability 〈 0이거나 probability 〉 1이면 #NUM! 오류
- degrees_freedom1 또는 degrees_freedom2가 정수가 아니면 정수로 변환
- degrees_freedom1 〈 1이거나 degrees_freedom1 〉 10^{10}이면 #NUM! 오류
- degrees_freedom2 〈 1이거나 degrees_freedom2 〉 10^{10}이면 #NUM! 오류

FINV 함수로 F-분포의 임계값을 구할 수 있다. 예를 들어 ANOVA의 계산 결과는 종종 0.05% 유의 수준에서 F-통계량, F-확률 및 F-임계값에 대한 데이터를 포함한다. F-임계값을 구하려면 유의 수준을 FINV 함수의 probability 인수로 사용한다.
FINV 함수는 반복 계산 기법을 사용한다. 확률값이 주어지면 결과값이 $\pm 3 \times 10^{-7}$의 오차 범위내에 들어올 때까지 계산을 반복한다. 100번 반복 계산한 후에도 값이 수렴하지 않으면 #N/A 오류.

| 예제 | FINV(0.01, 6, 4) = 15.20675

FISHER

X에서의 피셔 변환값을 구한다. 이 변환은 한쪽으로 치우지지 않고 거의 고르게 분포된 함수를 만든다. 이 함수를 사용하여 상관 계수에 대한 가설을 검정할 수 있다.

| 구문 | FISHER(x)

X 변화할 숫자값

- x가 숫자가 아니면 #VALUE! 오류
- x ≤-1이거나 x ≥1이면 #NUM! 오류
- 피셔 변환식은 다음과 같다.

$$z' = \frac{1}{2} ln\left(\frac{1+x}{1-x}\right)$$

| 예제 | FISHER(0.75) = 0.972955

FISHERINV

피셔 변환의 역함수 값을 구한다. 이 함수를 사용하여 데이터의 범위 또는 배열의 상관관계를 분석할 수 있다.

y = FISHER(x)이면 FISHERINV(y) = x이다.

| 구문 | FISHERINV(y)

Y 변환의 역함수값을 구하려는 값

- y가 숫자가 아니면 #VALUE! 오류
- 피셔 변환의 역함수 식은 다음과 같다.

$$x = \frac{e^{2y} - 1}{e^{2y} + 1}$$

| 예제 | FISHERINV(0.972955) = 0.75

FORECAST

기존 값으로 장래의 값을 계산하거나 예측할 수 있다. 예측값은 주어진 x값에 대한 y값이다. 알려진 값은 기존의 x값과 y값이며 선형 회기를 사용하여 새로운 값을 예측할 수 있다. 이 함수를 사용하여 판매량, 재고 필요량, 소비자 추세 등을 예측할 수 있다.

| 구문 | FORECAST(x,known_y's,known_x's)

X 값을 예측할 데이터 요소

Known_y's 데이터의 종속 배열 또는 범위

Known_x's 데이터의 독립 배열 또는 범위

- x 가 숫자가 아니면 #VALUE! 오류
- known_y's와 known_x's가 비었거나 데이터 요소의 개수가 서로 다르면 #N/A 오류
- known_x's 의 분산이 0이면 #DIV/0! 오류
- FORECAST 함수식은 a+bx이다.

$$a = \overline{y} - b\overline{x}$$

$$b = \frac{S_{xy}}{S_{xx}} = \frac{\sum_{i=1}^{n}(x_i - \overline{x})(y_i - \overline{y})}{\sum_{i=1}^{n}(x_i - \overline{x})^2}$$

| 예제 | FORECAST(30, {6, 7, 9, 15, 21}, {20, 28, 31, 38, 40}) = 10.60725

FREQUENCY

범위 내에서 해당되는 값의 빈도를 계산하여 수직 배열로 나타낸다. 예를 들어, FREQUENCY 함수를 사용하여 지정한 점수 범위에 들어

가는 시험 성적의 개수를 구할 수 있다. FREQUENCY는 배열을 사용하므로 배열식으로 입력해야 한다.

| 구문 |

FREQUENCY(data_array, bins_array)

Bata_array 빈도 수를 계산하려는 데이터 집합의 배열이나 참조 영역으로서, data_array가 비어 있으면 FREQUECNY는 0으로 이루어진 배열을 나타낸다.

Bins_array data_array에 있는 데이터들을 그룹으로 만들기 위한 구간의 배열이나 참조 영역으로서, bins_array가 비어 있으면 FREQUECNY는 data_array의 원소 개수를 나타낸다.

- 분포도를 나타낼 인접 셀 범위를 선택 후, FREQUENCY를 배열식으로 입력한다.
- 구하는 배열의 원소 개수는 bins_array의 원소 개수보다 하나 더 많다.
- FREQUENCY 함수에서 빈 셀과 문자열은 무시된다.
- 배열을 구하는 식은 배열식으로 입력되어야 한다.

| 예제 |

워크시트에 시험 성적을 작성할 때 79, 85, 78, 85, 83, 81, 95, 88, 97점은 A1 : A9에 각각 입력된다. data_array에는 시험 성적의 열이 있고 bins_array에는 시험 성적을 그룹화한 구간의 열이 있다. 이 예제에서 bins_array는 C4 : C6이고 70, 79, 89점을 포함한다. FREQUENCY 함수를 배열로 입력하면, 0-70, 71-79, 80-89, 90-100 등의 범위에 해당하는 점수의 개수를 셀 수 있다. 이 예제에서 모든 시험 성적은 정수라고 전제한다. 데이터와 인접한 네 개의 수직 셀을 선택하여 다음의 배열식을 입력한다.

FREQUENCY(A1 : A9, C4 : C6) = {0 ; 2 ; 5 ; 2}

FTEST

F-검정의 결과를 나타낸다. F-검정은 array1과 array2의 분산이 매우 다른가를 알아보는 단측 검정 확률을 구한다. 이 함수는 두 표본이 서로 다른 분산을 갖고 있는가를 알아볼 때 사용한다. 예를 들어, 공립과 사립 학교의 시험 성적 분포가 서로 다른지를 검정할 수 있다.

| 구문 | FTEST(array1,array2)

Array1 첫째 배열이나 데이터 영역이다.

Array2 둘째 배열이나 데이터 영역이다.

- 인수는 숫자나 숫자를 포함한 이름, 배열, 참조 영역 등이어야 한다.
- 문자열, 논리값, 빈 셀 등을 포함하는 배열이나 참조 영역의 인수값은 무시되지만 0 값을 갖는 셀은 포함된다.
- array1 또는 array2의 데이터 요소 개수가 두 개 미만이면 #DIV/0! 오류

| 예제 | FTEST({6, 7, 9, 15, 21}, {20, 28, 31, 38, 40}) = 0.648318

G

GAMMADIST

감마 확률 분포값을 구한다. 이 함수를 사용하여 한쪽으로 몰리는 확률 분포의 변량을 연구할 수 있다. 감마 분포는 대기 행렬 분석에 주로 사용한다.

| 구문 | GAMMADIST(x,alpha,beta,cumulative)

X 확률 분포를 계산하려는 변량의 값이다.

Alpha 분포의 매개 변수

Beta 분포의 매개 변수로서 beta = 1이면 표준 감마 분포의 확률이 구해진다.

Cumulative　　함수 형태를 결정하는 논리값으로서 cumulative가 TRUE이면 누적 분포 함수값을, FALSE이면 확률 밀도 함수값을 구한다.

- x, alpha, beta 등이 숫자가 아니면 #VALUE! 오류
- x가 음수이면 #NUM! 오류
- alpha가 0 이하이거나 beta가 0 이하이면 #NUM! 오류
- 감마 분포식은 다음과 같다.

$$f(x;\alpha,\beta) = \frac{1}{\beta^{\alpha}\Gamma(\alpha)} x^{\alpha-1} e^{-x/\beta}$$

- 표준 감마 분포식은 다음과 같다.

$$f(x;\alpha) = \frac{x^{\alpha-1}e^{-x}}{\Gamma(\alpha)}$$

- alpha = 1이면 $\lambda = \frac{1}{\beta}$ 인 경우의 지수 분포의 확률을 구한다.
- 양의 정수 n에 대하여 alpha = n/2, beta = 2, cumulative = TRUE이면 자유도 n인 (1 - CHIDIST(x))를 구한다.
- alpha가 양의 정수이면 얼랭(Erlang) 분포의 확률이 구해진다.

| 예제 |　　GAMMADIST(10, 9, 2, FALSE) = 0.032639
GAMMADIST(10, 9, 2, TRUE) = 0.068094

GAMMAINV

감마 누적 분포 함수의 역함수 값을 구한다. p = GAMMADIST(x, ...)이면 GAMMAINV(p, ...) = x이다. 이 함수를 사용하여 한쪽으로 몰리는 확률 분포의 변량을 연구할 수 있다.

| 구문 |　　GAMMAINV(probability, alpha, beta)
Probability감마 분포와 관련된 변량의 확률

Alpha	분포의 매개 변수
Beta	분포의 매개 변수로서 beta = 1이면 표준 감마 분포의 확률이 구해진다.

- 인수가 숫자가 아니면 #VALUE! 오류
- probability가 음수거나 1보다 크면 #NUM! 오류
- alpha가 0이하이거나 beta가 0이하이면 #NUM! 오류
- GAMMAINV 함수는 반복 계산을 사용한다. 주어지면 결과가 ±3x10-7의 오차 범위에 들어올 때까지 반복 계산한다. 100번 반복 계산 후에도 값이 수렴하지 않으면 #N/A 오류

| 예제 | GAMMAINV(0.068094, 9, 2) = 10

GAMMALN

감마 함수 G(x)의 자연 로그를 구한다.

| 구문 | GAMMALN(x)

X GAMMALN을 계산하려는 값이다.

- x가 숫자가 아니면 #VALUE! 오류
- x가 0 이하이면 #NUM! 오류
- i가 정수일 때 수 e의 GAMMALN(i) 멱은 (i - 1)!과 같다.
- GAMMALN 함수식은 다음과 같다.

$$f(x) = \ln(\Gamma(x))$$

여기서

$$\Gamma(x) = \int_0^{\infty} e^{-u} u^{x-1} du$$

| 예제 | GAMMALN(4) = 1.791759

EXP(GAMMALN(4)) = 6 또는 (4 - 1)!

GEOMEAN

양수 데이터 배열 또는 참조 영역에 대한 기하 평균을 구한다. 예를 들어, GEOMEAN 함수를 사용하여 주어진 변동 이율의 평균 증가를 계산할 수 있다.

| 구문 | GEOMEAN(number1, number2, …, number30)

Number1, number2, … 평균을 계산하기 위한 인수로서, 30개까지 가능하며 인수를 일일이 쓰는 대신 하나의 배열이나 배열 참조를 사용할 수 있다.

- 인수는 숫자나 숫자를 포함한 이름, 배열, 참조 영역 등이어야 한다.
- 문자열, 논리값, 빈 셀 등을 포함하는 배열이나 참조 영역의 인수값은 무시되지만 0 값을 갖는 셀은 포함된다.
- 데이터 요소가 0 이하이면 #NUM! 오류
- 기하 평균을 구하는 식은 다음과 같다.

$$\sqrt[n]{x_1 x_2 x_3 \cdots x_n}$$

| 예제 | GEOMEAN(4, 5, 8, 7, 11, 4, 3) = 5.476987

GROWTH

기존의 데이터로 예측되는 지수 성장을 구할 수 있으며, 기존의 x 값과 y 값을 사용하여 지정한 일련의 새로운 x 값에 대한 y 값을 구한다. GROWTH 워크시트를 사용하여 기존의 x 값과 y 값의 지수 곡선을 구할 수 있다.

| 구문 | GROWTH(known_y's, known_x's, new_x's, const)

Known_y's　　y = b*mx의 관계식에서 이미 알려진 y값이다.

- 배열 known_y's가 한 열에 있으면 known_x's의 각 열은 개별 변수로서 해석된다.

- 배열 known_y's가 한 행에 있으면 known_x's의 각 행은 개별 변수로서 해석된다.
- known_y's의 수가 0이거나 음수이면 #NUM! 오류

Known_x's　　　$y = b^* m^x$의 식에서 이미 알 수 있는 x값의 집합으로 생략할 수 있는 인수이다.

- 배열 known_x's는 하나 이상의 변수 집합을 포함할 수 있다. 하나의 변수만 사용되고 known_y's와 known_x's가 같은 차원이면 어떤 모양의 영역도 될 수 있다. 하나 이상의 변수가 사용되는 경우 known_y's는 벡터(한 행의 높이 또는 한 열의 너비를 가진 영역)이어야 한다.
- known_x's가 생략되면 known_y's와 크기가 같은 배열{1,2,3, …}을 가정한다.

New_x's　　　GROWTH 함수로 y값을 구하려는 새 x값이다.

- New_x's는 known_x's처럼 각 독립변수를 위한 열/행을 포함해야 한다.

known_y's가 하나의 열이면 known_x's와 new_x's는 서로 같은 수의 열을 가져야 한다. known_y's가 하나의 행이면 known_x's와 new_x's는 서로 같은 수의 행을 가져야 한다.

- new_x's 를 생략하면 known_x's와 같은 것으로 간주된다.
- known_x's와 new_x's를 생략하면 known_y's와 같은 크기의 배열 {1, 2, 3, …}으로 간주된다.

Const　　상수 b가 1과 같아지도록 할 것인지를 정의하는 논리값이다.

- const가 TRUE이거나 생략되면 b는 값대로 계산한다.
- const가 FALSE이면 b는 1과 같아지고 m값은 $y = m^x$가 되도록 조정된다.
- 셀의 개수를 맞게 선택한 다음 배열을 구하는 식은 배열 공식으로 입력해야 한다.
- known_x's와 같은 인수에 대하여 배열 상수를 입력할 때 콤마를 사용하여 같은 행에 있는 값을 구분하고 세미콜론을 사용하여 행을 구분한다.

| 예제 | 이 예제에서는 LOGEST 예제와 같은 데이터를 사용한다. 11개월부터 16개월까지의 판매량은 각각 33,100, 47,300, 69,000, 102,000, 150,000, 220,000 개이다. 이 값들은 UnitsSold라는 6개의 셀에 입력된다.

배열식으로 입력되었을 때 다음 식은 앞의 6개월 간의 판매량을 기준으로 17개월째와 18개월째의 판매를 예측할 수 있다.

GROWTH(UnitsSold, {11 ; 12 ; 13 ; 14 ; 15 ; 16}, {17 ; 18}) = {320, 197 ; 468, 536}

이러한 추세가 계속된다면 17개월째와 18개월째의 판매량은 각각 320197, 468536 개가 될 것이다.

x값 인수로 다른 순차 번호를 사용해도 예상 판매량은 같다. 예를 들어, known_x's의 기본값 {1 ; 2 ; 3 ; 4 ; 5 ; 6}을 사용할 수 있다.

GROWTH(UnitsSold, {7 ; 8},) = {320197 ; 468536}

H

HARMEAN

데이터 집합의 조화 평균을 구한다.

| 구문 | HARMEAN(number1, number2, …, number30)

Number1,number2, … 평균 계산에 사용하는 인수로서, 30개까지 지정할 수 있으며 인수를 콤마로 구분하는 대신 하나의 배열이나 배열 참조를 사용할 수 있다.

- 인수는 숫자나 숫자를 포함한 이름, 배열, 참조 영역 등이어야 한다.
- 문자열, 논리값, 빈 셀 등을 포함하는 배열이나 참조 영역의 인수값은 무시되지만 0 값을 갖는 셀은 포함된다.
- 데이터 요소가 0 이하이면 #NUM! 오류
- 조화 평균은 항상 기하 평균보다 작고 기하 평균은 산술 평균보다 작다.

• 조화 평균을 구하는 식은 다음과 같다.

$$\frac{1}{H_x} = \frac{1}{n}\sum_{i=1}^{n}\frac{1}{x_i}$$

| 예제 | HARMEAN(4, 5, 8, 7, 11, 4, 3) = 5.028376

HYPGEOMDIST

초기하 분포의 확률을 구한다. HYPGEOMDIST는 주어진 표본의 크기, 모집단의 성공 도수와 크기에 대하여 주어진 표본의 성공 도수가 출현할 확률을 구한다. 각 사건의 결과가 성공 또는 실패이고, 주어진 크기의 모집단에서 각 부분집합 표본을 동등하게 추출하는 유한 모집단의 문제에 이 함수를 사용한다.

| 구문 | HYPGEOMDIST(sample_s, number_sample, population_s, number_ population)

Sample_s	표본에서의 성공 도수이다.
Number_sample	표본 크기이다.
Population_s	모집단에서의 성공 도수이다.
Number_population	모집단 크기이다.

• 모든 인수는 정수로 변환
• 인수가 숫자가 아니면 #VALUE! 오류
• sample_s가 음수이거나 number_sample과 population_s중 작은 값보다 크면 #NUM! 오류
• sample_s가 0과 (number_sample - number_population + population_s) 중에서 큰 값보다 작으면 #NUM! 오류
• number_sample 〈 0거나 number_sample 〉 number_population이면 #NUM! 오류
• population_s 〈 0거나 population_s 〉 number_population이면 #NUM! 오류

- number_population ⟨ 0이면 #NUM! 오류
- 초기하 분포 식은 다음과 같다.

$$P(X=x)=h(x\ ;\ n,M,N)=\frac{\begin{pmatrix}M \\ x\end{pmatrix}\begin{pmatrix}N-M \\ n-x\end{pmatrix}}{\begin{pmatrix}N \\ n\end{pmatrix}}$$

여기서

x = sample_s

n = number_sample

M = population_s

N = number_population

HYPGEOMDIST 함수는 유한 모집단에서 표본이 비복원으로 추출될 때 사용된다.

| 예제 | 시식용 초코렛 20개 중에서 8개는 카라멜이고 나머지는 땅콩이라면 한 사람이 임의로 4개를 선택했을 때 정확하게 1개가 카라멜일 확률을 다음과 같이 구한다.

HYPGEOMDIST(1, 4, 8, 20) = 0.363261

5}) = 0.0483871

INTERCEPT

Known_x's와 Known_y's의 데이터 요소로 이루어진 선형 회귀선의 절편을 구한다. 절편은 known_x's와 known_y's의 값으로 이루어진 회귀선이 y축과 만나는 점이다. 독립변수의 값이 0일 때 종속변수의 값을 결정하려는 경우에 절편을 사용한다. 예를 들어 데이터가 상온이나 그 이상의 온도에서 측정된 경우 INTERCEPT를 사용하여 0도에서의 금속의 전기 저항을 예측할 수 있다.

| 구문 | INTERCEPT(known_y's, known_x's)

Known_y's 관찰값이나 데이터의 종속변수 집합

Known_x's 관찰값이나 데이터의 독립변수 집합

- 인수는 숫자이거나 숫자가 들어 있는 이름, 배열, 참조 영역이어야 한다.
- 배열이나 참조 영역 인수에 들어 있는 문자열, 논리값, 빈 셀 등은 무시된다. 그러나 0값을 가진 셀은 포함된다.
- Known_y's와 Known_x's에 서로 다른 개수의 데이터 요소가 들어 있거나 데이터가 들어 있지 않은 경우 #N/A 오류
- 회귀선 절편을 구하는 식은 다음과 같다.

$$a = \bar{y} - b\bar{x}$$

$$b = \frac{S_{xy}}{S_{xx}} = \frac{\sum_{i=1}^{n}(x_i - \bar{x})(y_i - \bar{y})}{\sum_{i=1}^{n}(x_i - \bar{x})^2}$$

| 예제 | INTERCEPT({2, 3, 9, 1, 8}, {6, 5, 11, 7, 5}) = 0.0483871

K

KURT

데이터의 첨도를 구한다. 첨도란 분포의 뾰족한 정도를 정규 분포와 비교하여 나타내는 것으로 양의 첨도는 상대적으로 더 뾰족하고 음의 첨도는 덜 뾰족하다.

| 구문 | KURT(number1, number2, …, number30)

Number1, number2, … 첨도를 계산할 인수로서 30개까지 지정할 수 있으며 콤마를 사용하여 각각의 인수를 구별하는 대신 하나의 배열이나 배열 참조를 사용할 수 있다.

- 인수는 숫자나 숫자를 포함한 이름, 배열, 참조 영역 등이어야 한다.

- 문자열, 논리값, 빈 셀 등을 포함하는 배열이나 참조 영역의 인수값은 무시되지만 0 값을 갖는 셀은 포함된다.
- 데이터 요소가 4개 미만이거나 표본의 표준 편차가 0이면 #DIV/0! 오류.
- 첨도는 다음과 같이 정의한다.

$$\left\{\frac{n(n+1)}{(n-1)(n-2)(n-3)}\sum\left(\frac{x_i-\bar{x}}{s}\right)^4\right\}-\frac{3(n-1)^2}{(n-2)(n-3)}$$

여기서 s는 표본의 표준 편차이다.

| 예제 | KURT(3, 4, 5, 2, 3, 4, 5, 6, 4, 7) = -0.1518

L

LARGE

데이터 집합에서 k번째로 큰 값을 구한다. 이 함수를 사용하여 상대 순위 값을 선택할 수 있다. 예를 들어, LARGE 함수를 사용하여 1등, 2등, 3등의 점수를 구할 수 있다.

| 구문 | LARGE(array, k)

Array　k번째 큰 값을 결정할 데이터 배열 또는 범위이다.

K　데이터의 배열이나 셀 범위에서 가장 큰 값과의 상대 순위이다.

- array가 비어 있으면 #NUM! 오류
- k가 0 이하이거나 데이터 요소 개수보다 크면 #NUM! 오류
  n이 범위에 있는 데이터 요소 개수이면, LARGE(array,1)은 가장 큰 값을 LARGE(array,n)은 가장 작은 값을 구한다.

| 예제 | LARGE({3, 4, 5, 2, 3, 4, 5, 6, 4, 7}, 3) = 5

LARGE({3, 4, 5, 2, 3, 4, 5, 6, 4, 7}, 7) = 4

데이터에 가장 적합한 직선을 구하는 "최소 자승법"을 사용하여 구한다. 이 함수는 배열값을 구하므로 배열식으로 입력해야 한다.
선의 방정식은 다음과 같다.

y=mx + b 또는 y=m1x1 + m2x2 + … + b
(x값의 범위가 여러 개일 때)

여기서 종속변수 y는 독립변수 x의 함수이다. m 값은 x의 계수이고 b는 상수이다. x, y, m은 벡터가 될 수 있다. LINEST 함수는 {mn, mn-1, …, m1, b} 배열을 구하며 또한 추가의 회귀 통계를 구할 수 있다.

| 구문 | LINEST(known_y's, known_x's, const, stats)

Known_y's　　y=mx+b 식에서 이미 알고 있는 y 값의 집합이다.

- 배열 known_y's가 한 열에 있으면 known_x's의 각 열은 개별 변수로 해석된다.
- 배열 known_y's가 한 행에 있으면 known_x's의 각 행은 개별 변수로 해석된다.

Known_x's　　y=mx+b 식에서 이미 알고 있는 x 값의 집합으로서 생략할 수 있다.

- 배열 known_x's는 하나 이상의 변수 집합을 포함할 수 있다. 하나의 변수만 사용하고 known_y's와 known_x's가 같은 차원이면 어떤 형태의 영역도 될 수 있다. 둘 이상의 변수를 사용할 때 known_y's는 벡터(한 행의 높이 또는 한 셀의 너비를 가진 영역)이어야 한다.
- known_x's를 생략하면 known_y's와 같은 크기의 배열 {1, 2, 3, …}로 간주한다.

Const　　상수 b를 0으로 할 것인지를 결정하는 논리값이다.

- const가 TRUE거나 생략되면 b는 값대로 계산된다.
- const가 FALSE이면 b는 0으로 지정되고 m 값은 y=mx에 맞게 조

정된다.

Stats　추가의 회귀 통계량을 구할지의 여부를 정의하는 논리값 이다.

- stats가 TRUE이면 LINEST 함수는 추가 회기 통계량을 구하여 {mn, mn-1, …, m1, b ; sen, sen-1, …, se1, seb ; r2, sey ; F, d f ; ssreg, ssresid}를 나타낸다.
- stats가 FALSE이거나 생략되면 m 계수값과 상수 b만을 구한다.

추가의 회귀 통계량은 다음과 같다.

se1, se2, …, sen　계수 m1, m2, …, mn에 대한 표준 오차값이다.

Seb　상수 b에 대한 표준 오차값(const가 FALSE이면 seb = #N/A) 이다.

r2　결정계수로서 y값의 추정값과 실제값을 비교하며 범위는 0과 1 사이이다. 계수가 1이면 표본은 완전한 상관 관계가 성립하고 추정값과 실제값은 아무런 차이가 없다. 결정계수가 0이면 그 회귀 방정식은 y값을 예상하는데 아무런 도움이 되지 못한다. r2의 계산 방법은 이 주제의 "주의" 부분을 참고하라.

sey　y 추정값에 대한 표준 오차이다.

F　F 통계량 또는 F - 관측값으로서 F 통계량을 사용하여 종속변수와 독립변수 사이에서 관측된 관계가 우연히 발생된 것인지를 판단할 수 있다.

df　자유도로서 통계표에서 F 임계값 찾기를 쉽게 해 줍니다. 모델에 대한 신뢰도를 판단하기 위해 LINEST 함수로 구한 F 통계량과 표에서 찾은 값들을 비교한다.

ssreg　회기 제곱의 합이다.

ssresid　잔차 제곱의 합이다.

| 예제 1 |　기울기와 Y 절편

LINEST({1, 9, 5, 7}, {0, 4, 2, 3}) = {2, 1}, 기울기는 2 이고 y 절편은 1이다.

| 예제 2 | 단순 선형 회귀

어떤 작은 회사에서 어느 회계 연도의 6개월간 판매 실적이 3,100, 4,500, 4,400, 5,400, 7,500, 8,100일 경우, 값을 B2 : B7에 입력했다면 9개월간의 판매 실적을 추정하기 위하여 다음과 같은 단순 선형 회귀모형을 사용할 수 있다.

SUM(LINEST(B2 : B7)*{9, 1}) = SUM({1000, 2000}*{9, 1}) = 11,000

일반적으로 SUM({m, b}*{x, 1}) = mx + b로, 주어진 x 값에 대응하는 y 추정값과 같다.

LOGEST

회귀 분석에서 데이터에 맞는 지수 곡선을 계산하여 그 곡선을 설명하는 배열을 구한다. 이 함수는 값을 배열로 나타내므로 배열 수식으로 입력해야 한다.

지수 방정식은 다음과 같다.

y = b*m^x 또는 y = (b*(m1^x1)*(m2^x2)*…)(x 값이 여러 개인 경우)

여기에서 종속변수 y값은 독립변수 x값의 함수이다. m값은 각 지수 x값에 해당하는 밑이고 b는 상수 값이다. y, x, m은 벡터일 수도 있다. LOGEST가 구하는 배열은 {mn, mn-1, …, m1, b}이다.

| 구문 | LOGEST(known_y's, known_x's, const, stats)

| 예제 | 10개월 동안 판매가 부진한 이후, 시장에 새 상품을 내놓고 기하 급수적인 매출 신장을 하여 6개월 동안 연속하여 매출은 매월 33,100, 47,300, 69,000, 102,000, 150,000, 220,000 단위로 증가하였고 이 값이 UnitsSold라는 6개의 셀에 입력된다고 할 때 다음 수식을 입력하면

LOGEST(UnitsSold, {11 ; 12 ; 13 ; 14 ; 15 ; 16}, TRUE, TRUE)

셀 D1 : E5에 다음과 같은 결과가 발생된다.

{1.46327563, 495.30477 ; 0.0026334, 0.03583428 ; 0.99980862, 0.01101631 ; 20896.8011, 4 ; 2.53601883, 0.00048544}

y = b*m1^x1 또는 배열에서 값을 사용하면 다음과 같다.

y = 495.3 * 1.4633^x

이 방정식에서 x에 월 수를 대입하여 앞으로의 월 매출을 예측할 수 있으며 GROWTH 함수를 사용할 수도 있다. (자세한 내용은 GROWTH를 참고.)

추가로 회귀 통계치(위의 출력 배열에서 셀 D2 : E5)를 사용하여 미래 값을 예측하는 데 방정식이 유용하다.

주의 : LOGEST를 사용하여 방정식을 검사하는 방법은 LINEST를 사용하는 방법과 유사하다. 그러나 LOGEST가 구하는 추가 통계치는 다음과 같은 선형 모델을 기초로 한다.

ln y = x1 ln m1 + … + xn ln mn + ln b

추가로 통계치를 계산할 때, 특히 sei 와 seb 값은 mi 와 b가 아니라 ln mi 와 ln b에 비교되어야 한다.

LOGINV

ln(x)가 매개변수 mean과 standard_dev으로 정규 분포될 때 x의 로그 정규 누적 분포의 역함수값을 구한다. p = LOGNORMDIST(x, ...)면 LOGINV(p, ...) = x이다.

로그 정규 분포를 사용하여 로그값으로 변형된 데이터를 분석한다.

| 구문 | LOGINV(probability, mean, standard_dev)

Probability	로그 정규 분포와 연관된 확률
Mean	ln(x)의 평균이다.
Standard_dev	ln(x)의 표준 편차이다.

• 숫자가 아닌 인수가 있으면 #VALUE! 오류
• Probability 〈 0 또는 Probability 〉 1이면 #NUM! 오류
• Standard_dev ≤ 0이면 #NUM! 오류

| 예제 | LOGINV(0.039084, 3.5, 1.2) = 4.000014

LOGNORMDIST

ln(x)가 매개 변수 mean과 standard_dev를 가진 정규 분포일 때 x의 로그 정규 누적 분포의 확률을 구한다. 이 함수를 사용하여 로그로 변환된 데이터를 분석한다.

| 구문 | LOGNORMDIST(x, mean, standard_dev)

X	함수를 구하려는 값이다.
Mean	ln(x)의 평균이다.
Standard_dev	ln(x)의 표준 편차이다.

• 인수가 숫자가 아니면 #VALUE! 오류
• x가 0 이하이거나 standard_dev가 0 이하이면 #NUM! 오류

| 예제 | LOGNORMDIST(4, 3.5, 1.2) = 0.039084

M

MAX

인수 목록에서 최대값을 구한다.

| 구문 | MAX(number1, number2, …, number30)

Number1, number2, … 최대값을 찾기 위한 인수로 30개까지 정의할 수 있다.

• 숫자, 빈 셀, 논리값 또는 숫자로 표시되는 문자열을 인수로 정의할

수 있다.

인수가 오류값 또는 숫자로 변환할 수 없는 문자열이면 오류가 발생한다.

- 인수가 배열 또는 참조 영역이면 배열 또는 참조 영역의 숫자만 사용되며 빈 셀, 논리값, 문자열, 오류값은 무시된다. 논리값과 문자열을 무시하지 않으려면 MAXA를 사용한다.
- 인수가 숫자를 포함하지 않을 때, MAX의 결과는 0이 된다.

| 예제 | A1 : A5에 10, 7, 9, 27, 2가 저장되었으면 다음과 같다.

MAX(A1 : A5) = 27

MAX(A1 : A5, 30) = 30

MAXA

인수 목록에서 최대값을 구한다. 숫자 뿐아니라 문자열과 TRUE와 FALSE 같은 논리값도 비교된다.

MAXA 함수와 MINA 함수는 유사하다.

| 구문 | MAXA(value1, value2, …, value30)

Value1, Value2, … 최대값을 찾을 인수로서 30개까지 정의할 수 있다.

- 숫자, 빈 셀, 논리값, 숫자로 표시한 문자열 등을 인수로 정의할 수 있다.

  인수가 오류 값을 가지면 오류가 발생한다. 계산에 문자열, 논리값이 없으면 MAX 워크시트 함수를 사용한다.
- 인수가 배열이나 참조 영역이면 배열이나 참조 영역의 숫자만 사용되고 빈 셀과 문자열은 무시된다.
- 인수가 TRUE면 1이 되고 문자열이나 FALSE면 0이 된다.
- 인수가 배열이나 참조 영역이면 배열이나 참조 영역의 숫자만 사용되고 빈 셀, 논리값, 문자열, 오류값 등은 무시된다.

| 예제 | A1 : A5에 10, 7, 9, 27, 2가 들어있으면

MAXA(A1 : A5) = 27이고

MAXA(A1 : A5,30) = 30이다.

A1 : A5에 0, 0.2, 0.5, 0.4, TRUE가 들어있으면

MAXA(A1 : A5) = 1이다.

MEDIAN

주어진 수들의 중앙값을 구한다. 중앙값은 수 집합에서 가운데에 있는 수이다. 즉, 수의 반은 중앙값보다 큰 값을 갖고 나머지 반은 중앙값보다 작은 값을 갖는다.

| 구문 |

MEDIAN(number1, number2, …, number30)

Number1, number2, … 중앙값을 구할 숫자들이다. 30개까지 사용할 수 있다.

- 인수는 숫자이거나 숫자가 들어 있는 이름, 배열, 참조 영역이어야 한다. 각 참조 영역이나 배열 인수의 숫자가 모두 검사된다.
- 배열이나 참조 영역 인수에 들어 있는 문자열, 논리값, 빈 셀 등은 무시된다. 그러나 0값을 가진 셀은 포함된다.
- 숫자 집합에 있는 수의 개수가 짝수면, MEDIAN은 가운데에 있는 두 수의 평균을 계산한다.

| 예제 |

MEDIAN(1, 2, 3, 4, 5) = 3

MEDIAN(1, 2, 3, 4, 5, 6) = 3.5 (3과 4의 평균)

MIN

인수 목록에서 가장 작은 수를 구한다.

| 구문 |

MIN(number1, number2, …, number30)

Number1, number2, … 최소값을 구할 숫자들이다. 30개까지 사용

할 수 있다.

- 인수로 숫자, 빈 셀, 논리값, 숫자의 문자열 표시 등을 지정할 수 있다.
- 오류값이나 숫자로 번역될 수 없는 문자열을 인수로 사용하면 오류가 발생한다.
- 인수가 배열이나 참조 영역이면 배열이나 참조 영역의 숫자만이 사용된다.
- 배열이나 참조 영역의 빈 셀, 논리값, 문자열, 오류값은 무시된다.
- 인수에 숫자가 들어있지 않으면 MIN은 0을 표시한다.

| 예제 | A1 : A5에 10, 7, 9, 27, 2가 들어 있으면

MIN(A1 : A5) = 2

MIN(A1 : A5, 0) = 0

MIN은 MAX와 유사하다.

MINA

인수 목록에서 가장 작은 수를 구한다. 숫자 뿐아니라 문자열과 TRUE와 FALSE 같은 논리값도 비교된다.

| 구문 | MINA(value1, value2, …, value30)

Value1, value2, … 최소값을 찾을 인수로서 30개까지 정의할 수 있다.

- 숫자, 빈 셀, 논리값, 숫자로 표시한 문자열 등을 인수로 정의할 수 있다.
- 인수가 오류 값을 가지면 오류가 발생한다. 계산에 문자열이나 논리값이 없으면 MIN 워크시트 함수를 사용한다.
- 인수가 배열이나 참조 영역이면 배열이나 참조 영역의 숫자만 사용되고 빈 셀, 문자열은 무시된다.
- 인수가 TRUE면 1이 되고 문자열이나 FALSE면 0이 된다.
- 인수가 아무 값도 가지지 않으면 0값을 구한다.

| 예제 | A1 : A5에 10, 7, 9, 27, 2가 들어있으면

MINA(A1 : A5) = 2이고

MINA(A1 : A5, 0) = 0이다.

A1 : A5에 FALSE, 0.2, 0.5, 0.4, 0.8이 들어있으면

MINA(A1 : A5) = 0이다.

MINA 함수와 MAXA 함수는 유사하다.

MODE

배열이나 데이터 범위에서 가장 빈도수가 높은 값을 구한다.

| 구문 | MODE(number1, number2, …, number30)

Number1, number2, … 최빈값을 계산할 인수로서, 30개까지 사용할 수 있다. 콤마로 구분된 인수 대신에 단일 배열이나 배열의 참조 영역을 사용할 수 있다.

- 인수는 숫자이거나 숫자가 들어 있는 이름, 배열, 참조 영역이어야 한다.
- 배열이나 참조 영역 인수에 들어 있는 문자열, 논리값, 빈 셀 등은 무시된다. 그러나 0값을 가진 셀은 포함된다.
- 데이터 집합에 중복되는 데이터 요소가 없으면 #N/A 오류

| 예제 | MODE({5.6, 4, 4, 3, 2, 4}) = 4

N

NEGBINOMDIST

음의 이항 분포의 확률을 구한다. NEGBINOMDIST 함수는 일정한 성공 확률이 probability_s일 때 number_s번째 성공 전에 number_f 실패일 확률을 구한다. 성공 횟수가 일정하고 시행 횟수가 가변적인 것을 제외하고는 이항 분포와 비슷하며 이항 분포와 같이 독립 시행이다. 예를 들어, 반사 능력이 뛰어난 사람을 10명 찾으려고 할 때 이런 능

력을 가진 사람의 확률이 0.3이라고 하면, NEGBINOMDIST 함수는 자격을 갖춘 10명을 모두 발견하기 전에 자격을 갖추지 못한 어떤 수의 후보자들을 면접할 확률을 계산할 수 있다.

| 구문 | NEGBINOMDIST(number_f, number_s, probability_s)

Number_f 실패 횟수

Number_s 성공의 한계값이다.

Probability_s 성공 확률

- Number_f와 number_s는 정수로 변환
- 인수가 숫자가 아니면 #VALUE! 오류
- probability_s 〈 0거나 probability 〉 1이면 #NUM! 오류
- (number_f + number_s - 1) ≤ 0이면 #NUM! 오류

| 예제 | NEGBINOMDIST(10, 5, 0.25) = 0.055049

NORMDIST

누적 정규 분포의 확률을 구한다. 이 함수는 가설 검정 등 통계의 광범위한 영역에서 응용된다.

| 구문 | NORMDIST(x, mean, standard_dev, cumulative)

X 확률 분포를 구하려는 변량의 값이다.

Mean 확률 분포의 산술 평균이다.

Standard_dev 확률 분포의 표준 편차이다.

Cumulative 함수의 형태를 결정하는 논리값으로서 TRUE이면 NORMDIST는 누적 분포 함수를 FALSE이면 확률 밀도 함수를 구한다.

- mean이나 standard_dev가 숫자가 아니면 #VALUE! 오류
- standard_dev가 0 이하이면 #NUM! 오류
- mean = 0이고 standard_dev = 1이면 표준 정규 분포인 NORMSDIST 함수가 표시된다.

| 예제 | NORMDIST(42, 40, 1.5, TRUE) = 0.908789

NORMINV

지정한 평균과 표준 편차에 대한 정규 누적 분포의 역함수 값을 구한다.

| 구문 | NORMINV(probability, mean, standard_dev)

Probability분포에 따른 변량의 확률값이다.

Mean 분포의 산술 평균이다.

Standard_dev 분포의 표준 편차이다.

- 인수가 숫자가 아니면 #VALUE! 오류.
- probability 〈 0거나 probability 〉 1이면 #NUM! 오류
- standard_dev이 0 이하이면 #NUM! 오류
- mean = 0이고 standard_dev = 1이면 표준 정규 분포와 같다. (NORMSINV 참고).
- 확률값이 주어지면 $\pm 3 \times 10^{-7}$의 오차 범위에 들어올 때까지 반복 계산을 한다. 100번 반복 계산 후에도 수렴하지 않으면 #N/A 오류

| 예제 | NORMINV(0.908789, 40, 1.5) = 42

P

PEARSON

-1.0에서 1.0까지의 값을 가지며 두 데이터 집합 사이의 선형 관계를 나타내는 피어슨의 곱 적률 상관 계수(표본상관계수) r을 구한다.

| 구문 | PEARSON(array1, array2)

Array1 독립 변량의 집합이다.

Array2 종속 변량의 집합이다.

- 인수는 숫자나 숫자를 포함한 이름, 배열 상수. 참조 영역이어야 한다.
- 문자열, 논리값, 빈 셀을 포함하는 배열이나 참조 영역 인수값은 무시되지만 0값을 갖는 셀은 포함된다.
- array1과 array2가 비어 있거나 데이터 요소 개수가 다르면 #N/A 오류

| 예제 | PEARSON({9, 7, 5, 3, 1}, {10, 6, 1, 5, 3}) = 0.699379

PERCENTILE

범위에서 k번째 백분위수 값을 구한다. 이 함수를 사용하여 수용 한계값을 정할 수 있다. 예를 들어 90번째 백분위수 점수 이상의 후보들을 검색하도록 할 수 있다.

| 구문 | PERCENTILE(array, k)

Array 상대 순위를 정의하는 데이터 배열 또는 범위이다.

K 0에서 1까지 백분위수 값 범위이다.

- array가 비어 있거나 8191개 이상의 데이터를 포함하면 #NUM! 오류
- k가 숫자가 아니면 #VALUE! 오류
- k 〈 0거나 k 〉 1이면 #NUM! 오류
- k가 1/(n - 1)의 배수가 아니면 보간법을 사용하여 k번째 백분위수의 값을 결정한다.

| 예제 | PERCENTILE({1, 2, 3, 4}, 0.3) = 1.9

PERCENTRANK

데이터 집합에서 백분율 순위를 구한다. 이 함수를 사용하여 데이터 집합에서 관측값의 상대 순위를 구할 수 있다. 예를 들어, PERCENTRANK 함수로 적성 검사 점수를 모집단으로 하여 점수의 상대 순위를 구할 수 있다.

| 구문 | PERCENTRANK(array, x, significance)

Array	상대 순위를 정의하는 숫자 값의 배열 또는 범위이다.
X	순위를 알고자 하는 값이다.
Significance	백분율 값의 유효숫자를 정의하는 값으로서, 생략하면 PERCENTRANK는 세 자리(0.xxx%)의 유효 숫자를 사용한다.

- array가 비어 있으면 #NUM! 오류
- significance 〈 1이면 #NUM! 오류
- x와 일치하는 배열 값이 없으면 보간법을 사용하여 정확한 백분율 순위를 구한다.

| 예제 | PERCENTRANK({1, 2, 3, 4, 5, 6, 7, 8, 9, 10},4) = 0.333

PERMUT

숫자 개체들 중에서 주어진 개수의 개체를 선택하여 만들 수 있는 순열의 수를 구한다. 순열은 나열 순서가 분명한 개체 또는 사건의 집합이거나 부분 집합이다. 순열은 나열 순서가 분명하지 않은 조합과 다르다. 이 함수를 사용하여 복권 유형의 확률을 계산한다.

| 구문 | PERMUT(number, number_chosen)

Number	개체 수를 나타내는 정수이다.
Number_chosen	각 순열의 개체 수를 나타내는 정수이다.

- 두 인수 모두 정수로 변환
- number나 number_chosen이 숫자가 아니면 #VALUE! 오류
- number ≤ 0거나 number_chosen 〈 0이면 #NUM! 오류
- number 〈 number_chosen이면 #NUM! 오류

| 예제 | 복권에 당첨될 승산을 계산할 때 각 복권은 0에서 99까지의 3개의 수를 가진다면 다음 함수는 가능한 순열의 수를 계산한다.

PERMUT(100, 3) = 970,200

POISSON

포아송 분포의 확률값을 구한다. 포아송 분포를 사용하여 유료 주차장에 1분 동안 도착하는 자동차의 수를 알아보는 것처럼 지정 시간에 일어나는 사건을 예측할 수 있다.

| 구문 | POISSON(x, mean, cumulative)

X	사건의 수이다.
Mean	기대값이다.
Cumulative	구하는 확률 분포의 형태를 결정하는 논리값으로서 TRUE이면 발생한 임의의 사건 수가 0에서 x 사이에 있는 누적 포아송 확률 분포 함수를 구하고, FALSE이면 사건 발생수가 정확히 x개인 포아송 확률 밀도 함수를 구한다.

- x가 정수가 아니면 정수로 변환
- mean이 숫자가 아니면 #VALUE! 오류
- x가 0 이하이면 #NUM! 오류
- mean이 0 이하이면 #NUM! 오류

| 예제 | POISSON(2, 5, FALSE) = 0.084224

POISSON(2, 5, TRUE) = 0.124652

PROB

범위의 두 한계값 사이에 값이 들어갈 확률을 구한다. upper_limit이 정의되지 않으면, x_range의 값이 lower_limit과 같을 확률

| 구문 | PROB(x_range, prob_range, lower_limit, upper_limit)

X_range	확률과 관련된 변량 x의 범위이다.
Prob_range	x_range의 값과 관련된 확률의 집합이다.
Lower_limit	확률을 구하려는 범위의 하한값
Upper_limit	확률을 구하려는 범위의 상한값

- prob_range의 값이 0 이하이거나 1보다 크면 #NUM! 오류
- prob_range의 값의 합이 1이 아니면 #NUM! 오류
- upper_limit를 생략하면 PROB의 결과는 값이 lower_limit일 확률과 같다.
- x_range와 prob_range의 데이터 개수가 다르면 #N/A 오류

| 예제 |

PROB({0, 1, 2, 3}, {0.2, 0.3, 0.1, 0.4}, 2) = 0.1

PROB({0, 1, 2, 3}, {0.2, 0.3, 0.1, 0.4}, 1, 3) = 0.8

Q

QUARTILE

데이터 집합의 사분위수를 구한다. 사분위수는 판매 자료나 조사 자료의 모집단을 몇 개의 그룹으로 나눌 때 사용한다. 예를 들어, QUARTILE 함수를 사용하여 모집단에서 수익이 상위 25%인 자료들을 구할 수 있다.

| 구문 |

QUARTILE(array, quart)

Array	사분위수를 구하려는 숫자 값의 배열 또는 셀 범위이다.
Quart	구하려는 사분위수이다.
quart	QUARTILE 함수값
0	최소값
1	제1사분위수 (25번째 백분위수)
2	제2사분위수 (50번째 백분위수)
3	제3사분위수 (75번째 백분위수)

4	최대값

- array가 비어 있거나 데이터가 8,191개보다 많으면 #NUM! 오류
- quart가 정수가 아니면 정수로 변환
- quart 〈 0거나 quart 〉 4이면 #NUM! 오류
- quart가 0, 2, 4일 때의 QUARTILE 함수값은 MIN, MEDIAN, MAX 값과 각각 같다.

| 예제 | QUARTILE({1, 2, 4, 7, 8, 9, 10, 12}, 1)=3.5

R

RANK

수의 목록에 있는 어떤 수의 순위를 구한다. 수의 순위는 목록에 있는 다른 수와의 상대 크기를 말한다. 목록을 정렬하면 수의 위치와 순위가 같아질 수 있다.

| 구문 | RANK(number, ref, order)

Number	순위를 구하려는 수이다.
Ref	수 목록의 배열이나 참조 영역으로서, ref에서 숫자가 아닌 값은 무시된다.
Order	순위 결정 방법을 정의하는 수이다.

- order가 0이거나 생략되면 ref가 내림차순으로 정렬된 목록처럼 number의 순위를 부여한다.
- order가 0이 아니면 ref가 올림차순으로 정렬된 목록처럼 number의 순위를 부여한다.
- RANK 함수는 중복된 수에 같은 순위를 부여한다. 그러나 중복된 수가 있으면 다음 수의 순위에 영향을 준다. 예를 들어 정수 목록에서 10이 순위 5로 중복되면 11은 순위 7이 되고 순위 6에 해당하는 숫자는 없다.

| 예제 | A1 : A5에 각각 7, 3.5, 3.5, 1, 2가 들어 있다면 다음과 같다.

RANK(A2, A1 : A5, 1) = 3

RANK(A1, A1 : A5, 1) = 5

RSQ

known_y's와 known_x's의 데이터 요소에 대하여 피어슨의 곱 적률 상관 계수의 제곱값을 구한다(자세한 내용은 PEARSON을 참고). r 제곱값은 x 분산에 영향을 주는 y 분산의 비율로 해석될 수 있다.

| 구문 | RSQ(known_y's, known_x's)

Known_y's 데이터 배열이나 범위이다.

Known_x's 데이터 배열이나 범위이다.

- 인수는 숫자나 숫자를 포함한 이름, 배열, 참조 영역이어야 한다.
- 문자열, 논리값, 빈 셀을 포함하는 배열 또는 참조 영역의 값은 무시된다. 그러나 0 값을 갖는 셀은 포함된다.
- known_y's와 known_x's가 비어 있거나 데이터 개수가 다르면 #N/A 오류

| 예제 | RSQ({2, 3, 9, 1, 8, 7, 5}, {6, 5, 11, 7, 5, 4, 4}) = 0.05795

S

SKEW

분포의 왜도를 구한다. 왜도란 평균에 대한 분포의 비대칭 정도를 나타낸다. 왜도가 양수 이면 분포의 비대칭 꼬리가 양의 값 쪽으로 치우쳐 있으며, 왜도가 음수이면 이와 반대이다.

| 구문 | SKEW(number1, number2, …, number30)

Number1, number2… 왜도를 구하려는 1에서 30까지의 인수로서 인수를 구분할 때 콤마 대신 단일 배열이나 참조 영역을 사용할 수 있다.

- 인수는 숫자나 숫자를 포함한 이름, 배열, 참조 영역이어야 한다.
- 문자열, 논리값, 빈 셀을 포함하는 배열 또는 참조 영역의 값은 무시된다. 그러나 0 값을 갖는 셀은 포함된다.
- 데이터 수가 3개 미만이거나 표준 편차가 0이면 #DIV/0! 오류

| 예제 | SKEW(3, 4, 5, 2, 3, 4, 5, 6, 4, 7) = 0.359543

SLOPE

known_y's와 known_x's사이의 데이터 요소에 대한 선형 회귀선의 기울기를 구한다. 기울기는 선의 두 점 사이의 수직 거리를 수평 거리로 나눈 회귀선의 변화율이다.

| 구문 | SLOPE(known_y's, known_x's)

Known_y's 종속변수의 셀 배열 또는 범위이다.

Known_x's 독립변수의 집합이다.

- 인수는 숫자나 숫자를 포함한 이름, 배열, 참조 영역이어야 한다.
- 문자열, 논리값, 빈 셀을 포함하는 배열 또는 참조 영역의 값은 무시된다. 그러나 0 값을 갖는 셀은 포함된다.
- known_y's와 known_x's가 비어 있거나 데이터 개수가 다르면 #N/A 오류

| 예제 | SLOPE({2, 3, 9, 1, 8, 7, 5}, {6, 5, 11, 7, 5, 4, 4}) = 0.305556

SMALL

데이터 집합에서 k번째로 작은 값을 구한다. 이 함수를 사용하여 데이터 집합에서 특정 상대 순위를 갖는 값을 찾을 수 있다.

| 구문 | SMALL(array, k)

Array	k번째로 작은 값을 구하기 위한 숫자 데이터의 범위 또는 배열이다.
K	데이터 범위나 배열에서 구하려는 가장 작은 값으로부터의 위치이다.

- array가 비어 있으면 #NUM! 오류
- k가 0 이하이거나 k가 데이터 수를 초과하면 #NUM! 오류
- n이 배열의 데이터 요소 수일 때, SMALL(array,1)은 최소값이고 SMALL(array,n)은 최대값이다.

| 예제 | SMALL({3, 4, 5, 2, 3, 4, 5, 6, 4, 7}, 4) = 4

SMALL({1, 4, 8, 3, 7, 12, 54, 8, 23},2) = 3

STANDARDIZE

mean과 standard_dev로 특성화된 분포에서 표준화 변수의 값을 구한다.

| 구문 | STANDARDIZE(x, mean, standard_dev)

X	표준화하려는 변량의 값이다.
Mean	분포의 산술 평균이다.
Standard_dev	분포의 표준 편차이다.

- standard_dev가 0 이하이면 #NUM! 오류

| 예제 | STANDARDIZE(42, 40, 1.5) = 1.333333

STDEV

표본의 표준 편차를 예측한다. 표준 편차는 데이터들이 평균값에서 벗어나 있는 정도를 나타낸다.

| 구문 | STDEV(number1, number2, …)

Number1, number2, … 모집단의 표본에 해당하는 인수로 30개까지 가능하며 인수를 구분할 때 콤마 대신 배열이나 배열 참조 영역을 사용할 수 있다.

- 논리값(TRUE나 FALSE로 표시)이나 문자열은 무시된다. 이를 방지하려면 STDEVA 워크시트 함수를 사용한다.
- STDEV 함수는 인수들을 모집단의 표본으로 간주한다. 데이터 집합이 모집단 전체를 나타내면 STDEVP 함수를 사용하여 표준 편차를 계산해야 한다.
- 표준 편차는 "불편(nonbiased)" 또는 "n-1" 방법을 사용하여 계산한다.

| 예제 | 같은 기계에서 생산된 10개의 공구를 임의로 추출하여 표본으로 하고, 측정한 표본 파단 강도 1345, 1301, 1368, 1322, 1310, 1370, 1318, 1350, 1303, 1299를 셀 A2 : E3에 저장한다고 가정한다. STDEV는 모든 공구의 파단 강도의 표준 편차를 추정한다.

STDEV(A2 : E3) = 27.46

STDEVA

표본 집단의 표준 편차를 구한다. 표준 편차는 데이터들이 평균값에서 벗어나 있는 정도를 나타낸다. 문자열과 TRUE와 FALSE 같은 논리값도 계산에 포함된다.

| 구문 | STDEVA(value1, value2, …, number30)

Value1, value2, … 모집단의 표본인 인수로서 30개까지 정의할 수 있다. 각각의 인수를 콤마로 구분하는 대신 단일 배열이나 배열 참조 영역을 사용할 수 있다.

- STDEVA 함수는 모집단의 표본을 인수로 간주한다. 모집단 전체가 인수라면 STDEVPA 함수로 표준 편차를 계산한다.
- 인수가 TRUE면 1이 되고 문자열이나 FALSE면 0이 된다. 계산에

문자열이나 논리값이 없으면 STDEV 워크시트 함수를 사용한다.

- 표준 편차는 “불편(nonbiased)” 또는 “n-1” 방법을 사용하여 계산한다.

| 예제 | 같은 기계에서 생산된 10개의 공구를 임의로 추출하여 표본으로 하고 분쇄 강도를 측정할 때 표본 값 1345, 1301, 1368, 1322, 1310, 1370, 1318, 1350, 1303, 1299는 셀 A2 : E3에 저장된다. 이 때 STDEV는 모든 공구의 분쇄 강도의 표준 편차를 추정한다.

STDEV(A2 : E3) = 27.46

STDEVP

인수로 주어진 모집단 전체의 표준 편차를 구한다. 표준 편차는 데이터들이 평균값에서 벗어나 있는 정도를 나타낸다.

| 구문 | STDEVP(number1, number2, …, number30)

Number1, number2, … 모집단에 해당하는 인수로 30개까지 가능하다. 각각의 인수를 콤마로 구분하는 대신 하나의 배열 또는 배열 참조 영역을 사용할 수 있다.

- 논리값(TRUE나 FALSE로 표시)이나 문자열은 무시된다. 이를 방지하려면 STDEVPA 워크시트 함수를 사용한다.
- STDEVP 함수는 인수를 모집단 전체로 가정한다. 데이터 집합이 모집단의 표본이면 STDEV 함수를 사용하여 표준 편차를 계산해야 한다.
- 대규모의 표본에 대하여 STDEV와 STDEVP 값은 거의 같게 나타난다.
- 표준 편차는 “편의(biased)” 또는 “n” 방법을 사용하여 계산한다.

| 예제 | STDEV의 예와 같은 데이터를 사용하고 생산기간 동안 10개의 공구만을 생산했다고 하면 STDEVP는 모든 공구에 대한 파단 강도의 표준 편차를 계산한다.

STDEVP(A2 : E3) = 26.05

STDEVPA

문자열과 논리 값을 포함하여 인수로 주어진 모집단 전체의 표준 편차를 구한다. 표준 편차는 데이터들이 평균값에서 벗어나 있는 정도를 나타낸다.

| 구문 | STDEVPA(value1, value2, …, value30)

Value1, value2, … 모집단 전체인 인수로서 30개까지 정의할 수 있다. 각각의 인수를 콤마로 구분하는 대신 단일 배열이나 배열 참조 영역을 사용할 수 있다.

- STDEVPA 함수는 모집단 전체를 인수로 간주한다. 모집단의 표본이 인수라면 STDEVA 함수로 표준 편차를 계산한다.
- 인수가 TRUE면 1이 되고 문자열이나 FALSE면 0이 된다. 계산에 문자열이나 논리값이 없으면 STDEVP 워크시트 함수를 사용한다.
- 대규모 표본일 때는 STDEVA 함수와 STDEVPA 함수의 값은 거의 같다.
- 표준 편차는 "편의(biased)" 또는 "n" 방법을 사용하여 계산한다.

| 예제 | STDEVA 함수의 예제에서 작업 중에 10개의 공구만을 생산했다면 STDEVP 함수는 모든 공구의 분쇄 강도의 표준 편차를 계산한다.

STDEVP(A2 : E3) = 26.05

STEYX

회귀 분석에서 각각의 x에 대하여 예측한 y 값의 표준 오차를 구한다. 표준 오차는 각각의 x 값에 대한 y 예측값의 오차량을 나타낸다.

| 구문 | STEYX(known_y's, known_x's)

Known_y's 종속변수의 배열이나 범위이다.

Known_x's 독립변수의 배열이나 범위이다.

- 인수는 숫자, 숫자를 포함한 이름, 배열, 참조 영역이어야 한다.
- 문자열, 논리값, 빈 셀을 포함하는 배열이나 참조 영역의 값은 무시

된다. 그러나 0 값을 갖는 셀은 포함된다.

- known_y's와 known_x's가 비어있거나 데이터 개수가 다르면 #N/A 오류

| 예제 | STEYX({2, 3, 9, 1, 8, 7, 5}, {6, 5, 11, 7, 5, 4, 4}) = 3.305719

T

TDIST

소표본의 t-분포 확률값을 구한다. t-분포는 작은 표본의 데이터를 가설 검정할 때 사용한다. t-분포의 임계값 표 대신 이 함수를 사용할 수 있다.

| 구문 | TDIST(x, degrees_freedom, tails)

X	분포의 확률값을 계산하려는 변량의 값이다.
Degrees_freedom	자유도를 나타내는 정수이다.
Tails	분포가 단측 분포인지 양측 분포인지를 나타내는 숫자로서, tails = 1이면 단측 분포를 tails = 2이면 양측 분포를 사용하여 확률값을 구한다.

- 인수가 숫자가 아니면 #VALUE! 오류
- degrees_freedom 〈 1이면 #NUM! 오류
- degrees_freedom과 tails 인수는 정수로 변환
- tails이 1, 2 이외의 값을 가지면 #NUM! 오류
- TDIST 함수는 TDIST = p(x〈X)와 같이 계산하며, 여기서 X는 t-분포에 따른 무작위 변량이다.

| 예제 | TDIST(1.96, 60, 2) = 0.054645

TINV

지정한 자유도에 대하여 소표본 t-분포 확률값의 역함수를 구한다.

| 구문 | TINV(probability, degrees_freedom)

Probability 양측 소표본 t-분포의 확률값이다.

Degrees_freedom 분포의 자유도를 나타내는 숫자이다.

- 인수가 숫자가 아니면 #VALUE! 오류
- probability 〈 0이거나 probability 〉 1이면 #NUM! 오류
- degrees_freedom이 정수가 아니면 정수로 변환
- degrees_freedom 〈 1이면 #NUM! 오류
- TINV 함수는 TINV = p(t〈X)와 같이 계산하며 여기서 X는 t-분포에 따르는 무작위 변량이다.
- 확률값이 주어지면 $\pm 3 \times 10^{-7}$의 오차 범위에 결과값이 들어올 때까지 반복 계산한다. 100번 반복 계산 후에도 값이 수렴하지 않으면 #N/A 오류

| 예제 | TINV(0.054645,60) = 1.96

TREND

선형 추세 위의 값을 구한다. 최소 자승법을 사용하여 known_y's와 known_x's 배열에 한 직선을 접근 시키고, 지정한 new_x's의 배열에 대한 그 직선 위의 y값을 계산한다.

| 구문 | TREND(known_y's, known_x's, new_x's, const)

Known_y's y = mx + b에서 이미 알려진 y값의 집합이다.

- 배열 known_y's가 한 열에 있으면 known_x's의 각 열은 개별 변수로 해석된다.
- 배열 known_y's가 한 행에 있으면 known_x's의 각 행은 개별 변수로 해석된다.

Known_x's　y = mx + b에서 이미 알려진 x값의 집합이다.

- 배열 known_x's는 한 개 이상의 변수를 포함한다. 한 개의 변수만 사용되고 known_y's와 known_x's가 같은 차원이면 어떤 모양의 영역이어도 가능한다. 2개 이상의 변수가 사용되면 known_y's는 반드시 벡터(하나의 열 너비 또는 하나의 행 높이의 영역)이어야 한다.
- known_x's가 생략되면 known_y's와 같은 크기의 배열 {1,2,3, …}로 간주한다.

New_x's　TREND 함수를 사용하여 해당 y 값을 계산하기 위한 새 x 값이다.

- New_x's는 known_x's와 마찬가지로 반드시 각 독립변수에 대한 하나의 열 또는 행을 포함해야 한다. 그러므로, known_y's가 단일 열이면 known_x's와 new_x's는 서로 같은 수의 열을 가져야 한다. known_y's가 단일 행이면 known_x's와 new_x's는 서로 같은 수의 행을 가져야 한다.
- new_x's가 생략되면 known_x's와 같은 것으로 간주한다.
- known_x's와 new_x's를 모두 생략하면 known_y's와 같은 크기의 배열 {1, 2, 3, …}으로 간주한다.

Const　상수 b를 0으로 할지를 결정하는 논리값이다.

- const가 TRUE이거나 생략되면 b 값대로 계산한다.
- const가 FALSE이면 b는 0으로 설정되고, y = mx가 되도록 m값을 조절한다.
- 데이터에 직선을 접근시키는 방법에 대한 자세한 내용은 LINEST 함수를 참고.
- 같은 변수에 다른 지수를 사용하여 회귀 분석을 해서 다항식 곡선에 접근시킬 때에도 TREND 함수를 사용할 수 있다. 예를 들어, 열 A는 y값을 열 B는 x값을 포함한다면 열 C에 x^2 열 D에 x^3 등의 식을 입력한다. 그 다음 열 B에서 D까지를 열 A에 회귀한다.
- 배열을 구하는 식은 반드시 배열식으로 입력해야 한다.
- known_x's와 같은 인수를 배열 상수로 입력할 때 콤마를 사용하여 같은 행의 값을 구분하고 세미콜론을 사용하여 행을 분리한다.

| 예제 | 어느 업체가 차기 회계 년도가 시작되는 7월에 1000평의 공장 부지를 사려고 한다. 마땅한 지역의 땅에 대해 최근 12개월 동안의 가격 정보를 수집한다. known_y's는 수집한 가격 정보로 13389000, 13500000, 13579000, 13730000, 1381300, 13910000, 13990000, 14112000, 14189000, 14323000, 14400000, 14529000이며 각각 B2 : B13에 저장된다.

C2 : C6 범위에 수직 배열로서 입력될 때 다음 수식은 3, 4, 5, 6, 7월에 대한 예상 가격을 구한다.

TREND(B2 : B13, {13 ; 14 ; 15 ; 16 ; 17}) = {14617200 ; 14719000 ; 14820800 ; 14922600 ; 15024400}

이 회사는 7월까지 기다리면 1000평 부지를 15024400 정도에 살 수 있다. 앞의 수식은 12개월의 가격 데이터에 해당하는 known_x's의 인수로 {1 ; 2 ; 3 ; 4 ; 5 ; 6 ; 7 ; 8 ; 9 ; 10 ; 11 ; 12}를 기본 배열로 사용한다. 배열 {13 ; 14 ; 15 ; 16 ; 17}은 다음 5개월에 해당한다.

TRIMMEAN

데이터 집합의 내부 평균을 구한다. TRIMMEAN 함수는 데이터 집합의 위, 아래 끝에 있는 데이터 요소의 일정 비율 만큼을 제외하고 평균을 계산한다. 분석을 할 때 중심에서 멀리 벗어난 자료를 제외시키려면 이 함수를 사용한다.

| 구문 | TRIMMEAN(array, percent)

Array 양 끝에 있는 데이터는 제외하고 평균을 구하려는 데이터 배열 또는 범위이다.

Percent 계산에서 제외시킬 데이터 비율이다. 예를 들어, percent = 0.2이면 20개의 자료에서 4(20×0.2)개 즉 위, 아래에서 각각 2개씩 제외시킨다.

- percent 〈 0이거나 percent 〉 1이면 #NUM! 오류
- TRIMMEAN 함수는 가장 가까운 2의 배수로 내림하여 제외시킬 자

료의 수를 정한다. percent = 0.1이면 30개의 10%는 3개이지만 아래, 위의 대칭을 고려하여 각각 1개씩을 제외한다.

| 예제 | TRIMMEAN({4, 5, 6, 7, 2, 3, 4, 5, 1, 2, 3}, 0.2) = 3.777778

TTEST

소규모 표본의 t-검정과 관련된 확률값을 구한다. TTEST 함수를 사용하여 두 개의 표본이 같은 평균값을 갖는 두 개의 같은 모집단에서 추출한 것인지를 판단할 수 있다.

| 구문 | TTEST(array1, array2, tails, type)

Array1	첫째 데이터 집합이다.
Array2	둘째 데이터 집합이다.
Tails	분포가 단측인지 양측인지를 지정하는 숫자이다. tails = 1이면 단측 분포이고 tails = 2이면 양측 분포이다.
Type	실행할 t-검정의 종류이다.
type	실행할 검정
1	쌍
2	분산이 같은 두 표본
3	분산이 다른 두 표본

- array1과 array2의 데이터 개수가 다르고 type = 1 (쌍)이면 #N/A 오류
- tails과 type 인수는 정수로 변환
- tails나 type이 숫자가 아니면 #VALUE! 오류
- tails가 1, 2 이외의 숫자이면 #NUM! 오류

| 예제 | TTEST({3, 4, 5, 8, 9, 1, 2, 4, 5}, {6, 19, 3, 2, 14, 4, 5, 17, 1}, 2, 1) = 0.196016

V

VAR

표본의 분산을 계산한다.

| 구문 | VAR(number1, number2, …, number30)

Number1, number2, … 모집단의 표본에 해당하는 인수로 30개까지 정의할 수 있다.

- VAR 함수의 인수를 모집단의 표본으로 간주한다. 데이터 집합이 모집단 전체를 나타낼 때 분산을 계산하려면 VARP 함수를 사용해야 한다.
- 논리값(TRUE나 FALSE로 표시)이나 문자열은 무시된다. 이를 방지하려면 VARA 워크시트 함수를 사용한다.

| 예제 | 생산 가동 중 같은 기계에서 만들어 낸 10개의 공구를 무작위로 뽑아 표본을 만들어 분쇄 강도를 측정한다. 표본값(1345, 1301, 1368, 1322, 1310, 1370, 1318, 1350, 1303, 1299)은 셀 A2 : E3에 저장된다. VAR 함수는 공구의 분쇄 강도에 대한 분산을 측정한다.

VAR(A2 : E3) = 754.3

VARA

표본의 분산을 구한다. 숫자와 함께 문자열과 TRUE와 FALSE 같은 논리값도 계산에 포함된다.

| 구문 | VARA(value1, value2, …, number30)

Value1, value2, … 모집단의 표본인 인수로서 30개까지 정의할 수 있다.

- VARA 함수는 모집단의 표본을 인수로 간주한다. 모집단 전체가 인수라면 VARPA 함수를 사용하여 분산을 계산한다.
- 인수가 TRUE면 1이 되고 문자열이나 FALSE면 0이 된다. 계산에

문자열이나 논리값이 없으면 VAR 워크시트 함수를 사용한다.

| 예제 | 같은 기계에서 생산된 10개의 공구를 임의로 추출하여 표본으로 하고 분쇄 강도를 측정할 대 표본 값 1345, 1301, 1368, 1322, 1310, 1370, 1318, 1350, 1303, 1299는 셀 A2 : E3에 저장된다. 이 때 VAR 함수는 모든 공구의 분쇄 강도의 분산을 추정한다.

VARA(A2 : E3) = 754.3

VARP

모집단 전체의 분산을 구한다.

| 구문 | VARP(number1, number2, …, number30)

Number1, number2, … 모집단에 해당하는 인수로 30개까지 정의할 수 있다.

- 논리값(TRUE나 FALSE로 표시)이나 문자열은 무시된다. 이를 방지하려면 VARPA 워크시트 함수를 사용한다.
- VARP 함수의 인수를 모집단 전체로 간주한다. 데이터 집합이 모집단의 표본일 때 분산을 계산하려면 VAR 함수를 사용해야 한다.

| 예제 | VAR 예제에서 10개의 공구만 생산했다고 하면 VARP 함수는 모든 공구의 분쇄 강도에 대한 분산을 측정하게 된다.

VARP(A2 : E3) = 678.8

VARPA

모집단 전체의 분산을 구한다. 숫자와 함께 문자열이나 TRUE와 FALSE 같은 논리값도 계산에 포함된다.

| 구문 | VARPA(value1, value2, …, value30)

Value1, value2, … 모집단인 인수로서 30개까지 정의할 수 있다.

- VARPA 함수는 모집단 전체를 인수로 간주한다. 모집단의 표본이 인수라면 VARA 함수를 사용하여 분산을 계산한다.
- 인수가 TRUE면 1이 되고 문자열이나 FALSE면 0이 된다. 계산에 문자열이나 논리값이 없으면 VARP 워크시트 함수를 사용한다.

| 예제 | VAR 함수의 예제에서 작업 중에 10개의 공구만 생산했다면 VARPA 함수는 모든 공구의 분쇄 강도의 분산을 추정한다.

VARPA(A2 : E3) = 678.8

W

WEIBULL

와이블 분포 함수의 확률값을 구한다. 기계의 평균 고장 시간을 계산하는 것처럼 신뢰도 분석에 이 분포를 사용한다.

| 구문 | WEIBULL(x, alpha, beta, cumulative)

X	분포의 확률값을 구하려는 변량값
Alpha	분포의 매개 변수
Beta	분포의 매개 변수
Cumulative	함수의 형태를 결정하는 변수

- x, alpha, beta 등이 숫자가 아니면 #VALUE! 오류
- x 〈 0이면 #NUM! 오류
- alpha나 beta가 0 이하이면 #NUM! 오류
- alpha = 1이면 와이블 함수의 식은 지수 분포와 같다.

| 예제 | WEIBULL(105,20,100,TRUE) = 0.929581

WEIBULL(105,20,100,FALSE) = 0.035589

ZTEST

z-검정의 양측 P-값을 구한다. z-검정은 데이터 집합과 배열에 대한 x의 표준 점수를 계산하여 정규 분포의 양측 확률을 구한다. 이 함수를 사용하여 특정 관측값이 특정 모집단에서 추출된 것인지를 평가할 수 있다.

| 구문 | ZTEST(array, x, sigma)

Array　x를 검정하기 위한 데이터의 배열 또는 범위이다.

X　검정할 변량이다.

Sigma　알려진 모집단의 표준 편차로서, 생략하면 표본의 표준 편차를 사용한다.

- array가 비어 있으면 #N/A 오류

| 예제 | ZTEST({3, 6, 7, 8, 6, 5, 4, 2, 1, 9}, 4) = 0.090574

2 확률 분포표

〈표1〉 누적이항확률분포표

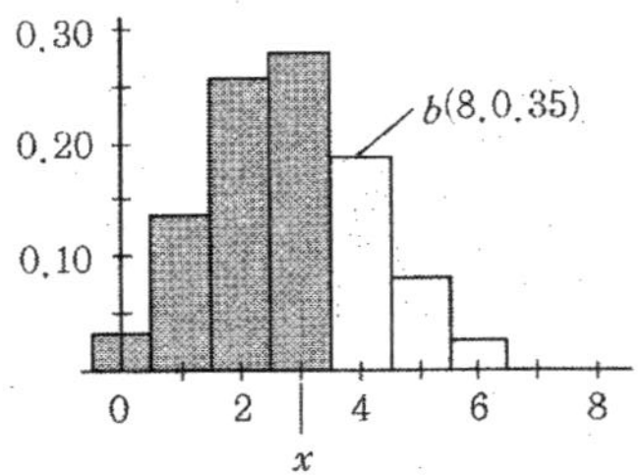

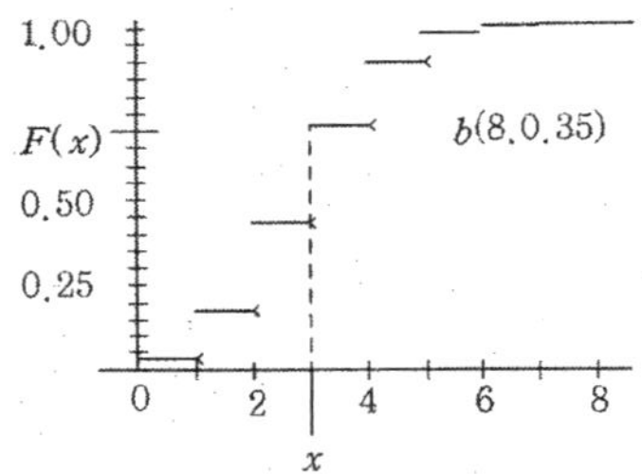

$$F(x)=P(X\leq x)=\sum_{k=0}^{x}\frac{n!}{k!(n-k)!}p^k(1-p)^{n-k}$$

n	x	p: 0.05	0.10	0.15	0.20	0.25	0.30	0.35	0.40	0.45	0.50
2	0	0.9025	0.8100	0.7225	0.6400	0.5625	0.4900	0.4225	0.3600	0.3025	0.2500
	1	0.9975	0.9900	0.9775	0.9600	0.9375	0.9100	0.8775	0.8400	0.7975	0.7500
	2	1.0000	1.0000	1.0000	1.0000	1.0000	1.0000	1.0000	1.0000	1.0000	1.0000
3	0	0.8574	0.7290	0.6141	0.5120	0.4219	0.3430	0.2746	0.2160	0.1664	0.1250
	1	0.9928	0.9720	0.9392	0.8960	0.8438	0.7840	0.7182	0.6480	0.5748	0.5000
	2	0.9999	0.9990	0.9966	0.9920	0.9844	0.9730	0.9571	0.9360	0.9089	0.8750
	3	1.0000	1.0000	1.0000	1.0000	1.0000	1.0000	1.0000	1.0000	1.0000	1.0000
4	0	0.8145	0.6561	0.5220	0.4096	0.3164	0.2401	0.1785	0.1296	0.0915	0.0625
	1	0.9860	0.9477	0.89052	0.8192	0.7383	0.6517	0.5630	0.4752	0.3910	0.3125
	2	0.9995	0.9963	0.9880	0.9728	0.9492	0.9163	0.8735	0.8208	0.7585	0.6875
	3	1.0000	0.9999	0.9995	0.9984	0.9961	0.9919	0.9850	0.9744	0.9590	0.9375
	4	1.0000	1.0000	1.0000	1.0000	1.0000	1.0000	1.0000	1.0000	1.0000	1.0000
5	0	0.7738	0.5905	0.4437	0.3277	0.2373	0.1681	0.1160	0.0778	0.0503	0.0312
	1	0.9774	0.9185	0.8352	0.7373	0.6328	0.5282	0.4284	0.3370	0.2562	0.1875
	2	0.9988	0.9916	0.9734	0.9421	0.8965	0.8369	0.7648	0.6826	0.5931	0.5000
	3	1.0000	0.9995	0.9978	0.9933	0.9844	0.9692	0.9460	0.9130	0.8688	0.8125
	4	1.0000	1.0000	0.9999	0.9997	0.9990	0.9976	0.9947	0.9898	0.9815	0.9688
	5	1.0000	1.0000	1.0000	1.0000	1.0000	1.0000	1.0000	1.0000	1.0000	1.0000

〈표1〉 계속

$$F(x)=P(X\le x)=\sum_{k=0}^{x}\frac{n!}{k!(n-k)!}p^k(1-p)^{n-k}$$

n	x	p = 0.05	0.10	0.15	0.20	0.25	0.30	0.35	0.40	0.45	0.50
6	0	0.7351	0.5314	0.3771	0.2621	0.1780	0.1176	0.0754	0.0467	0.0277	0.0156
	1	0.9672	0.8857	0.7765	0.6553	0.5339	0.4202	0.3191	0.2333	0.1636	0.1094
	2	0.9978	0.9842	0.9527	0.9011	0.8306	0.7443	0.6471	0.5443	0.4415	0.3438
	3	0.9999	0.9987	0.9941	0.9830	0.9624	0.9295	0.8826	0.8208	0.7447	0.6562
	4	1.0000	0.9999	0.9996	0.9984	0.9954	0.9891	0.9777	0.9590	0.9308	0.8906
	5	1.0000	1.0000	1.0000	0.9999	0.9998	0.9993	0.9982	0.9959	0.9917	0.9844
	6	1.0000	1.0000	1.0000	1.0000	1.0000	1.0000	1.0000	1.0000	1.0000	1.0000
7	0	0.6983	0.4783	0.3206	0.2097	0.1335	0.0824	0.0490	0.0290	0.0152	0.0078
	1	0.9556	0.8503	0.7166	0.5767	0.4449	0.3294	0.2338	0.1586	0.1024	0.0625
	2	0.9962	0.9743	0.9262	0.8520	0.7564	0.6471	0.5323	0.4199	0.3164	0.2266
	3	0.9998	0.9973	0.9879	0.9667	0.9294	0.8740	0.8002	0.7102	0.6083	0.5000
	4	1.0000	0.9998	0.9988	0.9953	0.9871	0.9712	0.9444	0.9037	0.8471	0.7734
	5	1.0000	1.0000	0.9999	0.9996	0.9987	0.9962	0.9910	0.9812	0.9643	0.9375
	6	1.0000	1.0000	1.0000	1.0000	0.9999	0.9998	0.9994	0.9984	0.9963	0.9922
	7	1.0000	1.0000	1.0000	1.0000	1.0000	1.0000	1.0000	1.0000	1.0000	1.0000
8	0	0.6634	0.4305	0.2725	0.1678	0.1001	0.0576	0.0319	0.0168	0.0084	0.0039
	1	0.9428	0.7231	0.6572	0.5033	0.3671	0.2553	0.1691	0.1064	0.0632	0.0352
	2	0.9942	0.9619	0.8948	0.7969	0.6785	0.5518	0.4278	0.3154	0.2201	0.1445
	3	0.9996	0.9950	0.9786	0.9437	0.8862	0.8059	0.7064	0.5941	0.4770	0.3633
	4	1.0000	0.9996	0.9971	0.9896	0.9727	0.9420	0.8939	0.8263	0.7396	0.6367
	5	1.0000	1.0000	0.9998	0.9988	0.9958	0.9887	0.9747	0.9502	0.9115	0.8555
	6	1.0000	1.0000	1.0000	0.9999	0.9996	0.9987	0.9964	0.9915	0.9819	0.9648
	7	1.0000	1.0000	1.0000	1.0000	1.0000	0.9999	0.9998	0.9993	0.9983	0.9961
	8	1.0000	1.0000	1.0000	1.0000	1.0000	1.0000	1.0000	1.0000	1.0000	1.0000
9	0	0.6302	0.3874	0.2316	0.1342	0.0751	0.0404	0.0207	0.0101	0.0046	0.0020
	1	0.9288	0.7748	0.5995	0.4362	0.3003	0.1960	0.1211	0.0705	0.0385	0.0195
	2	0.9916	0.9470	0.8591	0.7382	0.6007	0.4628	0.3373	0.2318	0.1495	0.0898
	3	0.9994	0.9917	0.9661	0.9144	0.8343	0.7297	0.6089	0.4826	0.3614	0.2539
	4	1.0000	0.9991	0.9944	0.9804	0.9511	0.9012	0.8283	0.7334	0.6214	0.5000
	5	1.0000	0.9999	0.9994	0.9969	0.9900	0.9747	0.9464	0.9006	0.8342	0.7461
	6	1.0000	1.0000	1.0000	0.9997	0.9987	0.9957	0.9888	0.9750	0.9502	0.9102
	7	1.0000	1.0000	1.0000	1.0000	0.9999	0.9996	0.9986	0.9962	0.9909	0.9805
	8	1.0000	1.0000	1.0000	1.0000	1.0000	1.0000	0.9999	0.9997	0.9992	0.9980
	9	1.0000	1.0000	1.0000	1.0000	1.0000	1.0000	1.0000	1.0000	1.0000	1.0000

〈표2〉 누적포아송확률분포표

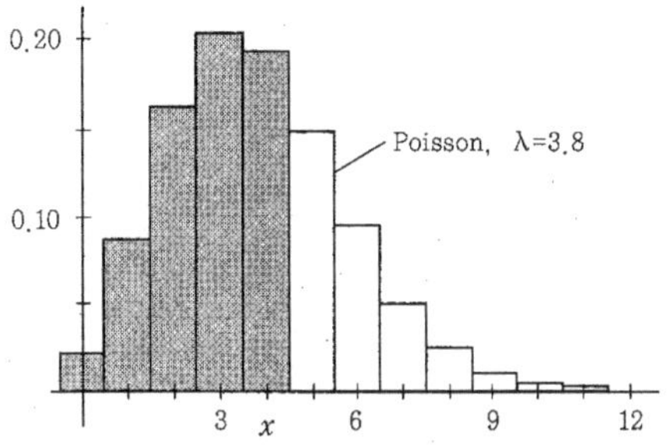

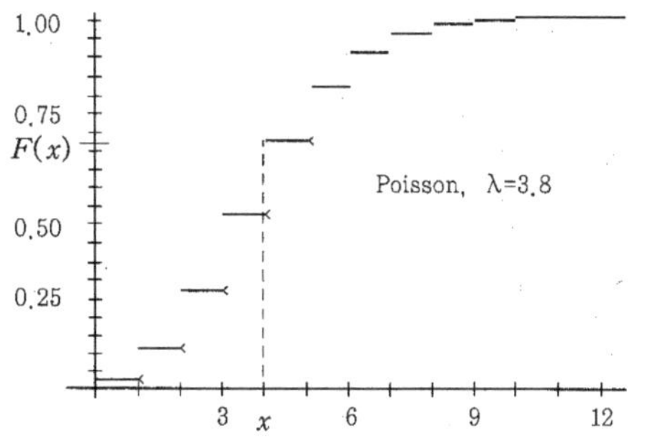

	$\lambda = E(X)$									
x	0.1	0.2	0.3	0.4	0.5	0.6	0.7	0.8	0.9	1.0
0	0.905	0.819	0.741	0.670	0.607	0.549	0.497	0.449	0.407	0.368
1	0.995	0.982	0.963	0.938	0.910	0.878	0.844	0.809	0.772	0.736
2	1.000	0.999	0.996	0.992	0.986	0.977	0.966	0.953	0.937	0.920
3	1.000	1.000	1.000	0.999	0.998	0.997	0.994	0.991	0.987	0.981
4	1.000	1.000	1.000	1.000	1.000	1.000	0.999	0.999	0.998	0.996
5	1.000	1.000	1.000	1.000	1.000	1.000	1.000	1.000	1.000	0.999
6	1.000	1.000	1.000	1.000	1.000	1.000	1.000	1.000	1.000	1.000
x	1.1	1.2	1.3	1.4	1.5	1.6	1.7	1.8	1.9	2.0
0	0.333	0.301	0.273	0.247	0.223	0.202	0.183	0.165	0.150	0.135
1	0.699	0.663	0.627	0.592	0.558	0.525	0.493	0.463	0.434	0.406
2	0.900	0.879	0.857	0.833	0.809	0.783	0.757	0.731	0.704	0.677
3	0.974	0.966	0.957	0.946	0.934	0.921	0.907	0.891	0.875	0.857
4	0.995	0.992	0.989	0.986	0.981	0.976	0.970	0.964	0.956	0.947
5	0.999	0.998	0.998	0.997	0.996	0.994	0.992	0.990	0.987	0.983
6	1.000	1.000	1.000	0.999	0.999	0.999	0.998	0.997	0.997	0.995
7	1.000	1.000	1.000	1.000	1.000	1.000	1.000	0.999	0.999	0.999
8	1.000	1.000	1.000	1.000	1.000	1.000	1.000	1.000	1.000	1.000
x	2.2	2.4	2.6	2.8	3.0	3.2	3.4	3.6	3.8	4.0
0	0.111	0.091	0.074	0.061	0.050	0.041	0.033	0.027	0.022	0.018
1	0.355	0.308	0.267	0.231	0.199	0.171	0.147	0.126	0.107	0.092
2	0.623	0.570	0.518	0.469	0.423	0.380	0.340	0.303	0.269	0.238
3	0.819	0.779	0.736	0.692	0.647	0.603	0.558	0.515	0.473	0.433
4	0.928	0.904	0.877	0.949	0.815	0.781	0.744	0.706	0.668	0.629
5	0.975	0.964	0.951	0.935	0.916	0.895	0.871	0.844	0.816	0.785
6	0.993	0.988	0.983	0.976	0.966	0.955	0.942	0.927	0.909	0.889
7	0.998	0.997	0.995	0.992	0.988	0.983	0.977	0.969	0.960	0.949
8	1.000	0.999	0.999	0.998	0.996	0.994	0.992	0.988	0.984	0.979
9	1.000	1.000	1.000	0.999	0.999	0.998	0.997	0.996	0.994	0.992

〈표2〉 계속

10	1.000	1.000	1.000	1.000	1.000	1.000	0.999	0.999	0.998	0.997
11	1.000	1.000	1.000	1.000	1.000	1.000	1.000	1.000	0.999	0.999
12	1.000	1.000	1.000	1.000	1.000	1.000	1.000	1.000	1.000	1.000

x	4.2	4.4	4.6	4.8	5.0	5.2	5.4	5.6	5.8	6.0
0	0.015	0.012	0.010	0.008	0.007	0.006	0.005	0.004	0.003	0.002
1	0.078	0.066	0.056	0.048	0.040	0.034	0.029	0.024	0.021	0.017
2	0.210	0.185	0.163	0.143	0.125	0.109	0.095	0.082	0.072	0.062
3	0.985	0.359	0.326	0.294	0.265	0.238	0.213	0.191	0.170	0.151
4	0.590	0.551	0.513	0.476	0.440	0.406	0.373	0.342	0.313	0.285
5	0.753	0.720	0.686	0.651	0.616	0.581	0.546	0.512	0.478	0.446
6	0.867	0.844	0.818	0.791	0.762	0.732	0.702	0.670	0.638	0.606
7	0.936	0.921	0.905	0.887	0.867	0.845	0.822	0.797	0.771	0.744
8	0.972	0.964	0.955	0.944	0.932	0.918	0.903	0.886	0.867	0.847
9	0.989	0.985	0.980	0.975	0.968	0.960	0.951	0.941	0.929	0.916
10	0.996	0.994	0.992	0.990	0.986	0.982	0.977	0.972	0.965	0.957
11	0.999	0.998	0.997	0.996	0.995	0.993	0.990	0.988	0.984	0.980
12	1.000	0.999	0.999	0.999	0.998	0.997	0.996	0.995	0.993	0.991
13	1.000	1.000	1.000	1.000	0.999	0.999	0.999	0.998	0.997	0.996
14	1.000	1.000	1.000	1.000	1.000	1.000	0.999	0.999	0.999	0.999
15	1.000	1.000	1.000	1.000	1.000	1.000	1.000	1.000	1.000	0.999
16	1.000	1.000	1.000	1.000	1.000	1.000	1.000	1.000	1.000	1.000

x	6.5	7.0	7.5	8.0	8.5	9.0	9.5	10.0	10.5	11.1
0	0.002	0.001	0.001	0.000	0.000	0.000	0.000	0.000	0.000	0.000
1	0.011	0.007	0.005	0.003	0.002	0.001	0.001	0.000	0.000	0.000
2	0.043	0.030	0.020	0.014	0.009	0.006	0.004	0.003	0.002	0.001
3	0.112	0.082	0.059	0.042	0.030	0.021	0.115	0.010	0.007	0.005
4	0.224	0.173	0.132	0.100	0.074	0.055	0.040	0.029	0.021	0.015
5	0.369	0.301	0.241	0.191	0.150	0.116	0.089	0.067	0.050	0.038
6	0.527	0.450	0.378	0.313	0.256	0.207	0.165	0.130	0.102	0.079
7	0.673	0.599	0.525	0.453	0.386	0.324	0.269	0.220	0.179	0.143
8	0.792	0.729	0.662	0.593	0.523	0.456	0.392	0.333	0.279	0.232
9	0.877	0.830	0.776	0.717	0.653	0.587	0.522	0.458	0.397	0.341
10	0.933	0.901	0.862	0.816	0.763	0.706	0.645	0.583	0.521	0.460
11	0.966	0.947	0.921	0.888	0.849	0.803	0.752	0.697	0.639	0.579
12	0.984	0.973	0.957	0.936	0.909	0.876	0.936	0.792	0.742	0.589
13	0.993	0.987	0.978	0.966	0.949	0.926	0.898	0.864	0.825	0.781
14	0.997	0.994	0.990	0.983	0.973	0.959	0.940	0.917	0.888	0.854
15	0.999	0.998	0.9695	0.992	0.986	0.978	0.967	0.951	0.932	0.907
16	1.000	0.999	0.998	0.996	0.993	0.989	0.982	0.973	0.960	0.944
17	1.000	1.000	0.999	0.998	0.997	0.995	0.991	0.986	0.978	0.968
18	1.000	1.000	1.000	0.999	0.999	0.998	0.996	0.993	0.988	0.982
19	1.000	1.000	1.000	1.000	0.999	0.999	0.998	0.997	0.994	0.991
20	1.000	1.000	1.000	1.000	1.000	1.000	0.999	0.998	0.997	0.995
21	1.000	1.000	1.000	1.000	1.000	1.000	1.000	0.999	0.999	0.998
22	1.000	1.000	1.000	1.000	1.000	1.000	1.000	1.000	0.999	0.999
23	1.000	1.000	1.000	1.000	1.000	1.000	1.000	1.000	1.000	1.000

〈표2〉 계속

x	11.5	12.0	12.5	13.0	13.5	14.0	14.5	15.0	15.4	16.0
0	0.000	0.000	0.000	0.000	0.000	0.000	0.000	0.000	0.000	0.000
1	0.000	0.000	0.000	0.000	0.000	0.000	0.000	0.000	0.000	0.000
2	0.001	0.001	0.000	0.000	0.000	0.000	0.000	0.000	0.000	0.000
3	0.003	0.002	0.002	0.001	0.001	0.000	0.000	0.000	0.000	0.000
4	0.011	0.008	0.005	0.004	0.003	0.002	0.001	0.001	0.001	0.000
5	0.028	0.020	0.015	0.011	0.008	0.006	0.004	0.003	0.002	0.001
6	0.060	0.046	0.035	0.026	0.019	0.014	0.010	0.008	0.006	0.004
7	0.114	0.090	0.070	0.054	0.041	0.032	0.024	0.018	0.013	0.010
8	0.191	0.155	0.125	0.100	0.079	0.062	0.048	0.037	0.029	0.02
9	0.289	0.242	0.201	0.166	0.135	0.109	0.088	0.070	0.055	0.043
10	0.402	0.347	0.297	0.252	0.211	0.176	0.145	0.118	0.096	0.077
11	0.520	0.462	0.406	0.353	0.304	0.260	0.220	0.185	0.154	0.127
12	0.633	0.576	0.519	0.463	0.409	0.358	0.311	0.268	0.228	0.193
13	0.733	0.682	0.628	0.573	0.518	0.464	0.413	0.363	0.317	0.275
14	0.815	0.772	0.725	0.675	0.623	0.570	0.518	0.466	0.415	0.368
15	0.878	0.844	0.806	0.764	0.718	0.669	0.619	0.568	0.517	0.467
16	0.924	0.899	0.869	0.835	0.798	0.756	0.711	0.664	0.615	0.566
17	0.954	0.937	0.916	0.890	0.861	0.827	0.790	0.749	0.715	0.659
18	0.974	0.963	0.948	0.930	0.908	0.883	0.853	0.819	0.782	0.742
19	0.986	0.979	0.969	0.957	0.942	0.923	0.901	0.875	0.846	0.812
20	0.992	0.988	0.983	0.975	0.965	0.952	0.936	0.917	0.894	0.868
21	0.996	0.994	0.991	0.986	0.980	0.971	0.960	0.947	0.930	0.911
22	0.998	0.997	0.995	0.992	0.989	0.983	0.976	0.967	0.956	0.942
23	0.999	0.999	0.998	0.996	0.994	0.991	0.986	0.981	0.973	0.963
24	0.000	0.999	0.999	0.998	0.997	0.995	0.992	0.989	0.984	0.978
25	1.000	1.000	0.999	0.999	0.998	0.997	0.996	0.994	0.991	0.987
26	1.000	1.000	1.000	1.000	0.999	0.999	0.998	0.997	0.995	0.993
27	1.000	1.000	1.000	1.000	1.000	0.999	0.999	0.998	0.997	0.996
28	1.000	1.000	1.000	1.000	1.000	1.000	0.999	0.999	0.999	0.998
29	1.000	1.000	1.000	1.000	1.000	1.000	1.000	1.000	0.999	0.999
30	1.000	1.000	1.000	1.000	1.000	1.000	1.000	1.000	1.000	0.999
31	1.000	1.000	1.000	1.000	1.000	1.000	1.000	1.000	1.000	1.000
32	1.000	1.000	1.000	1.000	1.000	1.000	1.000	1.000	1.000	1.000
33	1.000	1.000	1.000	1.000	1.000	1.000	1.000	1.000	1.000	1.000
34	1.000	1.000	1.000	1.000	1.000	1.000	1.000	1.000	1.000	1.000
35	1.000	1.000	1.000	1.000	1.000	1.000	1.000	1.000	1.000	1.000

〈표3〉 표준정규분포표

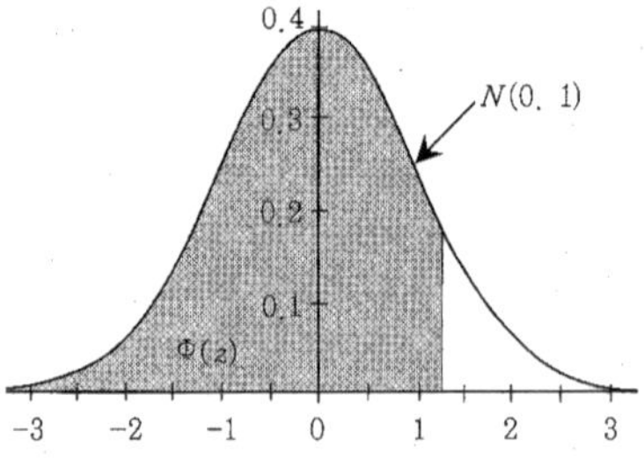

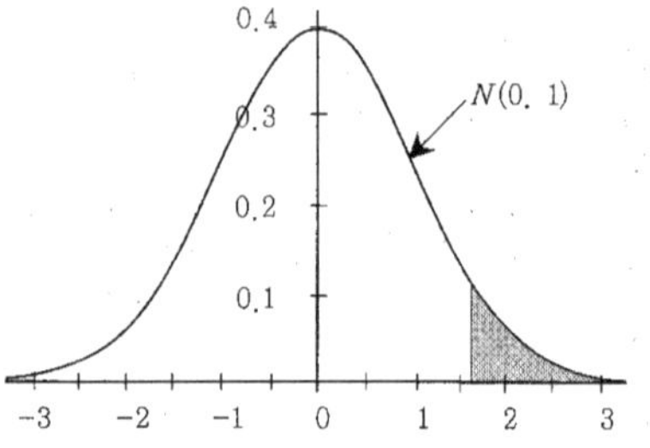

Z	0.00	0.01	0.02	0.03	0.04	0.05	0.06	0.07	0.08	0.09
0.0	0.5000	0.5040	0.5080	0.5120	0.5160	0.5199	0.5239	0.5279	0.5319	0.5359
0.1	0.5398	0.5438	0.5478	0.5517	0.5557	0.5596	0.5636	0.5675	0.5714	0.5753
0.2	0.5793	0.5832	0.5871	0.5910	0.5948	0.5987	0.6026	0.6064	0.6103	0.6141
0.3	0.6179	0.6217	0.6255	0.6293	0.6331	0.6368	0.6406	0.6443	0.6480	0.6517
0.4	0.6554	0.6591	0.6628	0.6664	0.6700	0.6736	0.6772	0.6808	0.6844	0.6879
0.5	0.6915	0.6950	0.6985	0.7019	0.7054	0.7088	0.7123	0.7157	0.7190	0.7224
0.6	0.7257	0.7291	0.7324	0.7357	0.7389	0.7422	0.7454	0.7486	0.7517	0.7549
0.7	0.7580	0.7611	0.7642	0.7673	0.7703	0.7734	0.7764	0.7794	0.7823	0.7852
0.8	0.7881	0.7910	0.7939	0.7967	0.7995	0.8023	0.8051	0.9078	0.8106	0.8133
0.9	0.8159	0.8186	0.8212	0.8238	0.8264	0.8289	0.8315	0.9340	0.8365	0.8389
1.0	0.8413	0.8438	0.8461	0.8485	0.8508	0.8531	0.8554	0.8577	0.8599	0.8621
1.1	0.8643	0.8665	0.8686	0.8708	0.8729	0.8749	0.8770	0.8790	0.8810	0.8830
1.2	0.8849	0.8869	0.8888	0.8907	0.8925	0.8944	0.8962	0.8980	0.8997	0.9015
1.3	0.9032	0.9049	0.9066	0.9082	0.9099	0.9115	0.9131	0.9147	0.9162	0.9177
1.4	0.9192	0.9207	0.9222	0.9236	0.9251	0.9265	0.9279	0.9292	0.9306	0.9319
1.5	0.9332	0.9345	0.9357	0.9370	0.9382	0.9394	0.9406	0.9418	0.9429	0.9441
1.6	0.9452	0.9463	0.9474	0.9484	0.9495	0.9505	0.9515	0.9525	0.9535	0.9545
1.7	0.9554	0.9564	0.9573	0.9582	0.9591	0.9599	0.9608	0.9616	0.9625	0.9633
1.8	0.9641	0.9649	0.9656	0.9664	0.9671	0.9678	0.9686	0.9693	0.9699	0.9706
1.9	0.9713	0.9719	0.9726	0.9732	0.9738	0.9744	0.9750	0.9756	0.9761	0.9767
2.0	0.9772	0.9778	0.9783	0.9788	0.9793	0.9798	0.9803	0.9808	0.9812	0.9817
2.1	0.9821	0.9826	0.9830	0.9834	0.9838	0.9842	0.9846	0.9850	0.9854	0.9857
2.2	0.9861	0.9864	0.9868	0.9871	0.9875	0.9878	0.9881	0.9884	0.9887	0.9890
2.3	0.9893	0.9896	0.9898	0.9901	0.9904	0.9906	0.9909	0.9911	0.9913	0.9916
2.4	0.9918	0.9920	0.9922	0.9925	0.9927	0.9929	0.9931	0.9932	0.9934	0.9936
2.5	0.9938	0.9940	0.9941	0.9943	0.9945	0.9946	0.9948	0.9949	0.9951	0.9952
2.6	0.9953	0.9955	0.9956	0.9957	0.9959	0.9960	0.9962	0.9962	0.9963	0.9964
2.7	0.9965	0.9966	0.9967	0.9968	0.9969	0.9970	0.9972	0.9972	0.9973	0.9974
2.8	0.9974	0.9975	0.9976	0.9977	0.9977	0.9978	0.9979	0.9979	0.9980	0.9981
2.9	0.9981	0.9982	0.9982	0.9983	0.9984	0.9984	0.9985	0.9985	0.9986	0.9986
3.0	0.9987	0.9987	0.9987	0.9988	0.9988	0.9989	0.9989	0.9989	0.9990	0.9990

α	0.400	0.300	0.200	0.100	0.050	0.025	0.010	0.005	0.001
z_α	0.253	0.524	0.842	1.282	1.645	1.960	2.326	2.575	3.090
$z_{\alpha/2}$	0.842	1.036	1.282	1.645	1.960	2.240	2.576	2.807	3.291

〈표4〉 t-분포표

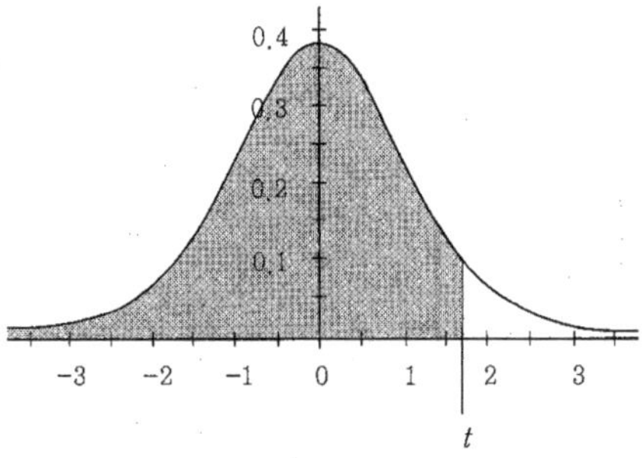

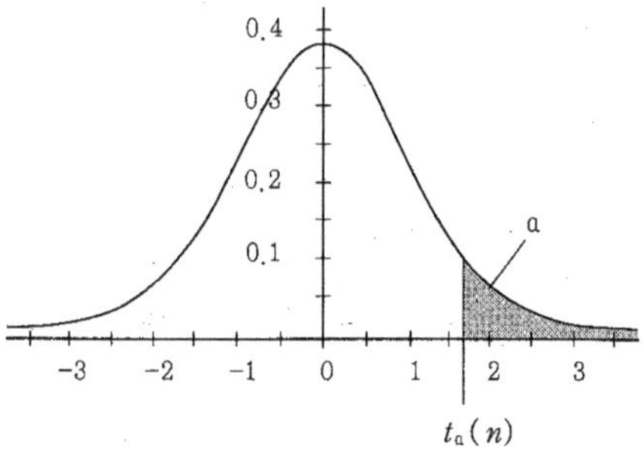

	$P(X \le x)$						
	0.60	0.75	0.90	0.95	0.975	0.99	0.995
n	$t_{0.40}(n)$	$t_{0.25}(n)$	$t_{0.10}(n)$	$t_{0.05}(n)$	$t_{0.025}(n)$	$t_{0.01}(n)$	$t_{0.005}(n)$
1	0.325	1.000	3.078	6.314	12.706	31.821	63.657
2	0.289	0.846	1.886	2.920	4.303	6.965	9.925
3	0.277	0.765	1.638	2.353	3.182	4.541	5.841
4	0.271	0.741	1.533	2.132	2.776	3.747	4.604
5	0.267	0.727	1.476	2.015	2.571	3.365	4.032
6	0.265	0.718	1.440	1.943	2.447	3.146	3.707
7	0.263	0.711	1.415	1.895	2.365	2.998	3.499
8	0.262	0.706	1.397	1.860	2.306	2.896	3.355
9	0.261	0.703	1.383	1.833	2.262	2.821	3.250
10	0.260	0.700	1.372	1.812	2.228	2.764	3.169
11	0.260	0.697	1.363	1.796	2.210	2.718	3.106
12	0.258	0.695	1.356	1.782	2.179	2.681	3.055
13	0.259	0.694	1.350	1.771	2.160	2.650	3.012
14	0.258	0.692	1.345	1.761	2.145	2.624	2.997
15	0.258	0.691	1.341	1.753	2.131	2.602	2.947
16	0.258	0.690	1.337	1.746	2.120	2.583	2.921
17	0.257	0.689	1.333	1.740	2.110	2.567	2.898
18	0.257	0.688	1.330	1.734	2.101	2.552	2.878
19	0.257	0.688	1.328	1.729	2.093	2.539	2.861
20	0.257	0.687	1.325	1.725	2.086	2.528	2.845
21	0.257	0.686	1.323	1.721	2.080	2.518	2.831
22	0.256	0.686	1.321	1.717	2.074	2.508	2.819
23	0.256	0.685	1.317	1.714	2.069	2.500	2.807
24	0.256	0.685	1.318	1.711	2.064	2.492	2.797
25	0.256	0.687	1.316	1.708	2.060	2.185	2.787
26	0.256	0.684	1.315	1.716	2.056	2.479	2.779
27	0.256	0.684	1.314	1.703	2.052	2.473	2.771
28	0.256	0.683	1.313	1.701	2.048	2.467	2.763
29	0.256	0.683	1.311	1.699	2.045	2.462	2.756
30	0.256	0.683	1.310	1.697	2.042	2.457	2.750
∞	0.253	0.674	1.282	1.645	1.960	2.326	2.576

〈표5〉 χ^2-분포표

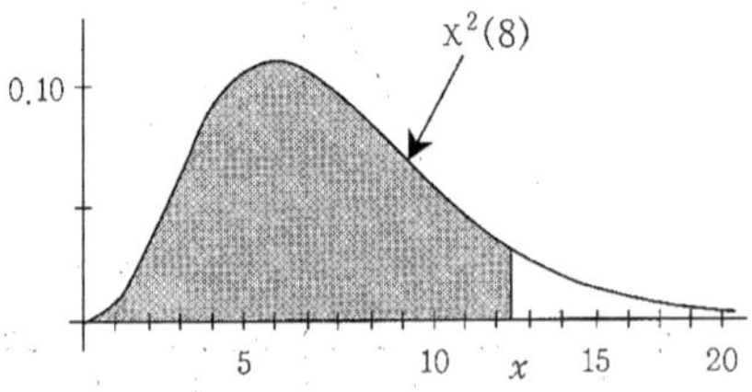

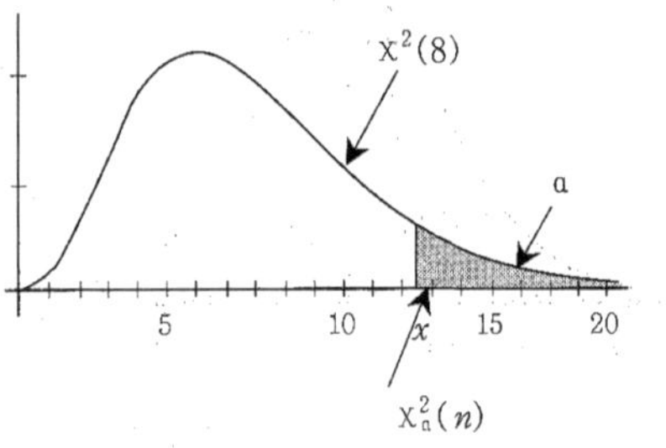

	$P(X \le x)$							
	0.010	0.025	0.050	0.100	0.900	0.950	0.975	0.990
n	$\chi^2_{0.99}(n)$	$\chi^2_{0.975}(n)$	$\chi^2_{0.95}(n)$	$\chi^2_{0.90}(n)$	$\chi^2_{0.10}(n)$	$\chi^2_{0.05}(n)$	$\chi^2_{0.025}(n)$	$\chi^2_{0.01}(n)$
1	0.000	0.001	0.004	0.016	2.706	3.841	5.024	6.635
2	0.020	0.051	0.103	0.211	4.605	5.991	7.378	9.210
3	0.115	0.216	0.352	0.584	6.251	7.815	9.348	11.34
4	0.297	0.484	0.711	1.064	7.779	9.488	11.14	13.28
5	0.554	0.831	1.145	1.410	9.236	11.07	12.83	15.09
6	0.872	1.237	1.635	2.204	10.64	12.59	14.45	16.80
7	1.239	1.690	2.167	2.833	12.02	14.07	16.01	18.48
8	1.646	2.180	2.733	3.490	13.36	15.51	17.54	20.09
9	2.088	2.700	3.325	4.168	14.68	16.92	19.02	21.67
10	2.558	3.247	3.940	4.865	15.99	18.31	20.48	23.21
11	3.053	3.816	4.575	5.578	17.28	19.68	21.92	24.72
12	3.571	4.404	5.226	6.304	18.55	21.03	23.34	26.22
13	4.107	5.009	5.892	7.042	19.82	22.36	24.74	27.49
14	4.660	5.629	6.571	7.790	21.06	23.68	26.12	29.14
15	5.229	6.262	7.261	8.547	22.31	25.00	27.49	30.58
16	5.812	6.908	7.962	9.312	23.54	26.30	28.84	32.00
17	6.408	7.564	8.672	10.08	24.77	27.59	30.19	33.41
18	7.015	8.231	9.390	10.86	25.99	28.87	31.53	34.80
19	7.633	8.907	10.12	11.65	27.20	30.14	32.85	36.19
20	8.260	9.591	10.85	12.44	28.41	31.41	34.17	37.57
21	8.897	10.28	11.59	13.24	29.62	32.67	35.48	38.93
22	9.542	10.98	12.34	14.04	30.72	33.92	36.78	40.29
23	10.20	11.69	13.09	14.85	32.01	35.17	38.08	41.64
24	10.86	12.40	13.85	15.66	33.20	36.42	39.36	42.98
25	11.52	13.12	14.61	16.47	34.38	37.65	40.65	44.31
26	12.20	13.84	15.38	17.29	35.56	38.88	41.92	45.61
27	12.88	14.57	16.15	18.11	36.74	40.11	43.19	46.96
28	13.56	15.31	16.93	18.94	37.92	41.34	44.43	48.28
29	14.26	16.05	17.71	19.77	39.09	42.56	45.72	49.59
30	14.95	16.79	18.49	20.60	40.26	43.77	46.98	50.89
40	22.16	24.43	26.51	29.05	51.80	55.76	59.34	63.69
50	29.72	32.36	34.76	37.69	63.17	67.50	71.42	76.15
60	37.48	40.48	43.19	46.46	74.40	79.08	83.30	88.28
70	45.44	48.76	51.74	55.33	85.53	90.53	95.02	100.4
80	53.34	57.15	60.39	64.28	96.58	101.9	106.6	112.3

〈표6〉 F-분포표

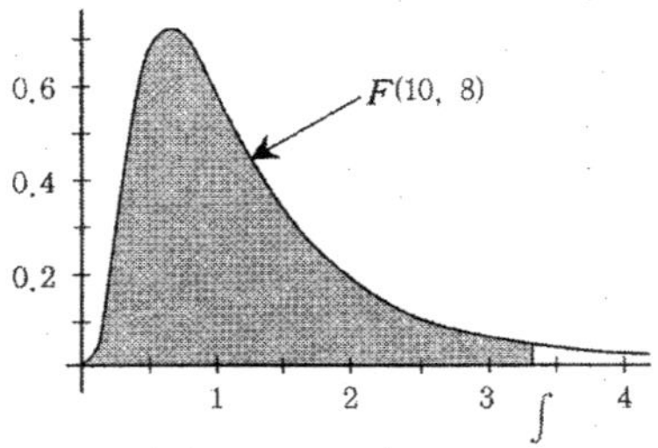

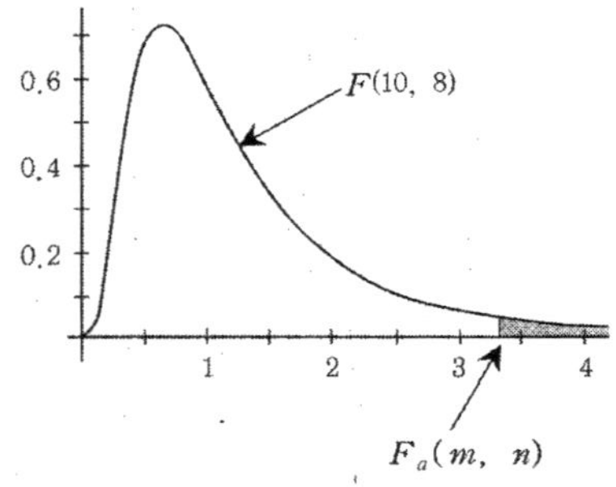

α	$P(F \le f)$	분모의 자유도 n	분자의 자유도 m 1	2	3	4	5	6	7	8	9	10
0.05	0.95	1	161.4	199.5	215.7	224.6	230.2	234.0	236.8	238.9	240.5	241.9
0.025	0.975		647.79	799.50	864.16	899.58	921.85	937.11	948.22	956.66	963.28	968.63
0.01	0.99		4052	4999.5	5403	5625	5764	5859	5928	5981	6022	6056
0.05	0.95	2	18.51	19.00	19.16	19.25	19.30	19.33	19.35	19.37	19.38	19.40
0.025	0.975		38.51	39.00	39.17	39.25	39.30	39.33	39.36	39.37	39.39	39.40
0.01	0.99		98.50	99.00	99.17	99.25	99.30	99.33	99.36	99.37	99.39	99.40
0.05	0.95	3	10.13	9.55	9.28	9.12	9.01	8.94	8.89	8.85	8.81	8.79
0.025	0.975		17.44	16.04	15.44	15.10	14.88	14.73	14.62	14.54	14.47	14.42
0.01	0.99		34.12	30.82	29.46	28.71	28.24	27.91	27.67	27.49	27.35	27.23
0.05	0.95	4	7.71	6.94	6.59	6.39	6.26	6.16	6.09	6.04	6.00	5.96
0.025	0.975		12.22	10.65	9.98	9.60	9.36	9.20	9.07	8.98	8.90	8.84
0.01	0.99		21.20	18.00	16.69	15.98	15.52	14.21	14.98	14.80	14.66	14.55
0.05	0.95	5	6.61	5.79	5.41	5.19	4.05	4.95	4.88	4.82	4.77	4.74
0.025	0.975		10.01	8.43	4.76	7.39	6.15	6.98	6.85	6.76	6.68	6.62
0.01	0.99		16.26	13.27	12.06	11.39	10.97	10.67	10.46	10.29	10.16	10.05
0.05	0.95	6	5.99	5.14	4.76	4.53	4.39	4.28	4.21	4.15	4.10	4.06
0.025	0.975		8.81	7.26	6.60	6.23	5.99	5.82	5.70	5.60	5.52	5.46
0.01	0.99		13.75	10.92	9.78	9.15	8.75	8.47	8.26	8.10	7.98	7.87

〈표6〉 계속

0.05	0.95		5.59	4.74	4.35	4.12	3.97	3.87	3.79	3.73	3.68	3.64
0.025	0.975	7	8.07	6.54	5.89	5.52	5.29	8.12	7.99	4.90	4.82	4.76
0.01	0.99		12.25	9.55	8.45	7.85	7.46	7.19	9.99	6.84	6.72	6.62
0.05	0.95		5.32	4.46	4.07	3.84	3.69	3.58	3.50	3.44	3.39	3.35
0.025	0.975	8	7.57	6.06	5.42	5.05	4.82	4.65	4.53	4.43	4.36	4.30
0.01	0.99		11.26	8.65	7.59	7.01	6.63	6.37	6.18	5.03	5.91	5.81
0.05	0.95		5.12	4.26	3.86	3.63	3.48	3.37	3.29	3.23	3.18	3.14
0.025	0.975	9	7.21	5.71	5.08	4.72	4.48	4.32	4.20	4.10	4.03	3.96
0.01	0.99		10.56	8.02	6.99	6.42	6.06	5.80	5.61	5.47	5.35	5.26
0.05	0.95		4.96	4.10	3.71	3.48	3.33	3.22	3.14	3.07	3.02	2.98
0.025	0.975	10	6.94	5.46	4.83	4.47	4.24	4.07	3.95	3.85	3.78	3.72
0.01	0.99		10.04	7.56	6.55	5.99	6.64	5.39	5.20	5.06	4.94	4.85
0.05	0.95		4.75	3.89	3.49	3.26	3.11	3.00	2.91	2.85	2.80	2.75
0.025	0.975	12	6.55	5.10	4.47	4.12	4.89	3.73	3.61	3.51	3.44	3.37
0.01	0.99		9.33	6.93	5.95	5.41	5.06	4.82	4.64	4.50	4.39	4.30
0.05	0.95		4.54	3.68	3.29	3.06	3.90	2.79	2.71	2.64	2.59	2.54
0.025	0.975	15	6.20	4.77	4.15	3.80	3.58	3.41	3.29	3.20	3.12	3.06
0.01	0.99		8.68	6.36	5.42	4.89	5.56	4.32	4.14	3.00	3.89	3.80
0.05	0.95		4.35	3.49	3.10	2.87	2.71	2.60	2.51	2.45	2.39	2.35
0.025	0.975	20	5.87	4.46	3.86	3.51	3.29	3.13	3.01	2.91	2.84	2.77
0.01	0.99		8.10	5.85	4.94	4.43	4.10	3.87	3.70	3.56	3.46	3.37
0.05	0.95		4.26	3.40	3.01	2.78	2.62	2.51	2.42	2.36	2.30	2.25
0.025	0.975	24	5.72	4.32	3.72	3.38	3.15	2.99	2.87	2.78	2.70	2.64
0.01	0.99		7.82	5.61	4.72	4.22	3.90	3.67	3.50	3.36	3.26	3.17
0.05	0.95		4.17	3.32	2.92	2.69	2.53	2.42	2.33	2.27	2.21	2.16
0.025	0.975	30	5.57	4.18	3.59	3.25	3.03	2.87	2.75	2.65	2.57	2.51
0.01	0.99		7.56	5.39	4.51	4.02	4.70	3.47	3.30	3.17	3.07	2.98
0.05	0.95		4.08	3.23	2.84	2.61	2.45	2.34	2.25	2.18	2.12	2.08
0.025	0.975	40	5.42	4.05	3.46	3.13	3.90	2.74	2.62	2.53	2.45	2.39
0.01	0.99		7.31	5.18	4.31	3.83	3.51	3.29	3.12	2.99	2.89	2.80
0.05	0.95		4.00	3.15	2.76	2.53	2.37	2.25	2.17	2.10	2.04	1.99
0.025	0.975	60	5.29	3.93	3.34	3.01	3.79	2.63	2.51	2.41	2.33	2.27
0.01	0.99		7.08	4.98	4.13	3.65	3.34	3.12	2.95	2.82	2.72	2.63
0.05	0.95		3.92	3.07	2.68	2.45	2.29	2.17	2.09	2.02	1.96	1.91
0.025	0.975	120	5.15	3.80	3.23	2.89	2.67	2.52	2.39	2.30	2.22	2.16
0.01	0.99		6.85	4.79	3.95	3.48	3.17	2.96	2.79	2.66	2.56	2.47
0.05	0.95		3.84	3.00	2.60	2.37	2.21	2.10	2.01	1.94	1.88	1.83
0.025	0.975	∞	5.02	3.69	3.12	2.79	2.57	2.41	2.29	2.19	2.11	2.05
0.01	0.99		6.63	4.61	3.78	3.32	3.02	2.80	2.64	2.51	241	2.32

α	$P(F \le f)$	분모의 자유도 n	분자의 자유도 m								
			12	15	20	24	30	40	60	120	∞
0.05	0.95		243.9	245.9	248.0	249.1	250.1	251.1	252.2	253.3	254.3
0.025	0.975	1	967.71	984.87	993.10	997.25	1001.4	1005.6	1009.8	1014.0	1018.3
0.01	0.99		6106	6157	6209	6235	6261	6287	6313	6339	6366
0.05	0.95		19.41	19.43	19.45	19.45	19.46	19.47	19.48	19.49	19.50
0.025	0.975	2	39.42	39.43	39.45	39.46	39.47	39.47	39.48	39.49	39.50
0.01	0.99		99.42	99.43	99.45	99.46	99.47	99.47	99.48	99.49	99.50
0.05	0.95		8.74	8.70	8.66	8.64	8.62	8.59	8.57	8.55	8.53
0.025	0.975	3	14.34	14.25	14.17	14.12	14.08	14.04	13.99	13.95	13.90
0.01	0.99		27.05	26.87	26.69	26.60	26.50	26.41	26.32	26.22	26.13
0.05	0.95		5.91	5.86	5.80	5.77	5.75	5.72	5.69	5.66	5.63
0.025	0.975	4	8.75	8.66	8.56	8.51	8.46	8.41	8.36	8.31	8.26
0.01	0.99		14.37	14.20	14.02	13.93	13.84	13.75	13.65	13.56	13.46
0.05	0.95		4.68	4.62	4.56	4.53	4.50	4.46	4.43	4.40	4.36
0.025	0.975	5	6.52	6.43	6.33	6.28	6.23	6.18	6.12	6.07	6.02
0.01	0.99		9.89	9.72	9.55	9.47	9.38	9.29	9.20	9.11	9.02
0.05	0.95		4.00	3.94	3.87	3.84	3.81	3.77	3.74	3.70	3.67
0.025	0.975	6	5.37	5.27	5.17	5.12	5.07	5.01	4.96	4.90	4.85
0.01	0.99		7.72	7.56	7.40	7.31	7.23	7.14	7.06	6.97	6.88
0.05	0.95		3.57	3.51	3.41	3.41	3.38	3.34	3.30	3.27	3.23
0.025	0.975	7	4.67	4.57	4.47	4.42	4.36	4.31	4.25	4.20	4.14
0.01	0.99		6.47	6.31	6.16	6.07	5.99	5.91	5.82	5.74	5.65
0.05	0.95		3.28	3.22	3.15	3.12	3.08	3.04	3.01	2.97	2.93
0.025	0.975	8	4.20	4.10	4.00	3.95	3.89	3.84	3.78	3.73	3.67
0.01	0.99		5.67	5.52	5.36	5.28	5.20	5.12	5.03	4.95	4.86
0.05	0.95		3.07	3.01	2.94	2.90	2.86	2.83	2.79	2.75	2.71
0.025	0.975	9	3.87	3.77	3.67	3.61	3.56	3.51	3.45	3.39	3.33
0.01	0.99		5.11	4.96	4.81	4.73	4.65	4.57	4.48	4.40	4.31
0.05	0.95		2.91	2.85	2.77	2.74	2.70	2.66	2.62	2.58	2.54
0.025	0.975	10	3.62	3.52	3.42	3.37	3.31	3.26	3.20	3.14	3.08
0.01	0.99		4.71	4.56	4.41	4.33	4.25	4.27	4.08	4.00	3.91
0.05	0.95		2.69	2.62	2.54	2.51	2.47	2.43	2.38	2.34	2.30
0.025	0.975	12	3.28	3.18	3.07	3.02	2.96	2.91	2.85	2.79	2.72
0.01	0.99		4.16	4.01	3.86	3.78	3.70	3.62	3.54	3.45	3.36
0.05	0.95		2.48	2.40	2.33	2.29	2.25	2.20	2.16	2.11	2.07
0.025	0.975	15	2.96	2.86	2.76	2.70	2.64	2.59	2.52	2.46	2.40
0.01	0.99		3.67	3.52	3.37	3.29	3.21	3.13	3.05	2.96	2.87

0.05	0.95		2.28	2.20	2.12	2.08	2.04	1.99	1.95	1.90	1.84
0.025	0.975	20	2.68	2.57	2.46	2.41	2.35	2.29	2.22	2.16	2.09
0.01	0.99		3.23	3.09	2.94	2.86	2.78	2.69	2.61	2.52	2.42
0.05	0.95		2.18	2.11	2.03	1.98	1.94	1.89	1.84	1.79	1.73
0.025	0.975		2.54	2.44	2.33	2.27	2.21	2.15	2.08	2.01	1.94
0.01	0.99	24	3.03	2.89	2.74	2.66	2.58	2.49	2.40	2.31	2.21
0.05	0.95		2.09	2.01	1.93	1.89	1.84	1.79	1.74	1.68	1.62
0.025	0.975		2.41	2.31	2.20	2.14	2.07	2.01	1.94	1.87	1.79
0.01	0.99	30	2.84	2.70	2.55	2.47	2.39	2.30	2.21	2.11	2.01
0.05	0.95		2.00	1.92	1.75	1.79	1.74	1.69	1.64	1.58	1.51
0.025	0.975		2.29	2.18	2.07	2.01	1.94	1.88	1.80	1.72	1.64
0.01	0.99	40	2.66	2.52	2.37	2.29	2.20	2.11	2.02	1.92	1.80
0.05	0.95		1.92	1.84	1.75	1.70	1.65	1.59	1.53	1.47	1.39
0.025	0.975		2.17	2.06	1.94	1.88	1.82	1.75	1.67	1.58	1.48
0.01	0.99	60	2.50	2.35	2.20	2.12	2.03	1.94	1.84	1.73	1.60
0.05	0.95		1.83	1.75	1.66	1.61	1.55	1.50	1.43	1.35	1.25
0.025	0.975		2.05	1.95	1.82	1.76	1.69	1.61	1.53	1.43	1.31
0.01	0.99	120	2.34	2.19	2.03	1.95	1.86	1.76	1.66	1.53	1.38
0.05	0.95		1.75	1.67	1.57	1.52	1.46	1.39	1.32	1.22	1.00
0.025	0.975		1.94	1.83	1.71	1.64	1.57	1.48	1.39	1.27	1.00
0.01	0.99	∞	2.18	2.04	1.88	1.79	1.70	1.59	1.47	1.32	1.00

찾아보기

참고문헌

국내 문헌

1. 강금식·박정민, EXCEL 활용 통계학, 박영사, 2013.
2. 김우철 외 4인, 현대통계학, 영지문화사, 2006.
3. 김태수, 통계학, 자유아카데미, 2014.
4. 박명섭·박광태·이민호, 통계학 개론(EXCEL 활용), 홍문사, 2014
5. 안상경, 이명호, 경영경제통계학, 박영사, 2011.
6. 이기훈, Excel을 이용한 통계학, 자유아카데미, 2011.

외국 문헌

1. Leekley, R.M, Applieal Statistics for Business and Economic, CRC press, 2010.
2. Mendenhall, W., D. Wackerly, and R.L. Scheaffer, Mathematical Statistics With Applications, PWS-KENT, 1989.
3. Mickey, R.M. et al., Applied Statistics: Analysis of Variance and Repression, John Wiley & Sons, 2009.
4. Montgomery, D.C,. Runger, G.C., Applied Statistics Probability for Engineers, Jojn Wiley & Sons, 2010.